AF551054

Hartwig Hausdorf

Unser Planet der Pyramiden

Hartwig Hausdorf

Unser Planet der Pyramiden

„Unser Planet der Pyramiden“
2. Auflage September 2023

Ancient Mail Verlag Werner Betz
Europaring 57, D-64521 Groß-Gerau
Tel.: 00 49 (0) 61 52/5 43 75, Fax: 00 49 (0) 61 52/94 91 82
www.ancientmail.de
Email: ancientmail@t-online.de

Verantwortlich für die Produktsicherheit:
Ancient Mail Verlag – Werner Betz
Europaring 57, 64521 Groß-Gerau
Email: ancientmail@t-online.de

Bibliografische Information der Deutschen Nationalbibliothek:
Die Deutsche Nationalbibliothek verzeichnet diese Publikation in der Deutschen Nationalbibliografie; detaillierte bibliografische Daten sind im Internet über http://dnb.dnb.de abrufbar.

Das Werk, einschließlich seiner Teile, ist urheberrechtlich geschützt. Jede Verwertung ist ohne Zustimmung des Verlages und des Autors unzulässig. Dies gilt insbesondere für die elektronische oder sonstige Vervielfältigung, Übersetzung, Verbreitung und öffentliche Zugänglichmachung.

Covergestaltung: Karl Lesina, Luna Design
Druck: WIRmachenDRUCK GmbH, D-71522 Backnang

ISBN 978-3-95652-333-5

Inhalt

„Las piramides marcan
el inicio de la
civilisación"

„Pyramiden markieren
die Geburt der
Zivilisation."

*Überschrift im
Ausstellungsgebäude
Des „Parque Etnografico"
in Güimar (Teneriffa)*

Einleitung:

Pyramiden? Pyramiden!

Liebe Leserin, lieber Leser,

Die oben genannte Sentenz befindet sich über einer Weltkarte, die im „Museo Casa Chacona", dem zentralen Ausstellungsgebäude des „Parque Etnografico de Güimar" zahlreiche Pyramidenstandorte auf der ganzen Welt präsentiert. Über besagten Etnografischen Park werde ich im nachfolgenden ersten Kapitel in aller Ausführlichkeit berichten. Für den Augenblick besteht allerdings noch ein grundsätzlicher Klärungsbedarf: Was verstehen wir denn eigentlich, genau genommen, unter Pyramiden?

Lösen wir uns zuallererst von der mathematischen Definition, welche da lautet:

„Pyramide: Ein spitz zulaufender Körper, dessen Grundfläche ein Drei- oder Mehreck ist. Dieser entsteht aus allen Punkten aller

Verbindungsstrecken eines Punktes S mit allen Punkten eines ebenen Vielecks. Dabei darf S nicht in der Ebene des Vielecks liegen."[1] Diese letztere Bedingung ist natürlich schon von der Logik her zwingend notwendig, denn sonst hätten wir es ja mit einer Fläche und nicht mit einem dreidimensionalen Körper zu tun. Soweit die mathematischen Grundlagen.

Angelehnt an diese Definition denken wohl die Meisten, wann immer der Begriff „Pyramide" fällt, an die berühmten Monumente im ägyptischen Gizeh mit dem charakteristischen Aufbau. Seit dem Jahr 1933 ist auf der Rückseite der amerikanischen Ein-Dollar-Note eine Pyramide vom Typ der ägyptischen abgebildet. Auf deren Fuß prangt in römischen Ziffern die Jahreszahl 1776, das Gründungsjahr der Vereinigten Staaten von Amerika. Ihre Spitze erscheint abgehoben und zeigt das allsehende, göttliche Auge. Eine lateinische Umschrift lässt deutlich erkennen, dass die Gründerväter der USA den Freimaurern angehörten: „Annuit Coeptis. Novus Ordo Seclorum." Was so viel bedeutet wie: „Er (Gott) blickt auf das herab, was wir begonnen haben. Eine neue Ordnung der Zeitalter."[2]

Mit einem Bild wie diesem verbinden wir im Allgemeinen den Begriff der Pyramide. Wie ich in den nachfolgenden Abschnitten zeigen werde, stellen die Pyramiden des alten Reichs am Nil mitnichten den Standardtypus jener Bauwerke dar, welche uns vor so viele ungelöste Rätsel stellen. Man kann sie allenfalls als staunenswerte, lokale Variationen dieses wahrhaftig erdumspannenden Mysteriums betrachten – keinesfalls jedoch als dessen „Blaupause" oder Urbild.

Pyramiden begegnen uns an den verschiedensten Orten unseres Planeten, auf allen Kontinenten mit Ausnahme des antarktischen. Doch selbst letzteren Ort würde ich nicht zwingend und kategorisch ausschließen. Sollte dereinst tatsächlich der Eispanzer am Südpol abschmelzen – mich würde es nicht wundern, wenn dort plötzlich die Überreste von Pyramiden auftauchen sollten.

Heute kennen wir Pyramiden in den unterschiedlichsten Formen und Bauarten. Je nachdem, ob sie auf einem Quadrat oder einem Rechteck, auf einem anderen Mehreck oder sogar auf einem Kreis basieren. Es gibt nichts, was es nicht gibt: Auf meinen zahlreichen Reisen rund um den Globus stieß ich auch, und zwar auf der mexikanischen Halbinsel Yucatan und auf der Kanareninsel La Palma, auf eine Reihe regelrechter Rundpyramiden.

Die Basis der ägyptischen Pyramiden dagegen ist ein Quadrat, wobei jede neue Lage der Steinquader ein Stück hineingeschoben wird. Das verleiht ihnen ihre typische, sich nach oben zu einer Spitze verjüngenden Form.[2] Ausgesprochen rechteckig präsentiert sich hingegen der Grundriss der noch am besten erhaltenen griechischen Pyramide, die ein kleines Stück außerhalb des Örtchens Ellenikon zu finden ist. Maßgenau zugeschnittene Quader bilden dort ziemlich glatte Kanten bei einem steilen Anstiegswinkel.

Noch viel häufiger indes stößt man auf die Form der Stufenpyramide. Diese besitzt senkrechte Seitenwände und wächst dadurch in die Höhe, dass sukzessive immer kleiner werdende Plattformen übereinander gesetzt wurden. Sie sind beispielsweise in Mexiko und anderen Ländern Mittelamerikas, aber auch auf den Kanaren oder den Azoren eine lokal vorherrschende Bauform. Nachdem auch die den Herrschern Cheops, Chephren und Mykerinos zugeschriebenen Bauwerke in Gizeh keinesfalls die Standardform der unzählbaren Pyramiden dieser Welt darstellen, sollte es niemanden wundern, dass viele von ihnen oben abgeflacht sind. Wie jene im „Reich der Mitte", die bis auf ganz wenige Ausnahmen noch nicht einmal aus Steinen errichtet sind. Doch auch darüber an späterer Stelle mehr.

Ich habe es bereits kurz angedeutet: Die Pyramiden, welche sich in mannigfaltigem Formenreichtum und einem Gürtel gleich, um unseren Heimatplaneten ziehen, stellen uns vor zahllose ungelöste Rätsel. In Stein verwandelten Fragezeichen gleich, die einer tiefen und geheimnisvollen Vergangenheit entsprungen, sich bis in unsere Zeit herübergerettet haben, reizen sie zu kühnen Spekulationen und Gedankenspielen.

Wer hat diese – nicht immer – steinernen Monumente in die Landschaft gesetzt, wann, und zu welchen Zwecken? Sind es nur religiöse und spirituelle Aspekte, spiegeln Pyramiden ein „Verständnis von der Beziehung zwischen den Menschen, dem größeren Reich der Natur sowie dem noch größeren Reich des Kosmos" wider?[2] Oder spielen auch nüchtern-technische Gesichtspunkte eine Rolle, die von einem unglaublich hohen Knowhow auf dem Gebiet der Naturwissenschaften zeugen? Immer wieder erhebt sich die Frage, welche Technologien beim Bau der Pyramiden zum Einsatz kamen, die möglicherweise unseren heutigen technischen Errungenschaften turmhoch überlegen waren. Würde uns doch der Versuch, heutzutage die Cheops-Pyramide nachzubauen, rasch vor unüberwindliche Probleme nicht nur logistischer Art stellen – ganz zu schweigen vor den immensen Kosten.

Ein riesiges Bündel unbeantworteter Fragen tut sich da auf, deren Beantwortung wir sicher erst etwas näher kommen, nachdem wir gelernt haben, unsere Vorgeschichte differenzierter zu betrachten. Begeben wir uns nun auf eine Reise um die Welt – und sogar noch darüber hinaus –, an deren Ende eine völlig andere Sicht auf die Geschichte und die Ursprünge der Zivilisationen auf Erden stehen könnte.

1. Verkanntes Weltwunder

Thor Heyerdahls letztes Projekt

Meine angekündigte Reise auf Pyramidenspuren rund um diesen Globus möchte ich auf einer Inselgruppe beginnen, die geschaffen wurde von der unbändigen Kraft der Vulkane. Jahr für Jahr zieht sie zahllose Urlauber an. Sie trägt den poetisch klingenden Beinamen „Inseln des ewigen Frühlings" – und das ist nicht übertrieben. Infolge ihrer Lage im Atlantischen Ozean westlich von Marokko fällt das Quecksilber selbst in den Wintermonaten kaum unter 15 Grad Celsius. Im Sommer hingegen weht stets eine angenehme Brise vom Meer her. Deshalb sind Spitzentemperaturen von 30 Grad und darüber eher die Ausnahme. Der als Kanarische Inseln bekannte Archipel besteht aus insgesamt 13 Inseln. Davon sind sieben bewohnt und begehrte touristische Ziele: Gran Canaria, Teneriffa, Fuerteventura und Lanzarote, sowie die viel weniger frequentierten Inseln La Palma, Hierro und Gomera, die dadurch für abseits ausgetretener Pfade wandernde Touristen ungleich attraktiver sind.

Wobei es auch bei Zielen, die eigentlich für einen deutlich intensiveren touristischen Zulauf bekannt sind, durchaus Unerwartetes zu entdecken gibt. Dies gilt jedenfalls für eine der beiden nachfolgend genannten Destinationen. Denn auf zwei dieser Kanareninseln – Teneriffa und La Palma – findet sich eine respektable Anzahl vorzeitlicher Pyramiden. Bis vor nicht allzu langer Zeit war das noch ein echter Geheimtipp. Dies hat sich aber in einem Fall geändert: Seitdem ein Pyramidenstandort dank dem Engagement eines weltbekannten Forschers, der Zeit seines Lebens durch ebenso kühne wie spektakuläre Unternehmungen großes Aufsehen erregte, zum Gegenstand archäologischer Forschungen – und nebenbei auch zu einer lokalen Attraktion – avancierte, rückten die Pyramiden auf Teneriffa mehr in den Fokus der Öffentlichkeit. Über jene auf der Nachbarinsel La Palma weiß man indes viel weniger, obgleich deren Anzahl die auf Teneriffa weit übersteigt. Zudem dürfte der wochenlange, verheerende Vulkanausbruch des Jahres 2022, der gewaltige Verwüstungen auf La Palma hinterlassen hat, das Interesse an den dortigen Pyramiden erstmal in den Hintergrund gedrängt haben. Doch hierüber mehr an späterer Stelle.

Besuch im Reisebüro

Ich komme, von meinem beruflichen Werdegang, aus der Touristik. Im oberbayerischen Städtchen Burghausen, direkt an der Grenze zum Nachbarn Oberösterreich gelegen, leitete ich mehr als zehn Jahre lang ein großes Reisebüro. Es muss so gegen 1990/91 gewesen sein, als ich den Besuch eines Österreichers bekam, der wenige Jahre zuvor nach Teneriffa ausgewandert war, und dort – getreu dem Motto „arbeiten, wo andere Urlaub machen" – eine Bergwanderschule gegründet hatte. Durch ihn erfuhr ich von der Existenz einer Reihe von Stufenpyramiden – und dies mitten im Stadtgebiet von Güimar, welches nur wenige Kilometer landeinwärts von der Südküste liegt.

In etwa zeitgleich erfuhr auch der Norweger Thor Heyerdahl (1914–2001), seines Zeichens Schriftsteller, Altertumsforscher, Ethnologe und Abenteurer, dass sich an diesem Ort rätselhafte Pyramiden befinden sollten.[3] Der Norweger war schon zu seinen Lebzeiten eine echte Legende: Mit einer Vielzahl spektakulärer Expeditionen machte er sich weltweit einen Namen – aber nicht immer Freunde unter den Archäologen konservativer Prägung. Mit seinem Floß „Kon-Tiki" schipperte er 1947 von der peruanischen Küste aus zu den Tuamotu-Inseln Ost-Polynesiens. Einige Zeit später, Mitte der 1950er Jahre, nahm er sich die noch immer geheimnisvollen „Moai-Statuen" auf der Osterinsel vor.[4] Und durch seine tollkühnen Atlantiküberquerungen mit den Papyrusbooten „Ra I" und „Ra II" war ihm 1969/70 der experimentelle Nachweis gelungen, dass es schon den alten Ägyptern möglich war, auf dem Seeweg den amerikanischen Doppelkontinent zu erreichen.[5]

Seinem Papyrusboot „Ra II", mit dem er belegen konnte, dass die Neue Welt lange vor Kolumbus entdeckt worden war, und auch nicht durch die Wikinger, sondern noch viel früher, werden wir im Umfeld der durch ihn geretteten Pyramiden Teneriffas später nochmals begegnen.

An dieser Stelle sei mir der folgende kurze Exkurs erlaubt. In einem späteren Kapitel, das sich mit Pyramiden in Australien befasst, geht es auch um eine „Ägypten-Connection" auf dem „Roten Kontinent". Denn zahlreiche Funde und Indizien deuten auf die einstige Präsenz der Ägypter dort unten hin. Gerne hätte ich Thor Heyerdahl noch persönlich kennengelernt, doch das Schicksal wollte es nicht. Denn Spuren einer ägyptischen Expedition nach Australien konnte ich leider erst sechs Jahre nach Heyerdahls Tod am Originalschauplatz in Augenschein nehmen.[6] Aber ich bin mir sicher: Er hätte voller Freude vernommen, dass es die alten Ägypter schon vor gut 4500 Jahren geschafft haben, das ferne Australien zu erreichen. Lag ihm doch immer ganz besonders am Herzen, aufzuzeigen, dass die Kulturen der Vorzeit bereits regen Austausch untereinander trieben, und nicht so isoliert voneinander existierten wie es uns die klassische Altertumsforschung noch immer suggeriert. Doch kehren wir an dieser Stelle wieder zurück zu den Pyramiden auf Teneriffa – und wie Thor Heyerdahl überhaupt von deren Existenz erfuhr.

Einige Amateurforscher, die auf der Insel nach Spuren des legendären, untergegangenen Kontinents Atlantis suchten, hatten seltsame und ungewöhnlich wirkende Hügelformationen, bedeckt von dichtem Pflanzenwuchs, im Südosten Teneriffas entdeckt. Als sie sich darüber mit den Bewohnern der betreffenden Region unterhielten, klärten diese sie darüber auf, dass auch sie sich schon reichlich Gedanken über die merkwürdigen Strukturen gemacht hatten.[3]

Thor Heyerdahls letztes Projekt

In einer Zeitung hatte der norwegische „Unruhestifter unter den Archäologen“ eine Meldung über geplante Straßenbauarbeiten in der Stadt Güimar gelesen. Jener neu projektierte Straßenzug sollte mitten durch die erwähnten „Hügel“ führen. Einige Fotos von diesen Strukturen, mit denen der Zeitungsbericht bebildert war, elektrisierten ihn buchstäblich. Sie erinnerten ihn ganz frappierend an die Pyramiden von Mexiko – die waren nämlich ebenso mit Erdreich bedeckt und mit Pflanzen überwuchert, als man auf sie aufmerksam wurde.

Ohne zu zögern, brach er nach Teneriffa auf, wo er zunächst auf recht massive Widerstände stieß. Wurde doch seitens der örtlichen Archäologenschaft eine mögliche Bedeutung als archäologischer Komplex, wie auch ein hohes Alter, kategorisch bestritten. Die Altertumsforscher sahen darin nichts als Ansammlungen von Steinen, welche die ortsansässigen Bauern von ihren Feldern aufgelesen und ein Stück weit abseits davon aufeinandergetürmt hätten. „Denn die Form der Pyramide ist nun mal die einfachste Form des Steinestapelns“, gab sich der Forscher Antonio Gaspar von der Universität La Laguna überzeugt.[3]

Dies war natürlich ausgemachter Nonsens, wie ich später noch explizit erläutern werde.

Nach zähem Ringen erreichte Heyerdahl schließlich, dass man das Gelände für wissenschaftliche Forschungen absperrte. Außerdem konnten die ursprünglich geplanten Baumaßnahmen quer durch den Komplex buchstäblich in letzter Sekunde verhindert werden. Mit Hilfe seines guten Freundes vor Ort, dem Reeder Fred Olsen, dem bedeutendsten Fährunternehmer auf den Kanarischen Inseln, rief Heyerdahl eine archäologische Stiftung ins Leben. Es sollte sein letztes großes Projekt werden. Zum Glück war es ihm noch vergönnt, dessen Realisierung zu erleben.

Aus der archäologischen Stiftung ging letztlich der „Parque Etnografico de Güimar“ hervor, der im Jahre 1998 seine Pforten für interessierte Besucher öffnete. Mir selbst war es indessen bereits gut ein Jahr zuvor zugedacht, dem Gelände einen Besuch abzustatten und eine schöne Serie von zu diesem Zeitpunkt einmaligen Fotos zu schießen.

Auf der „Räuberleiter“

Dem eingangs erwähnten Betreiber einer Bergwanderschule auf Teneriffa, der mich Anfang der 1990er Jahre an meinem Arbeitsplatz im Reisebüro besucht hatte, war es natürlich gelungen, meine Neugier zu erregen. Die von ihm so detailliert beschriebenen Bauwerke mussten jedoch noch ein paar Jährchen auf mich warten. Bis Ostern 1997, um genau zu sein.

Da konnten wir – meine damalige Freundin Andrea L. und ich – diese Relikte endlich persönlich in Augenschein nehmen. Hatten wir uns doch eine Woche Urlaub auf der beliebten Ferieninsel gegönnt. Mit einem Mietwagen kurvten wir einen ganzen Tag lang durch den Süden von Teneriffa, und fragten dabei gefühlte 999 Einheimische nach jenen geheimnisumwobenen Bauten. Wir hatten uns die Aktion viel einfacher vorgestellt, als sie letztlich war. Denn die Antwort der Leute war stets dieselbe: „No sé!“

Für jene, die der spanischen Sprache nicht mächtig sind: Es heißt schlicht und ergreifend „ich weiß es nicht“. Und im Nachhinein betrachtet ist es überhaupt nicht verwunderlich, denn zu dem Zeitpunkt wusste noch kaum jemand von der Existenz dieser Pyramiden.

Unsere Hartnäckigkeit machte sich letzten Endes aber doch bezahlt. In Güimar brachte uns eine Tankpause zum ersehnten Ziel. Der Mann an der Zapfsäule kannte sich aus, und so wurden wir, nur knapp einen Kilometer Luftlinie von der Tankstelle entfernt, endlich fündig. Hinter steil aufragenden Bauzäunen gut vor neugierigen Blicken geschützt, standen mehrere Stufenpyramiden auf dem damals noch verwilderten, parkähnlichen Areal. Zu dieser Zeit befand sich der künftige Ethnographische Park bereits auf der Zielgeraden zu seiner Vollendung. Schließlich sollte er im Jarhr darauf seine Pforten öffnen.

Schnell war der Sichtschutz überwunden. Andrea machte flugs die gute, alte „Räuberleiter": Ich stieg darauf und zog mich das letzte Stück an den Bohlen des Bauzaunes empor. Fasziniert genoss ich die Aussicht, bis mir Andrea signalisierte, dass ich ihr langsam etwas schwer geworden sei. Immerhin konnte ich einige sehr schöne Aufnahmen machen, die ich auch bald darauf in meinem nächsten Buch – „X-Reisen"[7] – veröffentlichte.

Zufrieden mit dem Ergebnis dieses Tages traten wir die Rückfahrt zu unserem Hotel an. Tags darauf amüsierten wir uns dann wieder über die englischen Touristen vorwiegend weiblichen Geschlechts, die in der schon kräftigen Sonne ohne Mühen die Metamorphose von nobler Blässe hin zum leuchtenden Rot gekochter Schalentiere vollzogen. Eine Eigenschaft, die sie zuverlässig von anderen Landsleuten unterscheidet.

Wie ging es in der Folge mit dem Pyramidenpark weiter, welche Attraktionen sind heute darin zu bestaunen? Der wurde, wie schon angemerkt, im darauffolgenden Jahr 1998 eröffnet. Er steht heute noch als Symbol dafür, wie Thor Heyerdahls Hartnäckigkeit über all die Hindernisse triumphierte, die man ihm in den Weg zu legen versuchte. Die gesamte Anlage umfasst ein Areal von insgesamt 65.000 Quadratmetern, auf dem sechs zum Teil recht große und eindrucksvolle Stufenpyramiden stehen. Ein Museumsgebäude befindet sich gleichfalls auf dem Gelände, und zwar das in der Einleitung erwähnte „Museo Casa Chacona". Untergebracht in einer anno 1875 erbauten Villa, beherbergt es eine sehr informative Ausstellung, die sich mit möglichen Kontakten unter prähistorischen Kulturen beschäftigt.

Neue Erkenntnisse

Obendrein bietet dieses „Museo Casa Chacona“ eine der umfangreichsten Fotokollektionen von Pyramiden aus aller Welt. In dieser Sammlung befindet sich auch die große Pyramide von Mao Ling, im Umkreis der alten chinesischen Kaiserstadt Xian gelegen.[8,9] Gemeinsam mit dem viel zu früh verstorbenen Peter Krassa war ich der erste Ausländer weltweit, dem die Behörden der Volksrepublik China 1994 die Erlaubnis zum Betreten einer damals noch gesperrten Pyramidenzone in der Provinz Shaanxi erteilten. „Pyramiden markieren die Geburt der Zivilisation“: Diese Erkenntnis prangt über dieser besagten Weltkarte, auf denen Pyramiden aus aller Herren Länder verzeichnet sind. Es fiel mir allerdings auf, dass Australien nicht vertreten war, obgleich im „Outback“ mehrere davon zu finden sind.

Und noch etwas Spektakuläres kann der Besucher des Museums bewundern: Über dem Filmsaal befindet sich, hinter einer Glaswand geschützt, ein maßstabsgetreuer Nachbau des Papyrusbootes „Ra II“, mit dem Thor Heyerdahl den Atlantik überquert hatte und Amerika erreichte.

Der große norwegische Forscher vermochte auch die gebetsmühlenartig wiederholten Behauptungen der örtlichen Archäologen zu widerlegen, die Pyramiden seien nichts anderes als einfache Ansammlungen von Steinhaufen, die von den Bauern dieses Landstriches aufgelesen und aufgetürmt worden seien. „Flurbereinigung auf Kanarisch“, wenn man so möchte. Doch im Gegensatz zu den landwirtschaftlich genutzten Anbauterrassen, die aus abgerundeten und tatsächlich an Ort und Stelle gefundenen Steinen aufgehäuft wurden, bestehen die Pyramiden aus eckigen Blöcken, die aus Lavaströmen herausgeschnitten sein mussten. Heyerdahl fiel des Weiteren auf, dass die großen Ecksteine sorgfältig bearbeitet waren, und auch der felsige Untergrund unter der Basis einer jeden Pyramide exakt nivelliert worden war.“[3]

Was sich genau mit jenen Erkenntnissen deckt, über die mir im Laufe eines späteren Besuches im Park, und zwar im September 2014, eine aus Deutschland stammende Mitarbeiterin berichtet hatte.

Demnach hätten neuere Untersuchungen ergeben, dass eine Menge der verwendeten Steine aus größerer Entfernung, von den Bergen ringsum herangeschafft worden waren.[10] An dieser Stelle erhebt sich nun die Frage, welcher Bauer wohl derart bescheuert wäre, zu den ohnehin zahlreichen Steinen auf seinem Acker massenhaft weitere aus der Umgebung heranzuschleppen.[11]

Und noch etwas fand man heraus, was die obersten Plattformen der Bauten betrifft. Diese sind völlig gerade angelegt und seltsamerweise von einer feinen Kieselschicht bedeckt.[3] Nein, hier wurden nicht einfach nur Steine willkürlich zusammengesammelt und aufeinandergetürmt. Die exakte Bauweise der Pyramiden verrät umfassende Kenntnisse auf den Gebieten der Architektur und der Geometrie, der Mathematik und nicht zuletzt der Astronomie. Wurden sie doch, wie man in den vergangenen Jahren herausfand, alle nach astronomischen Gesichtspunkten errichtet.

Um ehrlich zu sein: Es hätte mich schon über die Maßen verwundert, wenn das nicht der Fall gewesen wäre! Ein paar Beispiele gefällig? Die Treppe der größten Pyramide ist dahingehend ausgerichtet, dass man am Tage der Wintersonnenwende auf der oberen Plattform der aufgehenden Sonne genau gegenübersteht. Im nördlichen Teil der Anlage wiederum ist eine große Mauer exakt in Richtung auf den Sonnenuntergang zur Sommersonnenwende angelegt. Und bei allen sechs Pyramiden sind die Treppen, welche jeweils zur obersten Plattform führen, an der Westseite angebracht. Wer dereinst zu morgendlicher Stunde die Monumente erstieg, blickte direkt der aufgehenden Sonne entgegen.[3]

Jene hypothetischen Bauern, die angeblich Steine aus ihren Feldern klaubten, mussten wahrlich dem Müßiggang gefrönt haben, wenn ihnen noch so viel Zeit blieb, sich ausgiebig mit astronomischen Feinheiten zu beschäftigen.

Vermächtnis eines untergegangenen Volkes

Wer aber waren die wirklichen Erbauer der Pyramiden – nicht nur – auf Teneriffa? Thor Heyerdahl hegte nicht die Spur eines Zweifels daran, dass die lange Zeit verkannten Weltwunder ein Vermächtnis der Guanchen darstellen, den Ureinwohnern der Kanarischen Inseln. Die Herkunft dieses Volkes liegt nach wie vor im Dunkeln. Es gibt unzählige Hypothesen und Spekulationen: So sehen unkonventionelle Forscher in ihnen die Nachfahren der Bewohner des untergegangenen Atlantis. Die Mehrzahl der Ethnologen aber hält es für plausibler, dass Nordafrikaner zwischen 3.000 und 1.000 v.Chr. die Kanaren besiedelten. Demzufolge wären sie eng verwandt mit den Berbervölkern, die noch heute im Bergland von Marokko und Algerien leben.

Doch woher sie tatsächlich stammen, darüber können wir nach wie vor nur spekulieren. Wohin die Guanchen gingen, wissen wir jedoch umso genauer. Als die Kanarischen Inseln anno 1479 nach dem Verzicht Portugals in den Besitz der Krone Kastiliens übergingen, war auch das Schicksal der Ureinwohner de facto besiegelt. Denn noch im ausgehenden 15. Jahrhundert begannen die Spanier, sie zu eliminieren. Die wenigen Überlebenden der zahlreichen Massaker hatten sich bis zum Ende des 16. Jahrhunderts mit den Kolonisten vermischt.[1]

Dieser Makel für Spanien wog so schwer, dass es zum Beispiel während der Regierungszeit von Diktator Francisco Franco (1882–1975) ausdrücklich verboten war, sich mit den Guanchen und ihrem geheimnisvollen Erbe zu beschäftigen, oder über sie zu sprechen.[3] Das hat sich zum Glück seit dem Ableben des „Caudillo", der selbst auf dem Sterbebett noch Todesurteile unterschrieben hat, grundlegend geändert.

Bei Ausgrabungen um die Jahrtausendwende stieß man auf eine Höhle, die besagten Guanchen zugeschrieben wird. Unter der südöstlichen Ecke der „Pyramide I“ führt die sogenannte „Chacona-Höhle“ geradewegs in die Erde. Hierin wurden neben prähistorischen Skeletten zahlreiche weitere Funde geborgen. Es handelte sich um verschiedene Töpferwaren, Obsidiansplitter, Fragmente von aus Knochen gefertigten Werkzeugen sowie organische Reste. Hieraus ließ sich ableiten, dass die Guanchen mindestens schon seit dem Neolithikum, also der Jungsteinzeit, auf den Kanaren beheimatet waren.

Neben den Pyramiden von Güimar, deren Erhaltung einzig Thor Heyerdahls Engagement zu verdanken ist, hinterließ das von den Spaniern ausgerottete Volk noch ein weiteres Vermächtnis, welches mindestens ebenso spektakulär zu bewerten ist. Die Belege dafür befinden sich in einem Museum der Inselhauptstadt Santa Cruz.

Die Medizin der Guanchen

Das „Museum für Natur und Mensch“ ist ein nüchterner Zweckbau, dem man von außen nicht ansieht, welche Pretiosen darin schlummern. Hier findet man unzählige Exponate aus der Pflanzen- und Tierwelt nicht nur dieser Region, wie auch Fossilien aus lange zurückliegenden Erdzeitaltern. In dem 1958 eröffneten archäologischen Teil ist die größte und bedeutendste Sammlung zu der Kultur der Guanchen untergebracht.

Eine komplette Halle ist dabei der prähistorischen Heilkunst gewidmet: Los remedios guanches – Die Medizin der Guanchen. Was in dem Trakt zu finden ist, verdient tatsächlich das Attribut „sensationell“!

Informative Begleittexte zählen Präparate pflanzlicher und tierischer Herkunft auf, die bei der Urbevölkerung in Gebrauch standen. Schon früh müssen den Guanchen profunde Kenntnisse verschiedener Therapieformen zur Verfügung gestanden haben, und zwar auf dem Gebiet der Arzneimittelherstellung ebenso wie für komplizierte chirurgische Eingriffe. Dort findet der interessierte Besucher beispielsweise hervorragend gelungene Schädeltrepanationen, so die Bezeichnung für die operative Öffnung des Schädels zu medizinischen Zwecken.[12] Die wurden übrigens – weltweit – seit der ausgehenden Altsteinzeit erfolgreich vorgenommen. Ihr Ziel war es, Kopfschmerzen, Blutgerinnsel, Tumore und zahlreiche andere Leiden zu heilen.

Was meine Aufmerksamkeit im erwähnten „Museum für Natur und Mensch" aber noch weitaus stärker erregte, war eine dort dokumentierte Behandlungsmethode, die – nach den Informationen auf den Begleittexten zu den Exponaten – bereits vor Jahrtausenden weite Verbreitung unter den Guanchen genoss.[13] Gemeint ist die Technik der Kauterisierung.

Neben anderen Anwendungsgebieten ist die Kauterisierung mit eine der wirkungsvollsten Methoden zur Blutstillung. Mit jenem Begriff werden solche Maßnahmen bezeichnet, die eine bestehende Blutung zum Erliegen bringen. Erweisen sich nämlich Verletzungen zu groß, um mit körpereigenen Mechanismen wie der Blutgerinnung die Blutung zu stillen, gelangen andere medizinische Maßnahmen zur Anwendung. Wie eben der thermischen Methode der Kauterisierung, die letztlich zu einer Versiegelung der verletzten Blutgefäße führt.

Heute wird in der Medizin häufig ein sogenannter Kauter benutzt. Dieses elektrisch betriebene Instrument wird unmittelbar an das geschnittene Gewebe oder an das Blutgefäß angesetzt, wo dann ohne Verzögerung die Blutgerinnung einsetzt.[14] In unserer Zeit kommt ebenso moderne Lasertechnik zum Einsatz.[15] Wie die Funde im „Museum für Natur und Mensch" eindrucksvoll zeigen, standen den Guanchen zwar einfachere, aber nicht weniger wirkungsvolle Methoden zur Verfügung.

Nach den Begleittexten auf einer Wand, in der dem Besucher eine Reihe von Schädeln hinter Glas präsentiert wird, war dies sogar die am häufigsten praktizierte Behandlungsweise bei Kopfwunden. Hierzu benutzten die Guanchen steinerne Werkzeuge, die sie über einem Feuer bis zur Rotglut erhitzten.[13] Zeichnungen an der erwähnten Wand zeigen recht drastisch, wie der rot glühende „Steinzeit-Kauter" mittels Holzstäben ganz vorsichtig an die zu verschweißende Wunde am Kopf des Patienten geführt wird. Da waren mit Sicherheit ruhige Hände gefragt. Aber es ging meist doch alles gut, wie die ausgestellten Beispiele für die Kauterisierungen eindrucksvoll belegen.[16]

Woher allerdings das Knowhow für solche chirurgischen Meisterleistungen stammt, darüber lässt sich bestenfalls spekulieren.

Von den mutmaßlichen Erbauern der Pyramiden auf den Kanaren komme ich aber nun wieder zu den Bauwerken selbst zurück.

Über schwindelerregendem Abgrund

Die Pyramiden von Güimar nebst dem von Thor Heyerdahl angeregten Ethnografischen Park haben es zwischenzeitlich zu einem respektablen Bekanntheitsgrad auch weit über die Kanarischen Inseln hinaus geschafft. Doch die einzigen auf Teneriffa sind sie nicht. Es war mir vergönnt, mir noch weitere Exemplare anzusehen. Hierunter auch eines, das – streng genommen – gar keine Pyramide ist.

Im äußersten Nordwesten der Insel liegt, buchstäblich festgeklebt an die steilen Berge, die kleine Ortschaft Teno Alto. Das Dorf ist einzig über eine schmale Serpentinenstraße zu erreichen, neben der ein schwindelerregender Abgrund von mehreren hundert Metern gähnt. Diese halsbrecherische Zufahrt ist bereits Grund genug, dass sich so gut wie keine Touristen dorthin verirren. Schon der bloße Gedanke an eventuell auftauchenden Gegenverkehr vermag dem potentiellen Besucher einen kräftigen Schauer über den Rücken zu jagen. Angstschweiß inklusive.

Über besagtem Flecken Teno Alto erhebt sich der Montana Vallado. Es ist dies ein natürlich entstandener Berg, der allerdings von Menschenhand umgeformt wurde. Und zwar so meisterhaft, dass die exakten und gleichmäßig angelegten Terrassen tatsächlich den Eindruck einer Stufenpyramide entstehen lassen. Ähnliches sah ich in der Ebene von Qin Chuan in China, wie auch auf dem „Fünften Kontinent" im „Outback" von Australien. Auch dort wurde vor unbekannten Zeiten ein natürlicher Berg unter Einsatz zahlloser bearbeiteter Steinbrocken umkleidet und dadurch zu einer Stufenpyramide umgestaltet. Die wirklich tragische Geschichte hierzu gibt es in einem späteren Kapitel. Nun aber kehren wir erst einmal zu den „Inseln des ewigen Frühlings" zurück.

Von dem „auf Pyramide getrimmten" Montana Vallado, wie auch von einer nachgerade unübersehbaren Anzahl Pyramiden auf Teneriffas Nachbarinsel La Palma erfuhr ich durch einen sehr engagierten, älteren Herrn aus Dresden. Eine Zeitlang pflegten wir rege Korrespondenz, was mir in der Folge zu einigen wertvollen „Geheimtipps" verholten hat.[17] Wie zum Beispiel der folgenden Pyramidenstätte, die sich beinahe auf dem „Präsentierteller" befindet und trotzdem kaum bekannt ist.

Eingerahmt von Feldern

Zu den üblichen touristischen Sehenswürdigkeiten Teneriffas zählt auch das Städtchen Icod de los Vinos, am nordwestlichen Küstenabschnitt gelegen. Wie der Name vermuten lässt, wird in der Region Wein angebaut. Doch weit über die Inseln hinaus errang Icod Bekanntheit durch seinen „Drago Milenario". Dahinter steckt ein ungefähr 15 Meter hohes Exemplar des Drachenbaumes (botanisch: Dracaena drago), mit einem Stammumfang von 13 Metern. Das Alter jenes „Methusalems unter den Bäumen" wird auf bis zu 3.000 Jahre geschätzt. Als er zu wachsen begann, herrschte der legendäre König Salomon über Israel, um einmal beim biblischen Kontext zu bleiben.

Nur wenige Einheimische aber wissen, dass im näheren Umfeld von Icod Pyramiden zu finden sind. Da diese sich auf privatem Grund und Boden befinden, ist es nicht so einfach, bis zu ihnen vorzudringen. Zu einem dieser Bauwerke war mir der Weg nicht verwehrt. Ganz im Gegenteil: Ich stieß vor Ort auf überraschend großes Entgegenkommen und Interesse.

Nur wenige Kilometer östlich von Icod liegt das Dorf Santa Barbara. Die ganze Region hier an den zur Nordküste hin sanft abfallenden Berghängen wird zum überwiegenden Teil landwirtschaftlich genutzt. Neben dem Wein baut man dort verschiedene Gemüsesorten an, wie auch Bananen, aus denen man einen auf den Kanaren sehr beliebten Likör herstellt. Vor einigen Jahren war ich dort und machte mich im städtischen Touristenbüro von Icod schlau, wo diese Pyramiden zu finden seien, von denen mein Dresdner Gewährsmann mir berichtet hatte. Die Dame in dem Büro wusste Bescheid. Wir sollten nach Santa Barbara fahren. Dort würden wir finden, was wir suchen. Nun hieß es die Augen offenhalten, als wir langsam durch den kleinen Ort fuhren. Da musste irgendwo eine Pyramide stehen, falls sich die Señora im „Oficina de Turistas" keinen Scherz mit uns erlaubt hatte.

Soviel vorweg: Sie hatte uns nicht in die Irre gelotst. Bereits nach kurzer Suche entdeckte ich das Bauwerk. Eingerahmt von Feldern und Weinstöcken, erhebt es sich deutlich einsehbar zwischen ein paar Häusern am Hang, der sanft zur Nordküste hin abfällt (mittlerweile gibt es dort sogar eine Bäckerei mit dem Namen „la piramide").

Auf den ersten Blick aber war nicht ersichtlich, ob ein Weg zu dieser Pyramide führt. Dieser war glücklicherweise schnell gefunden: Eine talwärts führende Nebenstraße, von der wiederum ein schmaler Fußweg abzweigt, der an einem Feld endete. Dieses grenzte direkt an die Pyramide an und wurde gerade bearbeitet. Erstaunt blickten der Bauer und dessen Frau auf, als ich mitsamt meiner Lesergruppe im Schlepptau anrückte. Der ersten Freude über das Auffinden folgten nun bange Augenblicke. Würde man uns vom Platze jagen oder gestatten, die Pyramide zu besichtigen? Schließlich die erlösenden Worte: Obwohl wir uns auf seinem privaten Grund und Boden aufhielten, hatte der gute Mann nichts dagegen einzuwenden. Ganz im Gegenteil. Wir konnten uns auf einen wirklich informativen Ortstermin freuen.

Sieben Stufen und fünf Ecken

Die „Pyramidenkletterei" scheint eine erklärte Leidenschaft von mir zu sein – denn wo immer auf der Welt ich dieser Bauten ansichtig wurde, musste ich sie stets erklimmen. Als ich über diese wirklich gut erhaltene Pyramide in Santa Barbara kletterte, um auf der anderen Seite wieder herabzusteigen – wobei ich auf einem völlig verwilderten Grundstück landete, von dem aus ich optimal fotografieren konnte –, fielen mir auf der Stelle zwei interessante Details ins Auge.

Zum einen besteht die Pyramide aus sieben Stufen. Heute ist mir bekannt, dass die meisten auf den Kanarischen Inseln – und nicht nur dort – sich befindenden Pyramiden aus genau sieben Stufen bestehen. Und als ich auf das Brachgelände abgestiegen war, bemerkte ich den deutlichen Knick in der mir zugewandten Seite. Anders gesagt: Die Pyramide in Santa Barbara verfügt über einen fünfeckigen Grundriss!

Deshalb möchte ich an dieser Stelle noch einmal kurz an die mathematische Definition einer Pyramide erinnern, wie ich sie in der Einleitung zu diesem Buch zitiert hatte: „Ein spitz zulaufender Körper, dessen Grundfläche ein Drei- oder Mehreck ist (...).[1] Auch wenn diese, wie die meisten Pyramiden dieser Welt, nicht spitz, sondern oben abgeflacht ist.

Errichtet wurde das Bauwerk aus unregelmäßigen Brocken von dunklem Lavagestein, wie es auf der vom Vulkanismus geprägten

Insel vorherrscht. Sorgfältig aufeinander geschichtet, hält dieser Verbund bombenfest. Bei meiner Kletteraktion spürte ich stets festen Halt unter meinen Füßen. Es bewegte sich kein einziger Stein, und nichts kam ins Rutschen. Ohne Probleme schaffte ich meinen Weg zurück zum Ausgangspunkt meiner Erkundungsmission.

Der freundliche Landmann, dem in der Zwischenzeit das große Interesse meiner Reisegruppe und mir nicht verborgen geblieben war, gesellte sich zu uns. Anschließend machte er uns auf eine Reihe weiterer Pyramidenreste aufmerksam, die über die benachbarten Grundstücke verteilt seien. Die fünfeckige Pyramide auf seinem Grund und Boden – für mich ist sie das bisher erste und einzige Bauwerk dieser Art, das ich zu Gesicht bekam – stellte seiner Meinung nach einst wohl die Hauptpyramide eines ganzen Komplexes dar. Sie sei „sehr alt", ließ er uns wissen. Genau bei dieser Bemerkung fiel mir wieder die Behauptung der örtlichen Archäologen ein, dass es sich einzig um Ansammlungen zusammengelesener Steine handle.

Zu gerne würde er das Bauwerk mehr interessierten Touristen zugänglich machen. Doch der Bürgermeister (den er dabei mit ein paar wenig schmeichelhaften Ausdrücken bedachte) hielt offenbar nicht allzu viel von derlei Plänen. Dem war der Drago Milenario wohl genug Attraktion in dessen Dunstkreis.

Es wird nun Zeit, Teneriffa zu verlassen. Denn auf der Nachbarinsel La Palma stehen zahlreiche Pyramiden, meist auf privatem Grund. Lange Zeit wurden auch sie verkannt oder ignoriert, und dann kam zu allem Übel auch noch eine Naturkatastrophe hinzu.

Urwüchsige Landschaften, bis 2022

Die zweimotorigen Turboprop-Maschinen der lokalen Fluggesellschaft Binter Canarias, die einen regelmäßigen Liniendienst zwischen den Kanarischen Inseln unterhält, benötigen knappe 25 Minuten für den Flug vom Inlands-Airport Teneriffa-Nord nach La

Palma. Zwar trennen gerade einmal 70 Kilometer Distanz die beiden Inseln, aber das Klima unterscheidet sich spürbar. Auf La Palma herrscht eine viel höhere Luftfeuchtigkeit als auf Teneriffa. Stets liegt eine merkliche Schwüle in der Luft.

Wie zum Ausgleich entschädigt die wilde und urwüchsige Vulkanlandschaft. Zumindest tat sie das bis zu dem großen und alles zerstörenden Vulkanausbruch des Jahres 2022, der sich als Trauma in das kollektive Gedächtnis der Insulaner eingebrannt hat. Viel Natur, aber ebenso viel von Menschen Geschaffenes wurde regelrecht plattgemacht von einer Walze glühender Lava, die sich zum Meer bewegte. Es bleibt nun abzuwarten, wieviel von den Dingen, die ich 2014 bewundern durfte, überlebt hat, und wann sich der Tourismus auf der Insel wieder erholt.

La Palma bietet uns – neben geschätzt weit über 100 Pyramiden, von denen, wie ich hoffe, die Mehrzahl erhalten geblieben ist – noch andere prähistorische Funde. Auch sie werden den Guanchen zugeschrieben, der bereits erwähnten und von den Spaniern komplett ausgerotteten Urbevölkerung. Im Norden von La Palma, bei der Dornbuschquelle im Tal von La Zarza, hinterließen sie uns etliche von spiralförmigen Petroglyphen buchstäblich übersäte Felswände. Abbildungen solcher Spiralen findet man im Übrigen auf Felsritzungen in der ganzen Welt.[18]

Meine Hoffnung, dass möglichst viele von diesen Stufenpyramiden auf La Palma nicht der Lava zum Opfer gefallen sind, begründet sich vor allem auf deren hoher Zahl. Denn sie fanden hier eine noch größere Verbreitung als auf Teneriffa.

Kaum auf dem kleinen Inselflughafen gelandet, wird man auch schon der ersten Pyramide ansichtig. Nach Verlassen des Terminals hat man noch keine zwei Kilometer auf der nach Norden, in Richtung Santa Cruz, führenden Hauptstraße hinter sich, steht sie auf der rechten Seite. Mit dem Meer im Hintergrund, erhebt sich auf einem verwilderten Gelände die Pyramide von Brena Baja. Kein

Zaun, kein Verbotsschild hindern Interessierte daran, die Fläche zu betreten. Von der Straße her hat man ungefähr 30 Meter mannshohes Gesträuch zu überwinden, bis man vor dem zehn Meter hohen Bauwerk steht. Obwohl schon etwas verwittert, lädt eine Treppe an der nordwestlichen Ecke zum Besteigen ein. Auch hier zählte ich die bei vielen Pyramiden auf den Kanaren üblichen sieben Stufen. Eine Steinmauer auf der obersten Terrasse entpuppte sich als zementiertes, neuzeitliches Machwerk – diese hat also nichts mit dem ursprünglichen Bauwerk zu tun.

Runde Pyramiden im Tal von Aridane

Mein Abstieg auf der Rückseite war nicht ganz einfach, denn diese Pyramidenseite stellt auf zwei Dritteln ihrer Länge eher eine Schotterhalde dar. Hier hatte unverkennbar der „Zahn der Zeit" genagt. Zwischen dieser Pyramide und dem nahen schwarzen Lavastrand steht deutlich tiefer das Hotel „Taburiente Playa". Von dort aus ist gerade mal das obere Drittel der Pyramide zu erkennen. Dies mag wohl der hauptsächliche Grund dafür zu sein, dass das Bauwerk, obwohl so nah gelegen, von der Mehrzahl der Gäste nicht wahrgenommen wird.

Ein Stück Weges oberhalb von Brena Baja befindet sich Brena Alta (was folgerichtig ist, denn im Spanischen bedeutet „baja" so viel wie „tief", „alta" hingegen „hoch"). Dort erspähte ich auf mehreren Grundstücken Pyramiden, meistens in weniger gutem Zustand. Eine davon zierte ein hoher Fahnenmast. Wie viele Stufenpyramiden einst dort standen, wird sich kaum mehr ermitteln lassen. Denn nicht wenige dürften dem Bau moderner Wohnhäuser zum Opfer gefallen sein. Anders der Fall bei solchen Bauten, die in der freien Landschaft liegen.

Im Westen der Insel erstreckt sich das weitläufige Aridane-Tal. Schon von der Straße aus fallen dem Besucher immer wieder in die mit Obstbäumen bepflanzte Landschaft eingestreute Pyramiden auf. Einige von ihnen besitzen eine für diese Bauwerke reichlich ungewöhnliche Form, die nicht der allgemeinen Definition entspricht. Sie sind nämlich rund!

Die einzige Rundpyramide, die ich bis zu dem Zeitpunkt sah, steht in der alten Maya-Stadt Coba. Die Anlage steht direkt an der großen Verbindungsstraße von Mérida nach Tulum, auf dem mexikanischen Teil der Halbinsel Yucatan gelegen. Die Anzahl der Pyramiden, die sich im Regenwald der sich auf die Staaten Mexiko, Guatemala und Belize aufteilenden Halbinsel verbergen, ist nicht bekannt. Man kann sie allenfalls schätzen, und laufend werden weitere entdeckt.

Doch zurück nach La Palma. Am Rande des Aridane-Tals befindet sich die Kleinstadt El Paso. Und mitten darin die mit Abstand schönste Pyramide, die ich auf dieser Insel zu sehen bekam.

Eindrucksvolle Silhouette

Auch dieses Bauwerk war ein „Geheimtipp" aus dem reichen Erfahrungsschatz meines aus Dresden stammenden Informanten, mit dem mich eine mehrjährige Korrespondenz verband.[17] Daher wurde ich bei meiner Suche in El Paso auch schnell fündig. Mitten in einer Wohnstraße stieß ich auf einen schmalen Durchgang, der dort abzweigt. Dort eingebogen, stand ich nach 25 Metern vor der Pyramide. Diese besaß sieben Stufen, und präsentierte sich in einem außergewöhnlich guten Zustand. Von der schmalen Gasse aus war der Zugang weder durch einen Zaun noch sonst irgendwie versperrt. So kletterte ich ohne zu zögern – und meine Gruppe an ungewöhnlichen Themen Interessierter stand mir nicht nach – auf das Bauwerk, und auf der anderen Seite wieder herab.

Unversehens landeten wir in einem ziemlich verwilderten Gemüsegarten, der zu unserer Überraschung eine optimale Position zum Fotografieren bot. Auf den Bildern gut zu erkennen: Die oberste Stufe der schätzungsweise acht bis neun Meter hohen Pyramide ist spitz zulaufend, so dass hier die eindrucksvolle Silhouette des Bauwerkes gut zur Geltung kommt (siehe Bildteil).

Indes war in dem an das Grundstück grenzende Wohnhaus unser reges Treiben nicht unbemerkt geblieben. Ohne böse Absicht in ihrem Gemüsegarten gelandet und munter drauflos fotografierend, war den guten Leuten der „Überfall" einer Horde Touristen doch suspekt. Also forderten sie uns – der Grundbesitzer höflich und gefasst, dessen Ehefrau indes schon ein wenig bestimmter – zum baldigen Verlassen ihres Grundstückes auf. Dem kamen wir auch unverzüglich nach, hatte doch jeder seine Aufnahmen im Kasten. Zwar hatten wir die guten Leute etwas verärgert, jedoch ein Bauwerk zu Gesicht bekommen, das 99,99 Prozent der „Normaltouristen" verborgen bleibt.

Rückwirkend betrachtet, war diese neuerliche Reise auf die Kanarischen Inseln, vor mittlerweile bald 10 Jahren, ein beachtlicher Erfolg. Die Pyramiden in der Stadt Güimar sind auf Teneriffa keineswegs die einzigen ihrer Art. Und besonders rund um Icod, an der Nordküste, dürfte sich wohl noch so manches im wahrsten Sinn steinalte Kleinod auf Privatgrund verbergen. Gleiches gilt für La Palma, wo die vielfache Anzahl der auf Teneriffa bekannten Pyramiden existiert.

Die letztere Insel hätte auch eines Thor Heyerdahl bedurft, womöglich sogar heute mehr als vor Jahren. Es steht zu hoffen, dass die Lavamassen des Jahres 2022 die überwiegende Menge der dortigen Bauwerke verschont haben. Es gibt zahllose Pyramiden auf unserem Planeten, wie ich nachfolgend noch aufzeigen werde. Trotzdem wäre jedes zerstörte Monument unersetzlich. Denn nach wie vor umweht der Hauch des Geheimnisvollen und Unbekannten diese gen Himmel gerichteten und zu Stein gewordenen Zeugnisse aus einer meist unverstandenen Vergangenheit.

2. Dornröschenschlaf unter südlicher Sonne

Pyramiden im Mittelmeerraum

Denken wir an Orte oder Landschaften, wo wir auf der Suche nach Pyramiden fündig werden, so wird uns eine Region bestimmt nicht in den Sinn kommen. Es ist dies unser westlicher Nachbar Frankreich. Auf den folgenden Seiten möchte ich zwei noch ganz gut als solche erkennbare Pyramiden vorstellen. Eine davon befindet sich an den Gestaden des Mittelmeeres, die andere indes im Herzen des Landes, südwestlich von Dijon.

Falicon ist ein kleines Dorf, nur wenige Kilometer entfernt von der überfüllten Côte d'Azur und im Hinterland der mondänen Stadt Nizza gelegen. Dort existiert ein bewaldeter Hügel, der Mont Chauve. Man würde dort alles Mögliche vermuten, aber das nicht: Gerade einmal 100 Meter vom Gipfel dieses Hügels entfernt, erhebt sich eine steinerne Pyramide. Sie ist glattwandig und aus gründlich bearbeiteten Quadersteinen errichtet, die mit einer Art Zement verbunden sind. Die Kanten dieser Pyramide sind ungleich lang, da sie an einem Abhang liegt. Und sie wurde direkt über einer, wie es scheint, natürlich entstandenen Grotte erbaut, welche sich gleich einem abgrundtiefen Rachen mit einem Durchmesser von zwei bis drei Metern öffnet.[19,20]

Die Ostseite dieses Bauwerks ist von einer 2,50 Meter hohen Öffnung durchbrochen. Direkt dahinter führt ein mehrere Meter tiefer Schacht zur Höhle hinab. Von dort aus muss man nochmals einen zehn Meter langen, steilen Abhang auf rutschigem Untergrund hinter sich bringen, um, vorbei an den Überresten antiker Stufen, zum Boden der Grotte zu gelangen.[3] Ohne eine zünftige Bergsteiger-Ausrüstung würde man hier nicht allzu weit kommen.

Die Hauptkanten der Pyramide von Falicon sowie ihre Grundlinien weisen eine Länge von 6,60 Metern auf. Doch ursprünglich dürfte die Länge dieser Kanten bei mindestens neun Metern gelegen haben. Vorausgesetzt natürlich, dass diese Pyramide, wie jene in Ägypten, auch nach oben hin spitz zulief. Dies kann man heute allerdings nicht mehr mit Gewissheit sagen, da die Spitze – das sogenannte „Pyramidion" – entweder verschwunden ist[19], oder nie existierte, weil auch dieses Bauwerk nach oben hin flach abschloss. Was man bei Grabungen tief im Boden unter der Pyramide fand, ist umso spektakulärer.

Überraschung!

Das Innenleben der Pyramide von Falicon wurde zum ersten Mal von einem Italiener aus Turin mit dem Namen Rossetti ausgeforscht. Das war anno 1803, und Signore Rossetti notierte damals mit dramatischen Worten in sein Tagebuch, was er da unten erlebt hatte: „Das Auge taucht in ein finsteres Loch; trotz des starken Lichts, das ich hinunter sandte, konnte ich die Finsternis nicht durchdringen. Bestimmt wird es eines Tages einem mutigen Menschen gelingen, es zu erforschen. Ich für meine Person habe es vergeblich versucht – Angst und Schrecken ergriffen all jene, an die ich ein solches Ansinnen stellte."

Dann geriet die Pyramide erst einmal in Vergessenheit; bis zum Jahre 1922 kümmerte sich kein Mensch um das Bauwerk. Zeitweilig nahm ein dubioser Sektengründer die Pyramide in Beschlag, und endlich wurde erneut eine Expedition in den Untergrund gestartet. Im Jahre 1927 stiegen ein paar Höhlenforscher in den dunklen Abgrund hinab, der sich als sechs bis acht Meter langer „Kamin" erwies, der von einem breiten Spalt durchbrochen war. Etwa zehn Meter tiefer fassten sie Fuß auf einem lehmigen und rutschigen Boden. Zahlreiche Felsspalten zu beiden Seiten verloren sich im Berg. Als sie noch weiter hinabstiegen, gelangten sie zum Grund, und damit in eine geräumige Höhle, deren Länge 30 Meter und deren Höhe 20 Meter betrug.

Dort unten erlebten sie eine veritable Überraschung. Am tiefsten Punkt der Höhle entdeckten sie noch eine weitere Pyramide, die aus großen Felsbrocken errichtet war. Diese wurden entweder von der Höhlendecke gelöst, oder von der Oberfläche heruntergebracht. Diese Geröllpyramide wies eine Grundlinie von rund 20 Metern auf, bei einer Höhe von ungefähr zehn Metern. Wer war es, der wann und für welchen Zweck zwei Pyramiden regelrecht ineinander verschachtelt hat?

Die Höhlenforscher fanden auch zwei Stalaktiten in besagter Grotte. Und ein paar Öffnungen im Fels führen noch weiter ins Gestein, aber sie sind so eng, dass sich gerade einmal ein Kind durchzwängen könnte. An den Höhlenwänden stellte man übrigens eine mancherorts bis zu zwei Zentimeter dicke Rußschicht fest, die belegt, dass dort unten, im Schein von Fackeln, häufige Zusammenkünfte stattgefunden haben müssen.[19]

Die Pyramide von Autun

War dies eine prähistorische Behausung? Oder der Treffpunkt einer geheimen Sekte, die dort unten Initiationsriten abhielt? Interessant zu berichten wäre noch, dass man einmal eine Katze hinuntergeworfen hatte, die in einer Höhle im wenige Kilometer entfernten Nizza wieder ans Tageslicht kam.[19]

Eine weitere Pyramide, die ich eingangs angesprochen hatte, und von deren Existenz so gut wie niemand weiß, befindet sich ein Stück außerhalb von Autun. Diese an Bauwerken aus römischer Epoche reiche Stadt liegt südwestlich von Dijon im Departement Saône-et-Loire, im Herzen Frankreichs. Auf halber Höhe am Berg Briscou steht die Pyramide in einem als „Urnenfeld" bezeichneten Areal, in dem man in den vergangenen Jahren auch Vasen aus Ton und Glas gefunden hat.

Nach ihrem Entdecker Pierre de Couhard trägt sie den Namen „Couhard-Pyramide". Ursprünglich besaß diese eine quadratische

Basis mit einer Seitenlänge von 17 Metern, bei einer stolzen Höhe von 27 Metern. Heutzutage ist sie nur mehr eine von üppiger Vegetation bewachsene Ruine. Eine einstmals vorhandene Verkleidung ist inzwischen vollkommen verschwunden, doch das übriggebliebene Mauerwerk präsentiert sich noch immer als außerordentlich beständig.

Ein Wissenschaftler aus Autun mit Namen Monsieur Desplaces, unterzog bereits vor Jahrzehnten das Bauwerk einer umfassenden Untersuchung. Dabei stellte er ein besonderes Detail fest: Es wurden mehrere Pyramiden übereinander gebaut, und eine jede von ihnen über der jeweils vorangegangenen errichtet.[19]

Ein Phänomen, das uns auch bei mehreren Pyramiden der Mayas auf der Halbinsel Yucatan begegnet. Buchstäblich verschachtelt ist die „Pyramide des Zauberers" im mexikanischen Uxmal. Diese wurde insgesamt fünfmal errichtet, und dabei nacheinander stets die jeweils neueste über die vorangegangene gestülpt.[2] Chichen Itza wurde „nur" zweimal gebaut. Doch mit etwas Glück kann man im Inneren, in einem Hohlraum zwischen der ursprünglich erbauten und der jetzigen nach oben klettern. Ich habe es selbst schon einmal vor Jahren ausprobiert, und bin bei einer gefühlten Luftfeuchtigkeit von weit über einhundert Prozent ganz ordentlich ins Schwitzen geraten. Mehr darüber berichte ich im Abschnitt über die Pyramiden im Land der Maya. An dieser Stelle kehren wir zurück in den Mittelmeerraum, respektive in unser westliches Nachbarland Frankreich.

Wie in Falicon bei Nizza, soll sich auch unter der Pyramide von Autun ein tiefer, buchstäblich „grundloser" Schacht befinden. Wer das Bauwerk wann und zu welchem Zweck errichtet hatte, ist unbekannt. Die Spekulationen reichen von einem Grabmal, wie es auch den ägyptischen Pyramiden unterstellt wird, bis zu einem astronomischen Observatorium.[19]

Hügel für die Flak

Wer auf die zu Italien gehörende Mittelmeerinsel Sardinien kommt, der sollte es keineswegs versäumen, die eine oder andere prähistorische und megalithische Stätte zu besichtigen. Die Insel ist tatsächlich, mit mehr als 7.500 vorgeschichtlichen Funden dieser Art, ein wahres Freilichtmuseum. Und da kann sehr rasch die Wahl zur Qual werden. Nicht zur Qual wird es, wenn ich den Fokus auf die Stufenpyramide von Monte d'Accoddi lege: Sie ist nämlich das einzige Bauwerk ihrer Art auf Sardinien.

Es war einer jener „Zufälle" – an die ich, ehrlich gesagt, schon lange nicht mehr glaube –, der mich auf die Fährte dieser Pyramide brachte. In einer Folge der ZDF-Dokumentarserie „TERRA-X", für die ich Bildmaterial über die Pyramiden in China beigesteuert hatte, wurde auch von genau jener Stufenpyramide auf der Insel Sardinien berichtet. Bis dahin wollte kein Altertumsforscher etwas von Pyramiden wissen, die auf der Ägypten gegenüber liegenden Seite des Mittelmeeres stehen. Mein Interesse indes war spontan geweckt, und von Stund´ an stand Monte d'Accoddi ganz oben auf meiner Wunschliste. Mittlerweile war ich bereits viermal dort, und zwar in den Jahren 2006, 2009, 2013 und 2016.

Dass die Archäologen so lange nichts über das Bauwerk zu sagen wussten, verrät neben einer notorischen Betriebsblindheit auch eine reichliche Portion an Ignoranz. Getreu dem bewährten Motto, dass nichts sein kann, was nicht sein darf. Denn diese Pyramide, die so gar nicht zu den üblichen Großsteinbauten Sardiniens wie Nuraghen oder Gigantengräber passen will, steht auffallend und weithin sichtbar in der Landschaft. Für all jene, die sich vor Ort ein eigenes Bild machen wollen: Die Pyramide findet man an der vierspurig ausgebauten Schnellstraße, die von Sassari, das im Nordwesten der Insel liegt, zu der Hafenstadt Porto Torres führt. Außerdem ist die Ausfahrt ausgeschildert. Wie aber kann so ein auffälliges Monument so lange Zeit einfach unbeachtet bleiben?

Die Ignoranz der Altertumsforschung war, wie erwähnt, einer der Gründe. Zudem schlummerte die Pyramide lange Zeit unter einem mit Gras und sonstiger Vegetation bewachsenen Hügel. Sie teilte damit das Schicksal der im vorherigen Kapitel erwähnten Pyramiden von Güimar. Und während des Zweiten Weltkriegs wurde sie kurzerhand zu einer für die Zeit typische Aufgabe zweckentfremdet. Auf dem Hügel installierten die italienischen Streitkräfte eine Flugabwehrstellung. Erst als man die dazugehörige Militärstation im Jahre 1950 auflöste, konnten sich die Archäologen ans Werk machen.

Als der Hügel freigelegt war, kam zur allgemeinen Überraschung eine Pyramide zum Vorschein. Einmal mehr allerdings keine, wie wir sie aus dem alten Land am Nil kennen. Wie auf Teneriffa und vielen anderen Orten auf der Welt, war es auch auf Sardinien eine Stufenpyramide. Ihre Grundfläche ist mit 37 mal 37 Metern quadratisch; ihre Seiten neigen sich dabei leicht nach innen. Von ihrer südlichen Seite führt eine mehr als 40 Meter lange Rampe an das Bauwerk heran, das dann über eine Reihe von Stufen bis zur obersten Terrasse betreten werden kann. Selbige liegt heute in gut sieben Metern Höhe, doch soll die ursprüngliche Höhe zur Zeit ihrer Errichtung zehn Meter betragen haben. Dass die Stufenpyramide in exakter Nord-Süd-Ausrichtung steht, konnte man schon vor Jahrzehnten, kurz nach Beginn der Ausgrabungsarbeiten, feststellen.[3]

Im Widerspruch zur Lehrmeinung

Im Verlaufe jüngerer Ausgrabungen stieß man auf eine Anzahl von Kammern im Inneren der Pyramide. Leider kann man diese nicht betreten, denn ein abgeschlossenes Eisengitter verhindert den Abstieg in das Innere von Monte d'Accoddi.

Die erwähnte, über 40 Meter lange Rampe wird links von einer etwa 3,50 Meter hohen Steinsäule flankiert. Zur rechten Seite hin findet man eine große Steinplatte, wie wir sie von Dolmen her kennen. Auch auf der gegenüber liegenden, nördlichen Seite der Pyramide fand man die Überreste von Stufen – sicher führte von dort ein zweiter Aufgang zur oberen Plattform.

Die Archäologen vermuten, dass es Menschen aus der sogenannten Ozieri-Kultur waren, die die Stufenpyramide errichteten. Diese Kultur, benannt nach dem Ort, an dem man die ersten Funde von ihr fand, hinterließ ihre Spuren seit etwa 3.200 v. Chr. auf Sardinien. Datierungen, die mithilfe der C-14-Methode (auch: Radiokarbonmethode) vorgenommen wurden, ergaben im Umfeld der Pyramide ein Alter um 2.500 v.Chr. Weil mit dieser Methode aber nur das Alter organischer Proben bestimmt werden kann, spricht manches dafür, dass diese Pyramide deutlich älter ist. Zumindest in ihrer ersten Bauphase, wie aus Informationen vor Ort hervorging, die leider nicht mehr greifbar sind. Das würde zu der Erkenntnis passen, dass erste Wellen von Siedlern bereits um die Zeit vor 8.000 Jahren festgestellt werden konnten.[3]

Bis vor ein paar Jahren stand auf dem Gelände noch eine sehr detailreiche Schautafel mit Illustrationen, die ich bei meinen Besuchen in den Jahren 2006 und 2009 stets fotografiert hatte. Im Nachhinein stellte sich dies auch als Glück heraus, doch für den Augenblick alles der Reihe nach. Diese vom „Instituto Italiana per l'Archeologica Sperimentale“ aufgestellte Schautafel hatte den Baubeginn der Pyramide deutlich früher ausgewiesen als die erwähnten C-14-Datierungen nahelegten. Da war zu lesen: „5300 Anni Fa – Prima Fase del Santuario“. Demzufolge wurde bereits vor 5.300 Jahren mit der Errichtung Monte d'Accoddis begonnen. Wenig später jedoch hätte ein verheerender Großbrand gewütet, der die Pyramide, und mit ihr auch die jungsteinzeitliche Ansiedlung, stark in Mitleidenschaft gezogen hatte. Um das Jahr 2.800 v.Chr. schließlich, also vor rund 4.800 Jahren, habe die endgültige Fertigstellung stattgefunden.

Für die Jahre 1940 bis 1945 weist ein weiteres Bild auf der Schautafel die erwähnte militärische Nutzung des Hügels, und mit ihm der darunterliegenden Pyramide, als Flakstellung aus. Wie auch den Beginn der archäologischen Feldforschung ab dem Jahre 1950 bis heute auf der letzten Illustration.

Mittlerweile aber ist die Tafel spurlos verschwunden. Denn bei meinem nächsten Besuch im Juni 2013 – wie auch 2016 – erwartete mich eine böse Überraschung. Sie stand nicht mehr auf ihrem angestammten Platz! Fragen nach ihr liefen ins Leere. Zu diesem Zeitpunkt hatte man in einer für das Personal errichteten Schutzbaracke zusätzlich ein kleines Museum eingerichtet. Kurzzeitig flackerte Hoffnung auf, hier fündig zu werden. Doch auch dort suchte ich vergebens nach dem abgängigen Informationsträger.

Niemand vermochte mir zu sagen, wohin diese eigentlich nicht unauffällige, etwa 80 Zentimeter breite und 1,50 Meter hohe Hinweistafel gekommen sein mochte. Ich hege derweilen einen nicht unwahrscheinlichen Verdacht. Da die Angaben auf dem Schild in eklatantem Widerspruch zu gewissen in der Archäologie gültigen Datierungen stehen – Monte d'Accoddi wäre demnach deutlich älter als die Cheops-Pyramide, wenigstens nach offizieller Lehrmeinung – wurde sie entfernt. Wurde da wieder einmal zensiert, was nicht sein kann, weil es nicht sein darf?[11]

Unvermutete Entdeckung

Ob sie mit der Pyramide in irgendeinem Zusammenhang stehen, oder womöglich noch älteren Datums sind, kann ich nicht sagen. Es geht um eine unvermutete Entdeckung, auf die ich zum ersten Mal 2009 stieß. Gerade mal einen Kilometer Luftlinie von Monte d'Accoddi entfernt stößt man nämlich auf mehrere Paare bestens erhaltener, prachtvoller Cart Ruts!

Für jene, denen der Begriff nichts sagen sollte: Diese Cart Ruts sind in der Regel paarweise verlaufende, sich oft verzweigende und kreuzende Bodenrillen künstlicher Herkunft und unbekannten Alters. Wir kennen sie vor allem von der zwischen Sizilien und Nordafrika liegenden Insel Malta. Dort laufen die „Gleise" sogar ins Meer und gehen auch in größere Tiefen.[21] Dies setzt eigentlich voraus, dass die Rillen bereits zu einer Zeit bestanden, als der Meeresspiegel viel niedriger war als heute, und nicht erst in der Bronzezeit von Transportkarren hinterlassen wurden, wie die Archäologen behaupten.[22]

Fährt man also von der Pyramide Monte d'Accoddi zurück auf die vierspurige Schnellstraße Sassari – Porto Torres, und wendet bei nächstmöglicher Gelegenheit, erscheinen am Straßenrand bald mehrere Wirtschaftsgebäude. Bei diesen zweigt ein gerade verlaufender Feldweg ab, und nach wenigen hundert Metern biegt man linker Hand auf eine freie Fläche ab. Mir gingen förmlich die Augen über: Ich wähnte mich nicht mehr in Sardinien, vielmehr auf der kleinen Insel Malta. So perfekt waren diese Spuren ausgeformt, für deren Entstehung nach wie vor keine schlüssige Antwort gefunden wurde.

Denn Karrenspuren, was die wörtliche Übersetzung des Namens bedeutet, können es nicht gewesen sein. Spätestens, wenn die Doppelspur eine Kurve beschreibt, oder sich die Spurweite ändert, würden die hypothetischen Räder stecken bleiben. Auch hier, in der Nähe der Stufenpyramide, verzweigen sich die Cart Ruts. Und ebenso wie ihre maltesischen Vorbilder besitzen sie ein Profil, das sich nach unten hin verjüngt. Auch dieser Umstand spricht eindeutig gegen die „Wagenrad-Theorie". Denn welchen Sinn würde es machen, wenn die Auflagefläche der Räder schmal wäre? Für den Transport schwerer Lasten müsste sie so breit wie möglich sein, um den darauf lastenden Druck optimal verteilen zu können!

Ihre Tiefe beträgt durchschnittlich 30 Zentimeter, hingegen reichen ihre maltesischen Pendants bis über 80 Zentimeter tief ins Gestein. Unterbrochen von dichtem Buschwerk, ist an mehreren Stellen der felsige Boden – und mit ihm auch die Spuren – abrupt zu Ende, um nach ein paar Metern weiterzugehen. An manchen

Stellen aber finden die Bodengeleise eine Unterbrechung durch andere Ursachen. Dort schneiden jungsteinzeitliche, künstlich in den Fels gehauene Höhlen direkt durch die Cart Ruts. „Domus de Janas" werden sie von den Einheimischen genannt – was „Feenhäuser" bedeutet. Nach geltender Archäologenmeinung waren es Begräbnisstätten. Ebensogut aber können sie auch bewohnt gewesen sein. Es wird vermutet, dass diese künstlichen Höhlen in der Jungsteinzeit, etwa um 3.800 v.Chr., in den Fels gehauen wurden.[23]

Und das wirft eine offizielle Datierung vollkommen über den Haufen! Denn die mysteriösen Cart Ruts werden zeitlich zumeist in die Bronzezeit, um 1.500 v.Chr. datiert, und trotz aller Widersprüche als Wagenspuren „verkauft". Hier, auf Sardinien, werden die Bodenspuren gleich an mehreren Stellen von den erwähnten jungsteinzeitlichen Höhlen durchschnitten, und, ganz wichtig!, nicht umgekehrt. Die einzige logische Schlussfolgerung kann daher nur lauten, dass zuerst die Cart Ruts da waren. Erst später wurden die „Domus de Janas" aus dem Fels geschnitten. Ob die Pyramide als letztes in die Landschaft gestellt wurde, oder ob man auch sie noch weiter zurück ins Grau der Zeiten datieren muss, das führt wohl auch weiterhin zu Rätselraten und Diskussionen.

An den Hängen des Ätna

Sardinien ist nicht die einzige Insel in dieser Mittelmeerregion, die mit Pyramiden aufzuwarten weiß. Weit mehr davon – natürlich ebenso in Stufenform gebaut – bietet uns die gleichfalls zu Italien gehörende, viel größere Insel Sizilien. Dort stehen die weitaus meisten dieser Bauten rund um den Vulkan Ätna, dem mit 3.340 Metern höchsten Gipfel des außeralpinen Italien. Der Feuerberg ist noch immer aktiv: Hin und wieder speit er Feuer und Asche. Und an der Wolke aus Wasserdampf, die beständig von seinem schneebedeckten Gipfel hochsteigt, ist gut zu erkennen, dass der „heilige Berg" noch lange nicht daran denkt, sich zur Ruhe zu setzen.

Bleiben wir noch ganz kurz bei dem schon von weitem auffallenden Vulkan. Der besitzt zwar einen Hauptkrater, unterhalb dessen sich in 2.942 Metern Höhe ein Observatorium befindet. Im Falle eines Ausbruches aber strömt die Lava meist an den Flanken des Berges aus Nebenkratern hervor, von denen man inzwischen über 260 Stück zählen konnte.[1]

Mehr als ein Dutzend pyramidenförmiger Bauten sollen einst am Fuße und den sanft ansteigenden Hügeln des Ätna gestanden haben. Einige von ihnen seien jedoch unter den Lavamassen verschwunden. Ihnen erging es offenbar wie so mancher Pyramide auf der Kanareninsel La Palma während dem verheerenden Vulkanausbruch des Jahres 2022. Trotzdem war die ursprüngliche Anzahl der Pyramiden auf Sizilien sicher noch viel höher. Denn als ich mich dort im April 2015 auf die Suche begab, wurde ich rasch fündig, und konnte selbst deutlich mehr als ein halbes Dutzend in Augenschein nehmen und fotografieren.

Unterschiedlicher könnte ihr Erhaltungszustand nicht sein. Von einer heruntergekommenen Schotterhalde bis hin zu prachtvollen, beinahe ein wenig zu gut restaurierten Stufenpyramiden, war dort wirklich alles vertreten.

Die kleine Ortschaft Fornazzo liegt am Osthang des Feuer speienden Berges, etwa 30 Kilometer nördlich der Hafenstadt Catania. Letztere verfügt auch über den wichtigsten Flughafen der Insel. In Fornazzo stehen, praktisch im Garten einer landestypischen Gastwirtschaft, zwei Stufenpyramiden von unterschiedlicher Größe und Erhaltung. Die kleinere, aus fünf Stufen bestehend, ist gerade einmal sechs bis sieben Meter hoch. Die oberste Stufe dieses, wie alle Pyramiden auf Sizilien aus unregelmäßigen Lavabrocken errichteten, Bauwerkes macht bereits einen ziemlich verfallenen Eindruck. Ganz eindeutig ist ihr nicht dieselbe Aufmerksamkeit gewidmet worden wie der zweiten Pyramide auf dem Grund und Boden des Gasthofbesitzers.

Dieses aus insgesamt zehn Stufen bestehende Monument wurde sehr sorgfältig restauriert. Allerdings hat man beinahe zu viel des Guten getan. Auf die gleichfalls aus unregelmäßigen Steinbrocken vulkanischen Ursprungs geschichteten Stufen setzte man akkurat bearbeitete Decksteine. Und das erst in jüngster Zeit, wohl um ein gefahrloses Begehen der Pyramide zu ermöglichen. Dieser Eindruck verstärkt sich noch, wenn man die Treppe an einer der vier Ecken emporsteigt, um auf der oberen Plattform vor einem Schutzgeländer zu stehen.

Man kann es eben übertreiben, doch glücklicherweise war diese Pyramide im Wirtsgarten das einzige „verbaute" Exemplar ihrer Art. Überhaupt hatte ich keine Probleme damit, in der weiträumigen Landschaft im Osten Siziliens noch mehr Stufenpyramiden auszumachen. Deshalb gehe ich davon aus, dass die in der spärlichen Literatur zu jenen Bauwerken genannte Anzahl – „über 14 pyramidenartige Bauten"[3] – deutlich zu tief gegriffen ist. Von diesen wiederum sollen von den Lavamassen des Ätna auch einige für immer zerstört worden sein. Doch nach meiner persönlichen Einschätzung, die sich auf jene Pyramiden gründet, die ich im April 2015 zu Gesicht bekam, dürften in der Region noch immer um die 20 mehr oder weniger gut erhaltene Exemplare stehen.

Baruneddu und Pietraperzia

Im Umfeld der Hafenstadt Catania befindet sich die Pyramide von Baruneddu. Diese besticht nicht nur durch imposante Größe, sondern auch durch eine wissenschaftlich nachgewiesene, exakte astronomische Ausrichtung. Schon vor Jahrzehnten stellte dies die Professorin Rosa Schipani in einer Forschungsarbeit fest, welche in internationalen Fachkreisen leider ohne jede Beachtung blieb.[3] Und die dortigen Einheimischen sehen in dieser wie auch anderen Stufenbauten in den Vororten Catanias – ähnlich wie auf Teneriffa – nur simple Steinhaufen, die fleißige Bauern von den Feldern gelesen und aufgetürmt hatten.

Ungefähr 60 Kilometer westlich von Catania liegt das kleine Städtchen Enna. Auch in dessen Umgebung, unweit eines Fleckens mit Namen Pietraperzia, steht inmitten der sonnendurchfluteten Einöde ein weiteres, pyramidenartiges Bauwerk. Abgelegene holperige Feldwege führen zu einem weitläufigen Tal, in dessen Mitte sich überraschend dieses aus Trockenmauerwerk errichtete Monument erhebt. Große, in den Fels gehauene Treppenstufen führen nach oben, wo zwei unverkennbar von Menschenhand geschaffene Strukturen die Bedeutung des Bauwerkes als „heilige Stätte" nahelegen. Die erste davon ist kreisrund, zusammengesetzt aus großen bearbeiteten Steinquadern, welche sich an mächtige Monolithen lehnen. Gleich daneben befindet sich eine rechteckige Kammer. Darin eine Art Thron aus massivem Stein, mit zwei allerdings schon deutlich verwitterten Sitzflächen.

Von unten betrachtet, erscheint das an die zwölf Meter hohe und rund 20 Meter breite Monument tatsächlich wie eine Stufenpyramide. Von der Basis bis zur „Spitze" wird sie von vier wie Rampen wirkenden Freitreppen durchkreuzt. Eine von ihnen führt von unten direkt hinauf zu den beiden erwähnten Strukturen des obersten Bereiches. Das ganze Monument scheint unter Einbeziehung natürlicher örtlicher Gegebenheiten errichtet worden zu sein. Denn an seiner Basis nutzte man vorhandene Gesteinsformationen, und ergänzte diese zur Spitze hin durch sorgfältig bearbeitete Blöcke, um Aufgänge und die einzelnen Plattformen zu schaffen. So besticht die Stufenpyramide von Pietraperzia nicht nur aufgrund ihrer isolierten Lage mitten im Nirgendwo, sondern auch durch ihre architektonischen Besonderheiten.[3]

Anfang des Jahres 1999 wurde über dieses Monument zum ersten Mal in ein paar italienischen Fachzeitschriften berichtet. Ausgräber hatten dort eine größere Anzahl Keramikscherben gefunden, die sie zum Teil der Antike zuordneten, aber auch bis zurück in die Bronzezeit datierten. Diese Informationen riefen den erwähnten norwegischen Forscher Thor Heyerdahl auf den Plan, der gerade erst ein Jahr zuvor seinen „Parque Etnografico de Güimar" auf der Insel Teneriffa eröffnet hatte. Mit der Spontaneität, wie sie einzig den Leuten eigen ist, die zu mehr als einhundert Prozent ihre Passion leben, reiste der nach Sizilien. Er hoffte, weitere Belege für seine Theorie zu finden, dass vorgeschichtliche Kulturen – dank einer schon damals weit entwickelten Seefahrt – weitaus mehr Kontakte untereinander pflegten, als dies die klassische Altertumsforschung gemeinhin für möglich hält.[5]

Wo sollten die denn stehen?

Heyerdahl vermutete, dass ein bis dato unbekanntes, prähistorisches Volk, das einem Sonnenkult huldigte, den Pyramidenbau in zahlreiche Regionen exportierte.[3] Aber könnte die Kunst des Pyramidenbaus nicht auch aus einer näheren Quelle, wie etwa aus Griechenland, stammen, das ebenfalls mit einer Anzahl Pyramiden aufwartet? Immerhin dominierten die Griechen einen großen Teil der Geschichte Siziliens: Man geht davon aus, dass sie etwa ab dem 8. vorchristlichen Jahrhundert auf die Insel eingewandert sind. Mehrere noch heute existierende Städte auf Sizilien, so zum Beispiel Catania, Syrakus und Agrigent, gehen auf griechische Gründungen zurück.[1]

Doch was, wenn auch die Pyramiden Siziliens weitaus älteren Datums sind? Und noch etwas spricht gegen den „Export" des Pyramidenbaues aus griechischer Quelle. Alle im Lande der Hellenen gefundenen Bauwerke dieser Art sind – bis auf eine einzige Ausnahme – glattflächig und mit einem steilen Winkel versehen. Hingegen sind auf Sizilien einzig die für manche Inseln so charakteristischen Stufenpyramiden zu finden.

Ich hatte schon zahlreiche Pyramiden an ebenso vielen Orten auf der Welt besucht, als ich zum ersten Mal davon hörte, dass sogar Griechenland kein weißer Fleck auf den Landkarten wäre. Aber wo, um alles in der Welt, sollten die denn stehen, in jenem touristisch erschlossenen Zielgebiet, in dem man bereits jeden noch so unbedeutenden Tempel, jede antike Stätte aufs Genaueste zu kennen glaubte? Um es kurz zu machen: Ich habe zwischenzeitlich zwei dieser wirklich vergessenen griechischen Pyramiden wiederholte Male besucht, erst kürzlich wieder, und zwar im Herbst 2022. Von der Existenz und den Standorten von mindestens fünf weiteren wurde mir aus sicherer Quelle berichtet. Fast alle dieser Bauwerke findet man im Nordosten der Halbinsel Peloponnes, eine hingegen steht in der Umgebung von Theben in der Region Attika, nordwestlich der Hauptstadt Athen.

Eine Pyramide, die sich leider in einem recht traurigen Zustand befindet, steht nur einen Kilometer westlich des Dörfchens Ligourio, am Fuße des Berges Arachnaion. Ein halb verrostetes Hinweisschild, das die Überreste auch als Pyramide benennt, steht vor den Ruinen; man kann diese Stätte somit kaum verfehlen.

Dass dieses Bauwerk, von dem der vielzitierte „Zahn der Zeit" leider nicht allzu viel übriggelassen hatte, kein Wachtturm war, wie die Archäologen zu wissen glauben[24], wird schon durch die Tatsache klar, dass es am Fuß des Berges Arachnaion erbaut wurde. Den Posten hätte man dann ja wohl auf der Bergspitze errichtet, denn im Schatten desselben ist es nicht weit her mit dem ungehinderten Ausblick.

Heute liegen jede Menge großer, sauber bearbeiteter Brocken kreuz und quer am Rande eines eingezäunten Geländes herum, als hätten Riesen damit gewürfelt. Aber auf der zur Straße hin gewandten Seite lassen sauber aufeinander stehende Quader, der Ansatz einer Kante und vor allem eine noch etwa einen Meter aufragende Ecke deutlich erkennen, dass das Bauwerk eindeutig als Pyramide einzustufen ist. Im Inneren sind überdies noch die Fundamente einzelner Räume deutlich sichtbar. Sie belegen, dass die Pyramide von Ligourio nicht vollkommen ausgefüllt („hermetisch") war, sondern mit einer Anzahl von Räumen uns heute nicht mehr ersichtlichen Zwecken diente.

Wollte man aus den herumliegenden Quadern den Versuch einer Rekonstruktion unternehmen, so wäre ein Scheitern vorprogrammiert. Doch das nicht mehr vorhandene Mauerwerk liegt nicht allzu weit entfernt. Als ich im Oktober 2022 wieder dort war, fiel mir in einer Entfernung von kaum 200 Metern eine aus teilweise mächtigen Steinen hochgezogene Trockenmauer auf. Spontan begab ich mich dorthin und konnte anhand der Bearbeitungsspuren entdecken, dass zumindest ein Teil der Brocken hierfür Verwendung fand. Sie dienten als kostenloses Baumaterial, einmal mehr auf Kosten eines stummen Zeugen aus einer geheimnisvollen Vergangenheit. Wo der Rest der zweckentfremdeten Steine abgeblieben ist, entzieht sich leider meiner Kenntnis.

Ungewöhnliche Maße

Um ein Vielfaches besser erhalten ist hingegen eine weitere Pyramide, die ich ebenfalls schon wiederholt in Augenschein nehmen konnte. Es ist die Pyramide von Ellenikon, das nahe der Stadt Argos liegt. Im Ortsgebiet von Ellenikon ist sie ausgeschildert, denn mittlerweile kümmert sich ein privater Verein um ihre Erhaltung. Verlässt man den Ort und sieht dabei rechter Hand ein in den Fels gebautes Höhlenkirchlein, so befindet man sich auf dem richtigen Weg und kann die Pyramide eigentlich nicht mehr verfehlen.

Welch Unterschied zu den Ruinen bei Ligourio! Sauber liegen hier noch mehrere Steinreihen übereinander, äußerst sorgfältig zusammengesetzt aus großen Blöcken, deren Länge oft über einem Meter liegt. Mindestens ebenso viele Steine liegen rund um die auf einer kleinen Anhöhe thronende Pyramide verstreut, deren heutige Höhe ungefähr nur noch ein Drittel ihrer ursprünglichen beträgt. Es ist keine Stufenpyramide, denn ihre Wände sind glattflächig und steigen in einem gleichmäßigen Winkel an. Es ist eine Pyramide vom ägyptischen Typ, wenn man so möchte. Und es ist beinahe überflüssig zu erwähnen, dass auch hier der „Zahn der Zeit“ in Gestalt munter plündernder Bewohner aus der Umgebung an dem

Bauwerk genagt hat. Die guten Leute waren einmal mehr nicht eben zimperlich dabei vorgegangen, sich über Jahrhunderte hinweg kostenlos mit Baumaterial einzudecken.

Äußerst ungewöhnlich präsentieren sich die Außenmaße besagter Pyramide von Ellenikon. Sie lassen einen deutlich rechteckigen Grundriss erkennen. Was in exakten Zahlen bedeutet: An der Ostseite beträgt die Länge 12,75 Meter, an der Westseite hingegen 12,50 Meter. Die Nordseite misst 14 Meter, die Südseite 12 Meter. Trotzdem macht der Bau keinen „windschiefen" Eindruck. An einer der Seiten ist sogar noch ein überdeckter Eingang erhalten geblieben. Die aktuelle Höhe liegt zwischen sechs und sieben Metern. Sie muss in früherer Zeit um die 20 Meter hoch gewesen sein, und möglicherweise war sie spitz zulaufend (eine recht gut gemachte, digitale Animation wirkte jedenfalls durchaus schlüssig). Sogar einen Unterbau besitzt diese Pyramide: Es ist dies eine sorgfältig nivellierte Plattform, die gleichfalls aus tonnenschweren Monolithen errichtet worden war.

An der Stelle noch eine Beobachtung, die ich meinen geschätzten Lesern auf keinen Fall unterschlagen möchte. Wiederholt fielen mir bei den Blöcken der Pyramide von Ellenikon Einschlüsse von versteinertem Holz auf. Deutlich sichtbar zeigen sich fossile Baumreste, die verschiedene Größen aufweisen.

Man kann die Pyramiden von Argolis, wie man sie auch nennt, tatsächlich als vergessene Monumente Griechenlands bezeichnen. Denn über die beiden vorstehend beschriebenen Bauwerke hat man schon vor über 1.800 Jahren geschrieben. Pausanias war ein griechischer Reiseschriftsteller (nicht zu verwechseln mit dem gleichnamigen Feldherrn, der 600 Jahre vor ihm lebte), aus dem 2. nachchristlichen Jahrhundert. Zu jener Zeit durchwanderte der Chronist sein Heimatland und verfasste zwischen 160 und 180 n.Chr. seinen Reisebericht „Periegesis tes Hellados", in dem er reich ausgeschmückte Berichte über das Griechenland seiner Zeit sammelte.

Eines Tages war er unterwegs von Argos, einer Stadt unweit von Nauplia, in Richtung auf das Heiligtum von Epidauros. Ganz plötzlich fiel ihm rechts der Straße, die von Argos nach Tegea führt, eine Pyramide ins Auge. Ein Stück weiter, einen knappen Kilometer westlich des heutigen Dorfes Ligourio, stieß er dann auf die zweite. Pausanias sah sich die Monumente von außen an, die aus mächtigen Steinblöcken von bis zu eineinhalb Metern Länge errichtet waren. Ein paar Brocken lagen schon damals auf dem Boden herum. Für ihn waren die zwei Pyramiden alte Grabdenkmäler.[25]

Thermolumineszenz

Dann deckten die Jahrhunderte alle Erinnerung an die beiden Monumente zu, sie fielen der Vergessenheit anheim. Erst in den Jahren 1936/37 folgten Archäologen den Berichten des Pausanias und fanden die Pyramiden wieder. Erneut sollten noch einmal 60 Jahre vergehen, bis sich endlich 1997 eine Gruppe griechischer und britischer Forscher der Pyramiden von Argolis annahm. Dieses Mal speziell der Pyramide von Ellenikon.

Bei ihr wurde eine Altersbestimmung mithilfe der „Thermolumineszenzmethode“ durchgeführt. Was soll man unter dem beinahe unaussprechlichen Zungenbrecher verstehen? Dies ist ein spezielles Verfahren zur Datierung von Mineralien, die im Laufe der Zeit durch die natürliche radioaktive Strahlung Schäden in ihrem molekularen Gitter erleidet. Was dazu führt, dass sogenannte Valenzelektronen – dies wiederum sind Elektronen, welche im äußeren Bereich der Elektronenhülle eines Elementes angeordnet sind und dessen chemisches Verhalten bestimmen – im Gitternetz ein höheres Energieniveau annehmen. Durch Erhitzen wird dieser Vorgang unter Abstrahlung von Licht rückgängig gemacht. Dann kann nach Messung der abgegebenen Lichtmenge das Alter der Mineralprobe bestimmt werden.[1]

Dies war die etwas langatmige Theorie, doch nun zur Praxis. Die Spezialisten waren von den Resultaten der Altersbestimmung schlichtweg verblüfft. Die Pyramide von Ellenikon war demnach mindestens 4.700 Jahre alt.[26] Sie könnte aber auch viel älter sein. Selbst bei einer Minimaldatierung von 2.700 v. Chr. wäre sie noch älter als die ägyptischen Pyramiden. Man datiert zum Beispiel die Stufenpyramide von Sakkara in die Regierungszeit des Pharao Djoser, der von 2.609 bis 2.590 v.Chr. an der Macht gewesen war. Die Cheopspyramide soll das Werk von Pharao Khufu sein, der etwa von 2.551 bis 2.528 v.Chr. das alte Land am Nil regierte. Zumindest nach der offiziellen Lehrmeinung.

Ich habe bereits kurz erwähnt, dass mir von wenigstens fünf weiteren Pyramiden berichtet wurde, die sich ebenfalls in dieser Region Südosteuropas befinden sollen. Das wären, laut einem an meiner Thematik interessierten lokalen Reiseführer, folgende Standorte auf griechischem Boden:

1. Die Pyramide von Kambia, unweit von Nea Epidauros.

2. Bei dem Dorf Dalamanara, das ebenfalls nicht weit von Argos entfernt liegt, befindet sich eine weitere Pyramide. Jener Ort liegt direkt an der Straße, die Argos mit Nauplion verbindet.

3. und 4. Bei den Dörfern Sikonia und Biglafia, ebenfalls auf der Halbinsel Peloponnes gelegen, sollen auch die bescheidenen Reste zweier Pyramiden stehen.

5. Nicht mehr auf der Halbinsel Peloponnes, sondern unweit des antiken Theben, soll sich die Stufenpyramide von Amfios, oder besser gesagt, was von ihr übriggeblieben ist, befinden. Diese Region wird Attika genannt, und liegt in einer Ebene nordwestlich der Hauptstadt Athen.[11]

Erich von Däniken erwähnte in einem seiner Bücher eine weitere, noch viel größere Pyramide. Sie soll sich unweit der berühmten Zyklopenfestung von Mykene befinden, die von Heinrich Schliemann (1822–1890) ausgegraben wurde. Diese Pyramide soll noch mehrere Jahrtausende älter sein als die erwähnte Stufenpyramide im ägyptischen Sakkara. Seinen Informationen zufolge möchte das Kulturministerium in Athen aber nicht, dass das Bauwerk erforscht oder gar freigelegt wird.[24]

So denke ich, dass die hier aufgezählten griechischen Pyramiden vielleicht nur die berühmte Spitze des Eisberges darstellen. Gut möglich, dass noch weitere geheimnisvolle Bauwerke aus der Vergangenheit dieses Landes auftauchen, die absolut nichts mit dem klassischen Hellas der Antike zu tun haben.

3. „Viertausend Jahre blicken auf euch herab!“

Klassiker und weniger Bekanntes

Was haben das „Ungeheuer von Loch Ness“, der Mord an dem US-Präsidenten John F. Kennedy und die Pyramiden von Gizeh, gelegen vor den Toren der ägyptischen Hauptstadt Kairo, eigentlich gemeinsam? Über sie alle haben sich inzwischen ganze Ozeane an Druckerschwärze ergossen. Das soll heißen, dass die Anzahl der Publikationen, die zu diesen Themen erschienen sind, nicht mal annähernd zu schätzen ist. Und nicht nur das: Während sich bei dem Attentat auf „JFK“ die wildesten Spekulationen um die Urheberschaft des Anschlagen ranken, und „Nessie“ sich bislang erfolgreich einer zweifelsfreien Identifikation zu entziehen vermochte, sind auch beim letzten verbliebenen der einstmals sieben Weltwunder – besonders bei der Cheops-Pyramide – mehr Fragen offen, als man für gelöst betrachten kann.

Da steht auf dem Gizeh-Plateau ein gewaltiges Monument, das ursprünglich 147 Meter maß, heute noch 137 Meter hoch ist. Dessen Spitze strebt geradewegs dem Himmel zu. Bei einer Seitenlänge an der Basis von 230 Metern bedeckt das quadratische Monument eine Grundfläche von rund fünf Hektar. Die Cheops-Pyramide ist damit groß genug, um in ihr gleichzeitig den Petersdom in Rom, die Dome von Mailand und Florenz sowie die Kathedralen von St. Paul und Westminster in London unterzubringen.[27]

Kluge Köpfe haben ausgerechnet, dass zum Bau der dem Pharao Cheops zugeschriebenen Pyramide etwa 2,5 Millionen Steinblöcke verwendet wurden. Unter ihnen sind gewaltige Klötze, die bis zu 40 Tonnen auf die Waage bringen, andere jedoch „nur“ eine einzige Tonne. Im Durchschnitt pendelt sich ihr Gewicht bei drei Tonnen ein.[28] Und damit beginnt eine geradezu unvorstellbare logistische Herausforderung. Denn die Steinquader mussten in verschiedenen Steinbrüchen aus dem gewachsenen Fels herausgelöst, bearbeitet und transportiert werden. An der Baustelle angekommen, mussten sie schließlich millimetergenau aneinandergefügt werden. Gleichzeitig stehen wir vor einer Reihe von Widersprüchen, auf die uns die klassische Archäologie nach wie vor probate Antworten schuldig geblieben ist.

Fangen wir mit den Steinquadern an, die allem Anschein nach aus ganz anderen Baustoffen bestehen, als man denkt. Zumindest ein nicht unerheblicher Teil davon.

Gegossene Blöcke

Diese Erkenntnis ist noch nicht einmal neu – und würden die Vertreter der Scherben sammelnden Zunft Aufzeichnungen aus alter Zeit halbwegs ernst nehmen, hätte die Mär von den Steine klopfenden, im Schweiße ihres Angesichts malochenden Arbeitern sich auch nicht so hartnäckig bis zum heutigen Tage gehalten.

Auf dem 2. Internationalen Ägyptologen-Kongress, der 1979 im französischen Grenoble abgehalten wurde, beschrieb der Gesteinschemiker Dr. D. Klemm, was er im Zuge seiner Untersuchungen an etlichen Blöcken der großen Pyramide herausgefunden hatte. Er und seine wissenschaftlichen Mitarbeiter hatten insgesamt 20 an verschiedenen Stellen der Cheops-Pyramide entnommene Gesteinsproben chemisch analysiert. Bei dieser Gelegenheit stellten sie fest, dass eine jede von ihnen aus einer anderen Region Ägyptens stammen musste. Hatte vielleicht jedes Dorf im alten Land am Nil seinen bescheidenen Anteil zu dem großen Werk beigetragen?

Mitnichten, denn die einzelnen untersuchten Steine selbst enthielten wiederum Bestandteile aus allen Regionen Ägyptens. Ein natürlich entstandener Steinblock aber wäre von seiner Zusammensetzung und der Dichte her homogen. Anders bei den von Dr. Klemm untersuchten Proben. Diese wiesen unten eine höhere Dichte auf als oben, und sie enthielten zu allem Überfluss jede Menge eingeschlossener Luftbläschen. Die einzige logische Erklärung wäre, dass die Blöcke nicht aus dem Fels geschlagen, sondern vielmehr gegossen waren![29]

Dies bestätigt auch eine hieroglyphische Inschrift aus ptolemäischer Zeit. Hiermit ist die Epoche zwischen 323 und 30 v.Chr. gemeint, als die makedonische Dynastie, die auf Alexander den Großen (356–323 v.Chr.) zurückgeht, über das alte Reich am Nil herrschte.[1] Auf der kleinen Nil-Insel Sehel, nördlich von Assuan gelegen, fand der Ägyptologe C.E. Wilbour im Jahre 1889 eine dicht mit Hieroglyphen beschriebene Stele. Sie wurde bald nach ihrer Entdeckung, später nochmal im Jahre 1953 entziffert. Von den insgesamt 2.600 Zeichen auf der Stele beschreiben etwa 650 die Herstellung künstlicher Steine.[29]

Da werden insgesamt 29 Mineralien aufgelistet, sowie diverse natürlich vorkommende Bindemittel, mit denen die von Menschenhand hergestellten Bausteine buchstäblich für die Ewigkeit zusammengeklebt werden mussten.[28]

Dass diese Rezepturen alles andere als „graue Theorie“ geblieben sind, davon zeugen die Untersuchungsergebnisse, die schon fünf Jahre vor Dr. Klemms Aufsehen erregender Präsentation auf dem 1979er Ägyptologen-Kongress gemacht wurden. Das renommierte „Stanford Research Institute“ aus der gleichnamigen Stadt in Kalifornien führte 1974 zusammen mit Wissenschaftlern der Ain Shams Universität in Kairo elektromagnetische Messungen an allen Pyramiden von Gizeh durch. Dabei sandte man hochfrequente Wellen durch das Gestein. Normalerweise werden solche Wellen von trockenen Blöcken nicht vollständig zurückgeworfen. Das Experiment war eigentlich dazu gedacht, auf geheime Gänge und Kammern zu stoßen; außerdem hielt man sowohl die Pyramiden, als auch das Gizeh-Plateau, auf dem sie stehen, für völlig trocken.

Der Versuch gelang – jedoch völlig anders, als sich das die Forscher vorgestellt hatten. Die hochfrequenten Wellen wurden nämlich vom Gestein vollständig absorbiert. Dafür gibt es aber nur eine

Erklärung: Die Pyramiden-Blöcke enthalten mehr Feuchtigkeit als natürliches Gestein. Computer-Berechnungen ergaben alleine in der Pyramide von Chefren einen Anteil von mehreren Millionen Litern Wasser.[28]

Das Haar im Beton

Professor Joseph Davidovits, der damalige Direktor des Institutes für angewandte archäologische Wissenschaft an der Barry University in Miami (Florida), kommentierte die überraschende Entdeckung wie folgt „Diese Blöcke sind künstlich."[30] Und begann daraufhin mit seinen eigenen Untersuchungen.

Was bei seinen Recherchen herauskam, verdient ohne jede Einschränkung das Attribut „sensationell". Als Professor Davidovits nämlich die Gesteinsproben der Cheops-Pyramide unter dem Mikroskop betrachtete, entdeckte er zuerst Spuren eines menschlichen Haares. Kurz darauf kam denn auch ein ganzes, etwa 21 Zentimeter langes Haar, eingebettet in dem Stein, zum Vorschein.[31] Es stammte definitiv nicht aus unserer Zeit, deshalb erhebt sich die spannende Frage: Wie gelangte dieses Haar in den Stein, wenn dieser nicht – nach der uralten „Rezeptur" auf der oben erwähnten Stele – künstlich hergestellt worden war? Nur nebenbei gesagt: Der Hieroglyphentext aus dem 3. Jahrhundert v.Chr. berichtete über technische Dinge, die zu diesem Zeitpunkt bereits Jahrtausende zuvor ersonnen worden waren.[28]

Der Vollständigkeit halber möchte ich an dieser Stelle noch nachtragen, dass Professor Davidovits in seinem Labor nach diesen altägyptischen Anleitungen verschiedene Betonsorten wiederaufleben lassen konnte. Diese wahrhaft „steinalten" Sorten erwiesen sich sogar als sehr viel härter und resistenter gegen schädliche Umwelteinflüsse als unsere heutigen Produkte. Schon länger hat man sich deshalb in Frankreich und den Vereinigten Staaten zu einer kommerziellen Nutzung jener härteren und auch schneller trocknenden Zementmischungen entschlossen.[28]

Nur in den Elfenbeintürmen der klassischen Archäologie will man nichts von solchen Erkenntnissen hören. Da hängt man an liebgewonnenen Vorstellungen und schwadroniert nach wie vor von Steinmetzen in Kompaniestärke, die rund um die Uhr in schweißtreibender Schufterei die Blöcke für den Pyramidenbau aus den über das ganze Land verteilten Steinbrüchen klopften.

Die Bausteine – wenigstens einen nicht unerheblichen Anteil hiervon – vor Ort herzustellen: Dies würde schon einmal das Problem des Transportes ein gutes Stück weit relativieren. Da müsste das Material nicht mühsam über Hunderte von Kilometern herangeschleppt werden, auf (hypothetischen!) Holzrollen, die zu allem Ärger unter dem Gewicht der Steine tief im Sand einsinken. Mit welchem technischen Equipment die Blöcke aufgetürmt wurden, und die Pyramide dadurch an Höhe gewann, daran scheiden sich bis zum heutigen Tag die Geister. Schon länger favorisiert man eine aus Sand oder anderem Material aufgeschüttete Rampe, die mit einer fortschreitenden Fertigstellung der Pyramide immer weiter mitwachsen müsste.[32,33]

Auf tönernen Füßen

Bei näherem Hinsehen allerdings zeigt sich rasch die offenkundige Unmöglichkeit bei dieser Theorie. Denn der Gesamtinhalt solch einer abgeschrägten Rampe – sie hätte zum Schluss mit 147 Metern dieselbe Höhe wie die Cheops-Pyramide selbst aufweisen müssen – würde ein Vielfaches des Bauwerks betragen haben.[34] Das ganze Gizeh-Plateau wäre weithin unter Sand begraben gewesen, den man nach Abschluss der Bauarbeiten auch wieder hätte entsorgen müssen.

Nicht weniger strittig ist die Frage, wie lange man denn an dem Weltwunder gearbeitet haben mag. Es dürften nicht Jahre, sondern eher Jahrzehnte ins Land gegangen sein. Hiermit ist auch die Überlegung verbunden, ob tatsächlich Pharao Cheops – man kennt ihn auch unter seinem anderem Namen Khufu – Bauherr des monumentalen Werks war. Angeblich geschaffen als Grabmal für die Ewigkeit, obwohl bis heute keine sterblichen Überreste darin gefunden wurden. Cheops respektive Khufu regierte bescheidene 23 Jahre lang, von 2.551 bis 2.528 v.Chr., um genau zu sein. Der griechische Historiker Herodot, der zahllose Reisen quer durch den vorderen Orient unternommen hatte, vermerkte in einem seiner Werke, dass die große Pyramide innerhalb von gerade einmal 20 Jahren errichtet worden sei.[35]

Herodots Lebensdaten sind etwas ungenau; geboren wurde der Chronist um 490 v. Chr., und lebte bis zwischen 425 und 420 vor unserer Zeitrechnung. Zu Herodots Lebzeiten stand das Bauwerk also schon runde zwei Jahrtausende im Wüstensand herum. Oder noch viel länger.

Doch in der Praxis steht diese zeitliche Angabe auf tönernen Füßen. Rechnet man nämlich die eingangs genannten 2,5 Millionen Steinblöcke herunter, so kommt man auf eine Leistung von 125.000 Steinen per anno. Gesetzt den sehr wahrscheinlichen Fall, dass auf der Baustelle tagtäglich rund um die Uhr geschuftet wurde, bleibt ein Tagespensum von rund 340 Bausteinen. Oder, das Ganze auf die Spitze getrieben: Bei dieser Rechnung hätte alle vier Minuten ein im Durchschnitt drei Tonnen schwerer Baustein an seinen Platz gebracht und dort millimetergenau eingepasst werden müssen. Wollten wir heute die Cheops-Pyramide nachbauen, würden wir ein solches Plansoll mit Sicherheit um Längen verfehlen.

Wenn es nur beim bloßen Auftürmen und Einpassen der in etwa 2,5 Millionen Steinklötze geblieben wäre – aber es kommt noch viel dicker! Denn die große Pyramide verfügt bekanntlich über ein weitverzweigtes „Innenleben“. Über der kleineren „Königinkammer“ führt ein prachtvoller, 47,5 Meter langer, achteinhalb Meter hoher und zwei Meter breiter Gang – bekannt als die „Große Galerie“ – zu einem Raum, welcher „Königskammer“ genannt wird. Und obwohl sich hierin ein (leerer) Sarkophag befindet, war die Cheops-Pyramide eines ganz bestimmt nicht: Die Begräbnisstätte eines der Herrscher des alten Ägypten. Auch wenn dies von den Archäologen nachgerade gebetsmühlenartig wiederholt wird.

Labyrinth von Gängen und Hohlräumen

Hinzu kommt noch eine große Anzahl sogenannter Ventilationsschächte, und zu aller Überraschung werden immer wieder weitere Gänge und Hohlräume entdeckt. Wie etwa 1987, als sich ein Forschungsteam der japanischen Waseda-Universität ans Werk machte.

Die Japaner, die mit den modernsten Gerätschaften ihrer Tage ausgerüstet waren, durchleuchteten sowohl den Korridor, der zur „Königinkammer“ führt, als auch diese selbst. Und auch die darüber liegende „Königskammer“ sowie weitere Teile der Cheops-Pyramide und ihrer Umgebung. Den Forschern aus Japan gelang es damals, ein ganzes Labyrinth von Gängen und Hohlräumen in der Pyramide nachzuweisen. In ihrem 60seitigen Abschlussbericht sind die blitzsauber dokumentierten Messdaten der von ihnen durchleuchteten Abschnitte aufgelistet. Die dabei gemachten Aufnahmen sind allesamt von weißen Balken durchzogen, die bis dato nicht bekannte Schächte, Korridore sowie leere Zwischenräume in der Pyramide darstellen.[36]

Südwestlich der Königskammer wurde ein weiterer großer Raum entdeckt, wie auch im Südwesten der Hauptachse der „Großen Galerie“. Ein Gang führt von der nordwestlichen Wand der „Königinkammer“ weg, und südlich der Pyramide wurde eine sich 42 Meter in die Länge ziehende Grube lokalisiert, welche unter dem Bauwerk hindurchzuführen scheint.[28]

Im März des Jahres 1993 ließ der deutsche Ingenieur Rudolf Gantenbrink Laien staunen und die Fachwelt interessiert aufhorchen. Er schickte einen kleinen, ferngesteuerten Erkundungsroboter – „UPUAUT 2" – durch einen nicht mehr als 20 mal 20 Zentimeter messenden Schacht in der Königinkammer nach oben. Nach geradezu endlos scheinenden 65 Metern – bis zu diesem Zeitpunkt glaubte man, der Schacht sei nur wenige Meter lang – kam das Hightech-Gerät vor einem senkrechten Verschlußstein zum Stillstand. Fortan wurde gerätselt und spekuliert, was sich dahinter wohl verbergen mochte.

Im Jahre 2002 wurde vollmundig verkündet, vor laufenden Kameras einem weltweiten Publikum zu enthüllen, was sich hinter dem bewussten Stein befindet. Was daraufhin folgte, war eine reine Farce und eine einzige Verschaukelung der Zuschauer. Nichts als heiße Luft. Und der Entdecker selbst war inzwischen vom Deutschen Archäologischen Institut (DAI) und dem notorisch geltungssüchtigen, ägyptischen Star-Archäologen Zahi Hawass aus dem Projekt herausgemobbt worden.

Über eine noch aktuellere Entdeckung schrieb das Wissenschaftsmagazin „Nature" im November 2017. Ein internationales Physikerteam hatte in der Cheops-Pyramide Messungen mit sogenannten Myonen durchgeführt. Darunter versteht man kosmische Partikel, respektive elektrisch geladene Elementarteilchen. Selbige verhalten sich zwar wie Elektronen herkömmlicher Art, verfügen jedoch über eine mehr als 200 Mal so große Masse.[1] In jeder Minute schlagen pro Quadratmeter der Erdoberfläche ungefähr 10.000 Myonen ein.

Was aber macht diese Myonen so interessant für eine Untersuchung des gewaltigen Steinklotzes auf dem Gizeh-Plateau? Wenn sie Hohlräume durchqueren, bewegen sie sich um den Bruchteil einer Nanosekunde (das ist gerade mal ein Milliardstel einer Sekunde) schneller. Hingegen werden sie langsamer, wenn sie durch hartes Gestein – wie etwa Granit und andere Stoffe – müssen. Die moderne Physik mit ihren hochentwickelten Messmethoden ist in der Lage, solche minimalen Geschwindigkeitsunterschiede zu erfassen. Der langen Rede kurzer Sinn: Das Physikerteam konnte dadurch einen weiteren Raum von mindestens 30 Metern Länge lokalisieren, der über der „Großen Galerie“ liegt.[37]

Fälscher am Werk

Ein paar Seiten zuvor hatte ich schon kurz die Frage angesprochen, ob es denn überhaupt Pharao Cheops war, der den Bau der heute nach ihm benannten Pyramide befohlen hat. Tatsächlich sprechen einige Argumente dafür, dass sich dieser König der 4. Dynastie nur mit fremden Federn geschmückt hat. Reiner Etikettenschwindel – bei dem einige „Möchtegern-Ägyptologen“ der Neuzeit auch ihren Beitrag geleistet haben.

Worauf geht denn diese mutmaßliche Cheops-Lüge im Einzelnen zurück, die heutigentags als gesicherte und wissenschaftlich fundierte Lehrmeinung akzeptiert wird? Zum einen ist es gut möglich, dass Pharao Cheops sich einer im Altertum sehr beliebten Vorgehensweise bediente. Wann immer ein diktatorischer Herrscher sich im Ruhme großartiger Taten sonnen wollte, ließ er Inschriften fälschen. Sollte dies der Fall gewesen sein, dann stand die große Pyramide also schon längst, bevor Cheops/Khufu auf der politischen Bühne des alten Ägypten erschien.[38]

Die andere Ursache ist viel jüngeren Datums und gibt uns Einblicke in die Seriosität wissenschaftlicher Arbeit. Ein perfides Betrugsmanöver deckte der amerikanische Forscher und Spezialist für altorientalische Sprachen, Zecharia Sitchin (1920–2010) auf. Konkret bezichtigte dieser drei englische Hobby-Archäologen, vorsätzlich diesen Betrug ausgeführt zu haben. Da war einmal der britische Oberst Richard Howard Vyse, der Oberaufseher einer Kupfermine, J. R. Hill sowie John Perring, der als Ingenieur bei der staatlichen ägyptischen Baubehörde beschäftigt war.[39]

Oberst Vyse, der unter immensem Erfolgsdruck stand, hatte 1837 angeblich in einem „Entlastungsraum" oberhalb der Königskammer Inschriften in roter Farbe entdeckt, die den Namen „Ch-u-f-u" ergaben. Schon kurz nach dieser „Entdeckung" hegten einige Experten Zweifel. Wie etwa der Ägyptologe Samuel Birch, Fachmann für Hieroglyphen. Der hatte noch im gleichen Jahr herausgefunden, dass diese aufgepinselte Schrift in Zeichen dargestellt war, die es zu Zeiten des Pharao Cheops noch überhaupt nicht gab.[39] Denn erst mit den Jahrhunderten hatte sich aus der ursprünglichen Bilderschrift des frühen Ägypten die sogenannte „hieratische Schrift" entwickelt. Diese war weniger bildhaft als die Erstere, kam erst Jahrhunderte nach Cheops, und blieb bis in griechisch-römische Zeit in Gebrauch.[1,28]

Vor der Sintflut

Dieser offensichtliche Widerspruch lässt nach den Recherchen des erwähnten Orientalisten Zecharia Sitchin im Grunde nur eine Schlussfolgerung zu: Die Kartusche – der Begriff bezeichnet Umrahmungen um Herrschernamen in altägyptischen Inschriften – mit dem Namen Khufu war nichts anderes als eine plumpe Fälschung. Ausgedacht und angebracht von dem „seriösen Ägyptologen" Vyse und dessen Komplizen.

Noch einen Schritt weitergedacht: Wenn es nicht Pharao Cheops war, der für den Bau der großen Pyramide von Gizeh verantwortlich zeichnete, wer dann? Die Chronologie der ägyptischen Herrscher nach Cheops/Khufu ist lückenlos. Wenn es also keiner nach ihm war, so kann das Bauwerk nur vor ihm errichtet worden sein! Der tatsächliche Baubeginn des letzten, noch bestehenden Weltwunders verbirgt sich tief im Dunkel einer rätselumwobenen Vergangenheit. Alte arabische Quellen geben Auskunft: Sie sprechen von einem König mit Namen Saurid, welcher die große Pyramide vor der Sintflut errichten ließ. Sinn und Zweck dieses gewaltigen

Bauwerkes sei gewesen, das gesamte Menschheitswissen der damaligen Zeit vor den drohenden Fluten in Sicherheit zu bringen.[40]

Falls in dem Zusammenhang der Begriff „Sintflut" bei dem einen oder anderen Leser auf Skepsis stoßen sollte, sei mir an dieser Stelle ein kurzer Abschweif erlaubt. Nach heutigen Erkenntnissen darf man davon ausgehen, dass den weltweit verbreiteten Berichten über eine verheerende Flut – die bekannteste ist die biblische, und die noch deutlich ältere sumerisch-babylonische – ein tatsächliches geschichtliches Ereignis zugrunde liegt. Allein die große Zahl entsprechender, in ihren Grundaussagen identisch lautender Überlieferungen spricht schon gegen eine literarische Erfindung. Man kennt sie von Natur- und Kulturvölkern nicht nur im Nahen Osten, sondern auch von Australien und Ozeanien, bis hinüber zu den Küsten von Nord- und Südamerika.[1]

Nicht nur Überlieferungen, auch die archäologische Forschung erbrachte Hinweise auf eine real existierende Flutkatastrophe, die einst weite Teile unseres Planeten heimsuchte. An der Westküste Indiens, im Golf von Cambay vor Gujarat, wurden in einer Tiefe von 40 Metern entlang eines ehemaligen Flusslaufes die Spuren einer ausgedehnten Besiedelung entdeckt. Messungen mittels der C-14-Methode an einem dort gefundenen, bearbeiteten Holzstück ergaben eine Datierung um etwa 7.500 v.Chr.

Wie es scheint, wurden die damaligen Küstenbewohner Indiens durch ein rasches Ansteigen des Meeresspiegels aus ihren angestammten Siedlungsräumen vertrieben. Und bereits zwischen 1920 und 1930 fand sowohl eine deutsche als auch eine englische Expedition im Umland der Städte Kisch, Ur und Erech (im Zweistromland) tief unter der Erdoberfläche eine bis zu sieben Meter mächtige Schlammschicht. Diese besaß eine Ausdehnung von 700 Kilometern in der Länge und 150 Kilometern in der Breite, und konnte einzig durch Anschwemmung entstanden sein. Kehren wir nun wieder zurück zu den Pyramiden auf dem Gizeh-Plateau.

Wasserspuren

Richten wir in diesem Zusammenhang einmal den Blick auf ein nicht minder berühmtes Bauwerk, das zwar im Schatten der Pyramiden steht, aber keineswegs ein Schattendasein führt. Es geht um die oder den Sphinx (das Lexikon stellt übrigens beide Möglichkeiten zur Wahl). Eine Mischkreatur mit Löwenkörper und Menschenkopf, weist die Sphinx von Gizeh eine Länge von 73,5 Metern und eine Höhe von 20 Metern auf. Das Gesicht, das angeblich den Pharao Chephren darstellt, nimmt eine Breite von vier Metern ein. Das monumentale Bauwerk ist in einem Stück aus dem Kalkfelsen herausgearbeitet und stellt ein einzigartiges Kulturerbe dar.[1,2]

Was die Interpretation des berühmten Bauwerkes als Antlitz des Pharaos Chephren betrifft, habe ich eben ganz bewusst das Wort „angeblich" verwendet. Die Ägyptologen gingen nämlich stets davon aus, dass die Tier-Mensch-Gestalt – wie auch die drei Pyramiden vor den Toren der Stadt Kairo – erst in der 4. Dynastie errichtet wurden. Die wird von den Archäologen in die Zeit zwischen 2.590 und 2.470 v.Chr. verortet.[1]

Doch die so lange Zeit als wissenschaftlich gesicherte Erkenntnis verkaufte These hält der Faktenlage nicht mehr stand. Was vor allem aus neuesten Erkenntnissen über die Verwitterung von Gesteinen resultiert. Diese geänderte Faktenlage betrifft mindestens die Sphinx an sich, wenn nicht sogar das gesamte Ensemble, das aus der Cheops-, Chephren- und Mykerinos-Pyramide besteht.

Alle Monumente auf dem Gizeh-Plateau weisen zwei Arten der Verwitterung auf. Da wäre zum einen die Erosion durch Sand und Wüstenwind, die den Stein wie ein regelrechtes Sandstrahlgebläse abgeschmirgelt haben. Die zweite Art ist in der Hauptsache bei der Sphinx zu beobachten. Sie schuf eine gewölbte, wellenförmige Oberfläche mit Einkerbungen, welche oftmals oben breiter als unten sind. Ein solches Muster aber wird nicht vom Wind, sondern einzig und allein durch Wasser verursacht.

Und hier liegt der sprichwörtliche Hund begraben. Als nämlich die Sphinx zur Zeit der 4. Dynastie erbaut worden sein sollte, herrschte in Ägypten bereits jenes trockene Klima vor, wie wir es heute kennen. Die durch Wasser erzeugte Erosion würde indes nur einen Sinn ergeben, wenn das Klima in Ägypten entweder feuchter war als heute[2] – oder aber die ganze Region durch Überflutung tief unter Wasser stand.

Der amerikanische Geologe und Geophysiker Robert M. Schoch, der an der Boston University arbeitet, untersuchte vor einigen Jahren gemeinsam mit dem Seismologen Thomas L. Dobecki detailliert das verwitterte Gestein der Sphinx. Dabei kam er zu dem Ergebnis, dass das Monument in Wirklichkeit zwischen 7.000 und 5.000 v. Chr. aus dem Fels gehauen worden war.[2] Dies war einige Jahrtausende vor Chephren, dessen Regierungszeit zwischen 2520 und 2494 v. Chr. angesetzt wird.

Die Wasserspuren an dem Stein gewordenen Mischwesen, dessen Kopf ursprünglich wohl ganz anders aussah und in späteren Zeiten umgestaltet wurde, belegen also ganz deutlich ein weit höheres Alter, als ihm die Ägyptologie konservativen Zuschnittes zugestehen will. Doch wie steht es mit den Pyramiden selbst – sind auch sie älter, als bislang behauptet? Professor Robert Schoch ist sich aufgrund verschiedener Untersuchungen – unter anderem von organischen Proben aus dem Mörtel im Kern der Cheops-Pyramide – sicher, dass auch die drei Pyramiden wesentlich älteren Datums sind.[2]

Und von den Betrügereien des britischen Obersten Vyse, die noch heute in der Altertumsforschung für bare Münze genommen werden, habe ich bereits berichtet. Unfassbar: Noch heute sitzt man abgefeimten Kriminellen auf! Und denkt nicht im Traum daran, offenkundig Falsches zu korrigieren. Selbstkritik in der Archäologie? Fehlanzeige,

Im Reich der Nubier

Bevor ich mich den Pyramiden in anderen Teilen des Vorderen Orients zuwende, möchte ich auf keinen Fall die Stufenpyramide von Sakkara unerwähnt lassen. Diese soll noch älter sein als die Bauten auf dem Gizeh-Plateau. Sie besteht aus sechs Stufen, und wird dem Pharao Djoser zugeschrieben, dessen Regierungsperiode von 2.630 bis 2.611 v.Chr. dauerte. Die nach einem kleinen Dorf südlich von Kairo benannte Pyramide besitzt einen Doppelgänger in der Volksrepublik China. Über deren zahlreiche Pyramiden – mir war im Jahr 1994 die Ehre zuteil geworden, als erster Nichtchinese diese aufsuchen und dokumentieren zu dürfen – werde ich ausführlich im nachfolgenden 4. Kapitel dieses Buches berichten.

Der französische Kaiser und Prinz aus altem korsischen Adel, Napoleon I. Bonaparte (1769–1821), unternahm von 1798 bis 1801 einen Feldzug zur Eroberung Ägyptens, das damals noch Teil des Osmanischen Reichs war. Der Versuch, das Land unter seine Kontrolle zu bekommen, misslang. Ihm wird folgende Sentenz nachgesagt, die er im Schatten der Pyramiden zu seinen Truppen sprach: „Viertausend Jahre blicken auf euch herab!" Es waren sicher viel mehr Jahre, die auf die Soldaten des glücklosen Franzosenkaisers, der auf St. Helena im Exil starb, herunterschauten.

Verlassen wir Ägypten in südlicher Richtung, erreichen wir, wo der Assuan-Stausee beginnt, den Nachbarstaat. Es ist der Sudan, dieses permanent von inneren Unruhen erschütterte Land im Nordosten Afrikas, durch welches sich der Nil auf dem Weg von der Quelle im Hochland Äthiopiens bis zu seinem Mündungsdelta in Nordägypten schlängelt. Die heute unsichere Region beherbergte einst gleichfalls eine Hochkultur, die ohne den Fruchtbarkeit spendenden Strom undenkbar gewesen wäre. Auch diese hinterließ der Nachwelt zahlreiche Pyramiden. Es sind die am südlichsten gelegenen auf dem afrikanischen Kontinent. Immer vorausgesetzt, man fände nicht noch weitere ...

Die Region wird seit alters her Nubien genannt; darum spricht man hier auch von den „Nubischen Pyramiden". Ihre Anzahl übersteigt mit – eher vorsichtig geschätzten – mehr als 300 Exemplaren die in Ägypten gefundenen bei Weitem. Möglicherweise waren es die von Norden her kommenden Ägypter, welche diese Bauform mitbrachten. Denn seit den Anfängen ihrer Hochzivilisation unternahmen die Ägypter immer wieder ausgedehnte Expeditionen und Heerzüge nilaufwärts. Ihre Suche nach der geheimnisumwitterten Quelle des großen Flusses führte sie direkt ins Reich der Nubier.[3]

Kusch, wie die Ägypter dieses Land nannten, stellte scheinbar für die Pharaonen der 12. Dynastie (die Zeit zwischen 1991 und 1785 v.Chr.) eine latente Bedrohung dar. Daher ließen sie Grenzposten errichten, um die Leute aus Kusch von ihrem Reich fernzuhalten. Überhaupt verbindet die beiden Kulturen eine sehr wechselvolle Geschichte. Im „Neuen Reich" (1550–1070 v.Chr.) wurde Kusch als Teil der nubischen Provinz annektiert. Aber mit dem Zerfall des ägyptischen Großreiches in mehrere sich gegenseitig bekämpfende Fürstentümer ging die Oberherrschaft über das Reich von Kusch verlustig. Dort sann man indessen auf Vergeltung.

Um 770 v.Chr. dehnte das mächtige Reich der Kuschiten seine Machtsphäre bis ins ägyptische Kernland aus. Die Nubier nahmen zunächst die Stadt Theben ein, und dann marschierten sie weiter nach Norden, bis sie Ober- und Unterägypten vollständig unter ihre Herrschaft gebracht hatten. Unter dem Kuschitenkönig Piye (750–712 v.Chr.) wurde Ägypten noch einmal geeint. Mit ihm begann die 25. Dynastie unter nubischer Herrschaft, die sich immerhin für ein knappes Jahrhundert an der Macht halten konnte.[2] Genug der Geschichte für den Augenblick.

Geheimnisvolles Meroe

Die Hauptstadt des seit dem 10. vorchristlichen Jahrhundert bestehenden Reiches von Kusch war das heute in Ruinen liegende

Meroe, das rund 200 Kilometer nordöstlich von Khartoum gelegen ist. Auf einem Plateau östlich von Meroe erheben sich 38 mehr oder weniger gut erhaltene Pyramiden dicht aneinandergedrängt. Sie sind nicht die einzigen: Südlich der Ruinen befinden sich die Pyramiden von al-Kurri, weitere in Djebel Barkal und nordöstlich die Pyramiden von Nuri.[41]

Die zumeist aus Stein erbauten Pyramiden von Meroe sind mit einer Höhe von maximal 30 Metern viel kleiner als die meisten ihrer Pendants aus dem alten Ägypten. Im Vergleich zu selbigen aber fallen sie durch einen deutlich steileren Winkel auf: Der beträgt bis zu 72 Grad, im Gegensatz zu den moderaten 54 Grad bei den ägyptischen. Das war ein raffinierter architektonischer Kunstgriff: Weil nämlich die Seiten der Pyramiden von Meroe über einer relativ kleinen Grundfläche so steil emporragen, täuschen sie eine imposantere Höhe vor.[3] Die meisten von ihnen waren nicht verkleidet. Vielmehr weisen sie Stufen auf, welche an kleine Treppen erinnern. Einige von ihnen sind spitz zulaufend, andere oben abgeflacht.[42]

Die Erforschung von Meroe begann wie bei so vielen Fundstätten mit einer unbeschreiblichen Plünderung. Im Jahre 1834 besuchte der italienische Arzt und Abenteurer Giuseppe Ferlini den Ort. Dabei zerstörte er mutwillig einige der Pyramiden, da er in diesen große Schätze vermutete.[42] Ein Jahrzehnt später leitete der deutsche Ägyptologe und Afrikaforscher Karl Richard Lepsius (1810–1884) eine preußische Expedition. Diese erforschte von 1843 bis 1846 das Niltal bis in den Sudan hinein.[1] In Meroe wurden Pläne der Anlage gezeichnet; außerdem kopierten die Forscher zahlreiche Darstellungen an den Wänden der Pyramiden.

In der zweiten Hälfte des 20. Jahrhunderts widmete sich vor allem der bekannte deutsche Architekt und Archäologe Professor Friedrich W. Hinkel der Erforschung dieser Stätten. Der „Vater der Sudan-Archäologie“, wie er auch genannt wird, widmete sich über Jahrzehnte den Monumenten aus dem alten Reich von Kusch, und konnte auch einige Pyramiden restaurieren.[42]

An einer Stelle fand Professor Hinkel Fragmente eines einstmals prachtvollen Sternenfrieses, welches die Basis einer Pyramide umgeben hatte. Sind dies Hinweise auf einen „Sternenkult", oder eher auf ein profundes astronomisches Wissen?[3] Es ist kein Geheimnis, dass unsere Vorfahren über ein weitaus größeres Wissen verfügten, als ihnen unsere Archäologen zutrauen. Nicht nur in Astronomie und Medizin, sondern auch in Mathematik, Physik, Geometrie und dergleichen mehr.

Gleichfalls in Meroe machte man schon vor Jahrzehnten einen erregenden Fund. Auf den Grundmauern eines Gebäudes, das allem Anschein nach als astronomisches Observatorium diente, befindet sich eine Darstellung, die trotz ihres Alters auf eine geradezu beängstigende Weise modern wirkt. Einige Gestalten machen sich an einem Objekt zu schaffen, das man kaum anders beschreiben kann als eine startbereite Rakete oder einen Marschflugkörper. An deren hinterem Ende vermag man deutlich ein Leitwerk zu erkennen. An ihrer Spitze herausragende Stäbe könnten Antennen darstellen, oder, im Original, irgendwelche Messfunktionen versehen haben.

Diese „Rakete von Meroe" ruht auf einem radähnlichen Unterbau: Wie bei heutigen Artilleriegeschossen könnte der als Vorrichtung betrachtet werden, um den Flugkörper in seinen vorausberechneten Abschusswinkel zu bringen.[43]

Im Lande Sinear

„Es hatte aber alle Welt einerlei Zunge und Sprache. Da sie gen Osten zogen, fanden sie eine Ebene im Lande Sinear und sie wohnten daselbst. Sie sprachen untereinander: ‚Wohlauf, lasset uns Ziegel streichen und brennen.' Und sie nahmen Ziegel als Stein und Erdharz als Mörtel und sprachen: ‚Wohlauf, lasset uns eine Stadt und einen Turm bauen, des Spitze bis an den Himmel reiche, damit wir uns einen Namen machen; denn wir werden sonst zerstreut in alle Länder.'" (1. Buch Mose, Kap. 11, 1–4)[44]

Im Sprachgebrauch der Bibel ist besagtes Land Sinear nichts anderes als das Zweistromland zwischen Euphrat und Tigris; man verwendet auch das Synonym Mesopotamien. Es ist das Stammland der Babylonier und Sumerer im heutigen Irak. Auch dort erschuf man vor Jahrtausenden zahlreiche pyramidenartige Bauwerke, die sogenannten Zikkurate. Der aus dem Babylonischen stammende Begriff bedeutet übersetzt „hoch aufragend", „Himmelshügel" oder „Götterberg". Die gestuften Tempeltürme waren weit verbreitet. Ungefähr 25 Ruinenstätten solcher Zikkurate hat man in Mesopotamien, dort vor allem in Babylonien, entdeckt.[45]

So ist jene alttestamentarische Geschichte über den Turmbau zu Babel im Grunde nichts anderes als der Bericht über den Bau einer Pyramide. Oder besser gesagt, den Versuch. Denn das über die Maßen ehrgeizige Projekt war zum Scheitern verurteilt. Die Bibel fährt im 1. Buch Mose mit ihrer Schilderung fort, welche Widerstände der „Herr" den Menschen bereitete, um sie von ihrem lästerlichen Tun abzuhalten:

„Da fuhr der Herr hernieder, dass er sähe die Stadt und den Turm, die die Menschenkinder bauten. Und der Herr sprach: 'Und siehe, es ist einerlei Volk und einerlei Sprache unter ihnen allen, und dies ist der Anfang ihres Tuns, künftig wird ihnen nichts mehr verwehrt werden können von allem was sie sich vorgenommen haben zu tun. Wohlauf, lasset uns herniederfahren und dort ihre Sprache verwirren, dass keiner des anderen Sprachen verstehe!' So zerstreute sie der Herr von dort in alle Länder, dass sie aufhören mussten, die Stadt zu bauen. Daher heißt ihr Name Babel, weil der Herr daselbst verwirrt hat aller Länder Sprache, und sie von dort zerstreut hat in alle Länder." (1. Buch Mose, Kap. 11, 5–9)[44]

„Zikkurat" ist weiblich

Dieser im ersten Buch Mose („Genesis") beschriebene Turm zu Babel sollte bis zum Himmel reichen. Dieser Plan habe Gott derart in Rage gebracht, dass er mit der „babylonischen Sprachverwirrung“ das ehrgeizige Projekt in sich zusammenbrechen ließ. Die Arbeiter und Baumeister verstanden sich plötzlich nicht mehr. Der Name Babel kommt auch genau durch diese Sprachverwirrung zustande, von der die Bibel berichtet. Noch heute lautet im Hebräischen das Verb für verwirren „bilbel“. Phonetisch liegt es nicht weit von „Babel“ entfernt, das von den Arabern bis in die Neuzeit „Babil“ genannt wurde.[2]

Die biblische Schilderung geht wohl zurück auf eine Stufenpyramide in Babylon, welche sich als Hauptheiligtum des Gottes Marduk auf einer quadratischen Grundfläche mit zirka 90 Metern Seitenlänge um die 90 Meter hoch erhob.[46] Besagter Gott Marduk war der akkadische Gott des Ackerbaues und der Frühlingssonne, der ursprünglich zum Stadtgott von Babylon wurde. Nachdem er die Göttin Tiamat – im akkadischen Götterhimmel wurde diese gleichermaßen als Chaosdrache und Urmutter des Alls bezeichnet – getötet hatte, stieg er zum „Reichsgott“ von Babylonien auf.[47] All das ist nachzulesen im sogenannten „Enuma Elisch“, dem Weltschöpfungsmythos der Babylonier.

Zurück zu den Zikkuraten, deren Einzahlbezeichnung übrigens weiblich ist – man sagt „die Zikkurat“. Sie gelten als älteste bekannte Stufenpyramiden, falls nicht irgendwo auf dieser Welt ein solches Bauwerk als noch älter angesehen würde. Die ersten Anfänge im südlichen Mesopotamien werden bis zurück ins 5. Jahrtausend v. Chr. datiert.[45] Dort begannen sich zu dieser Zeit die ersten Hochkulturen zu etablieren, die uns noch immer mehr Rätsel aufgeben, als probate Antworten auf unsere Fragen zu liefern. Wer waren die Menschen jener Region, die einer Sage zufolge mit Schiffen aus Dilmun – eine Paradiesinsel aus der sumerischen Mythologie, von der auch ihre Götter stammten[47] – kamen, und buchstäblich wie aus dem Nichts Kulturen schufen, die alles bis dahin Bekannte in den Schatten stellten? Woher sie kamen und wohin sie gingen, ist nach wie vor ein ungelöstes Rätsel.

Lagen die Wurzeln dieser Hochkulturen womöglich in den Händen nicht von dieser Welt stammender „Lehrmeister" – die Frage erscheint durchaus legitim, betrachtet man den übergangslosen Aufstieg dieser Zivilisationen.

Die Stufenpyramiden im mesopotamischen Raum wuchsen bald zu beeindruckender Größe an. Schon damals sah man sie als „Götterberge", Sternwarten oder riesige Leitern, als eine Verbindung von Himmel und Erde.[3] Vielleicht ist dies überhaupt der große, verbindende Gedanke, der gemeinsame Nenner, der den unzähligen Pyramiden in aller Welt eigen ist. Man wollte „nach oben", in die Gefilde der Götter. Jene Wesen, deren Heimat ein Himmel war, der als solcher viel greifbarer war, als jene religiös konnotierte Sphäre, wie sie die Religionen nur allzu gerne ihren Gläubigen zu vermitteln trachten. Ein Himmel im Sinne von unendlichen Weiten.

Zwei bis sieben Stufen

Dies mag auch bei den Zikkuraten nicht anders gewesen sein. Im alten sumerischen Stadtstaat Uruk – in der Bibel taucht er mit dem Namen Erech auf – erhoben sich mächtige Bauten ähnlich den Stufenpyramiden. Sie waren nicht nur religiöse Zentren der mächtigen Priesterkaste, sondern mehr noch der Inbegriff eines bedeutenden kosmologischen Wissens. In ihnen symbolisiert sind die Grundlagen für eine moderne Mathematik und Astronomie, die in diesem Teil der Welt aufkam. Und die Zikkurat der Stadt Ur, der biblischen Heimat von Stammvater Abraham, präsentiert sich am besten erhalten, und ist dank geschickter Restaurierung die schönste ihrer Art. Sie entstand um 3000 v. Chr. und war Nanna, das war der Mondgott und zugleich Stadtgott von Ur, gewidmet.[1,3,45]

Außer in Babylonien baute man Zikkurate ebenso in Assyrien, dem ehemaligen Großreich am mittleren Tigris, wie auch in Elam, dem heutigen Iran. All diesen Bauten gemein ist die Stufenform: Es sind stets zwischen zwei und sieben Stufen, welche nach oben hin immer kleiner werden.[48]

Auch sind sie nicht, wie etwa die Pyramiden in Ägypten, aus Steinen errichtet. Sie bestehen vielmehr aus einem Mantel aus gebrannten Backsteinen, der sich um einen Kern aus ungebrannten, luftgetrockneten Lehmziegeln mit einer Einlage aus Strohmatten schließt.[45]

Die flächenmäßig größte Stufenpyramide vom Typ Zikkurat steht allerdings nicht in Mesopotamien. Man fand sie in Tschoga Zanbil im heutigen Iran. Das Bauwerk besitzt eine Seitenlänge von 105 Metern, war einst mehr als 50 Meter hoch, und verfügt über fünf noch recht gut erhaltene Stufen oder Stockwerke. Im Inneren dieser Zikkurat wurden Kammern angelegt, die im Lauf der Zeit jedoch wieder zugemauert wurden.

Als Untertitel für dieses Kapitels habe ich „Klassiker und weniger Bekanntes" gewählt. Aus diesem Grunde möchte ich zum Schluss noch eine Stufenpyramide erwähnen, von der bestimmt noch so gut wie niemand gehört haben mag. „Habuba Kabira" wird sie genannt, steht nur 150 Kilometer von der syrischen Mittelmeer küste entfernt, und wird auf ein Alter von über 5.000 Jahren datiert. Es wird vermutet, dass die Sumerer die Baumeister waren, die regelmäßig an die Küsten des Mittelmeeres gelangten.[3]

Wesentlich bekannter ist da schon die Tatsache, dass China, das legendäre „Reich der Mitte", gleichfalls über eine respektable Anzahl von Pyramiden verfügt. Bis zum Jahr 1994 war dies allerdings noch ganz anders.

4. Bis 1994 Sperrgebiet

Expedition durch Chinas verbotene Zonen

Sie kamen aus „Down Under“, wie die Australier so gern ihre Heimat zu bezeichnen pflegen, und wollten Geschäfte im „Reich der Mitte“ machen. Im Jahr 1912 waren die beiden Handlungsreisenden Oscar Maman und Fred Meyer Schroeder in Shaanxi, einer geschichtsträchtigen Provinz im Zentrum Chinas, unterwegs. Plötzlich stießen sie auf eine Reihe von kolossalen Pyramiden, die sie dort zu allerletzt vermutet hätten. Noch ganz im Eindruck ihrer maßlosen Überraschung, vertrauten sie ihrem Tagebuch an: „Es war noch weitaus unheimlicher, als wenn wir sie in der Wildnis gefunden hätten. Diese aber lagen gewissermaßen unter den Augen der Welt, sind jedoch in den westlichen Ländern völlig unbekannt.“[49]

Pyramiden in China? Zwar hatte der venezianische Asien-Reisende Marco Polo (1254–1324) bereits mehr als 600 Jahre vorher die erstaunlichsten Dinge aus diesem Teil der Welt berichtet, aber das schien doch etwas weit hergeholt. Dann kam der Zweite Weltkrieg – und mit diesem die Sichtung einer riesigen Pyramide, die, schenkt man dem Beobachter glauben, alles bis dato bekannte mühelos in den Schatten stellen sollte.

Es geschah im Frühjahr 1945. Auch in dieser Region der Welt neigte sich die zweite, große Katastrophe des 20. Jahrhunderts ihrem Ende zu. Ein trüber, frostiger Morgen lag über dem Reich der Mitte, wo zwar immer noch einige versprengte japanische Verbände kämpften. Doch sie waren auf verlorenem Posten, denn die immer stärker werdende, alliierte Übermacht drängte sie unaufhaltsam Kilometer um Kilometer zurück. Und hätten sie geahnt, dass dieser Krieg für ihr Land schon bald in einem nie zuvor erlebten Fanal sein grausames Ende finden würde, sie alle hätten die

Sinnlosigkeit ihrer Durchhalteparolen und der Kriege überhaupt eingesehen.

Szenenwechsel. An diesem ungemütlichen Morgen bestieg James Gaussman, Pilot der U.S. Air Force, fröstelnd seine Maschine. Er startete mit einem speziellen Auftrag: Er sollte das Qin-Ling-Shan-Gebirge, das sich südwestlich der alten Kaiserstadt Xian erhebt, überfliegen und über Funk Bescheid geben, sobald er japanische Truppen ausmachen würde. Im Grund ein Routineflug, wenn auch mit dem Risiko, vom Feind abgeschossen zu werden.

Dieses Schicksal blieb Gaussman zum Glück erspart, denn an diesem Morgen hatte er keinerlei Feindberührung. Und trotzdem wurde jener Tag für den jungen U.S.-Piloten zum wohl aufregendsten seines Lebens. Als er mit der Maschine über den hochgelegenen Seitentälern des Gebirges seine Kreise zog, musste er plötzlich fürchten, dass ihm seine Augen einen üblen Streich spielten.

„Ich flog um einen Berg ..."

Beim tiefen Anflug auf ein Seitental erblickte er mit einem Mal ein unglaubliches Bauwerk. Die Sichtung traf ihn völlig unvorbereitet, denn in seiner Militärkarte fand er nichts dergleichen eingezeichnet. Mehrmals umkreiste er dieses Gebilde, machte aus dem Cockpit heraus sogar ein Foto, konnte jedoch nicht landen. Seinen Augen wollte er nicht trauen, denn was er da sah, war eine gigantische Pyramide. Mitten in China! Gaussman war total verwirrt, denn solche Bauten kannte man eigentlich nur aus Ägypten oder Mittelamerika.

Später gab der Militärpilot einen Bericht mit dem folgenden Wortlaut zu Protokoll: „Ich flog um einen Berg, und dann kamen wir über ein ebenes Tal. Direkt unter uns lag eine gigantische weiße Pyramide. Es sah aus wie im Märchen. Diese Pyramide war von schimmerndem Weiß umhüllt. Es hätte ebenso Metall sein können oder irgendeine Art von Stein. Sie war an all ihren Seiten völlig weiß. Das

Bemerkenswerteste jedoch war ihre Spitze: Ein großes Stück edelsteinähnliches Material. Es war unmöglich für uns zu landen, obwohl wir es gerne getan hätten. Wir waren von der gewaltigen Größe dieses Dings beeindruckt."[50]

Nach der Rückkehr wurde das Bild, welches der Pilot aufgenommen hatte, sofort entwickelt. Die Auswertung des Fotos, ebenso die Aussagen des Fliegers, bewirkte einen echten Schock, denn der mysteriöse Monumentalbau war ganz offenbar 300 Meter hoch, bei einer Basislänge von fast einem halben Kilometer. Kein Wunder, dass das Foto erstmal für die nächsten 45 Jahre in die Archive des Militär-Geheimdienstes wanderte.

Doch wilde Gerüchte über Pyramiden in China, die noch höher sein sollen als die Cheops-Pyramide in Ägypten, wollten in der Folge nicht mehr verstummen.

Nur zwei Jahre später wurde das mächtige Bauwerk ein weiteres Mal gesichtet. Dieses Mal schaffte es der Koloss sogar bis in die Schlagzeilen der US-Presse. Unter Überschriften wie „US-Pilot berichtet von riesiger Pyramide in den isolierten Bergen südwestlich von Sian" oder „Sichtung einer großen Pyramide in China: Ein Pilot aus Kalifornien sah sie in abgelegener Region" berichteten unter anderen die renommierte „New York Times" wie auch der „Los Angeles Herald Express" vom 27. März 1947 über diese wahrhaft alle bisher bekannten Maße sprengenden Pyramide.[51,52]

Maurice Sheahan war der Name dieses Piloten, dem es vergönnt war, als Zweiter die vermutlich größte Pyramide der Welt – von oben – zu sehen. Wer war dieser Mann, und wie kam es zu dieser unverhofften Begegnung?

Laut der Ausgabe 1964/65 des Jahrbuches „World Who's Who in Commerce and Industry" wurde Sheahan am 14. Mai 1902 im Städtchen Kewanee im US-Bundesstaat Illinois geboren. In den späten 1930er Jahren fungierte er als offizieller Berater für die Regierung in China. Für die Jahre 1945 bis 1947 wurde er als ein „Assistant General Manager" der Fluggesellschaft „Trans World Airlines" (TWA) geführt.[53] Genau in jene Zeitspanne fällt denn auch dessen von den amerikanischen Medien verbreitete Sichtung dieser gigantischen Pyramide.

1.000 Fuß oder 300 Meter

Während des Zweiten Weltkriegs war Mister Maurice Sheahan als Colonel – dies entspricht dem Rang eines Oberst – Angehöriger der „Flying Tigers". Dies war eine Eliteeinheit der U.S. Air Force unter dem Kommando von General Claire Chennault. Der im Kriege hochdekorierte Flieger verstarb am 27. Februar 1975 im kalifornischen Vacaville, wo dessen Sohn Donald E. Sheahan noch lebt. Mit ihm hatte ich vor ein paar Jahren Kontakt. Er konnte sich noch lebhaft daran erinnern, wie sein Vater wiederholt erwähnt hatte, die gewaltige Pyramide bereits während des Krieges und dann nochmals im März 1947 gesehen zu haben. Bei der zweiten Sichtung seines Vaters während eines Überführungsfluges für die TWA, hierüber war sich Mr. Sheahan jr. nach all den Jahren gewiss, befanden sich auch einige Direktoren der Airline an Bord. Die diskutierten später im elterlichen Wohnzimmer völlig aufgeregt über die spannende Beobachtung. In einem Brief an mich äußerte Donald E. Sheahan die Annahme, dass möglicherweise auch deren Hinterlassenschaften Aufzeichnungen hierüber, wenn nicht sogar Fotografien enthalten könnten.[54]

In den Zeitungsberichten von 1947 gab Colonel Maurice Sheahan den Standort jener Pyramide mit etwa 40 Meilen südwestlich der alten Kaiserstadt Xian, am Ende eines langgezogenen Tales im Qin-Ling-Shan-Gebirge, an. Er charakterisierte diese Region als ziemlich unzugänglich. Am anderen Ende dieses Tales seien außerdem Hunderte kleinerer „Grabhügel" zu sehen gewesen. Über Sheahan selbst stand in den Zeitungsartikeln zu lesen, dass er „neun

Jahre in weniger bekannten Regionen im Westen von China verbracht habe".[51,52]

Stets gab er die Höhe der Pyramide mit geschätzten 1.000 Fuß an, was umgerechnet 300 Meter ausmacht. Und die Seitenlänge an der Basis mit 1.500 Fuß, was mit 450 Metern ziemlich genau dem halben Kilometer entspricht, wie der Pilot James Gaussman 1945 berichtete. Auch die Auswertung der von ihm gemachten Aufnahme legt solche Dimensionen nahe. Zeit seines Lebens war Sheahan erstaunt über die Tatsache, „dass so etwas Gewaltiges der Welt nicht bekannt ist".[51,52]

Nicht weniger erstaunlich ist auch, dass die Nachricht im März 1947 zwar ein kurzzeitiges Interesse in den USA auslöste, die Existenz dieser und vieler anderer Pyramiden in China sich jedoch weiterhin in einer Grauzone von Gerüchten und Mutmaßungen verlor. Wie dem auch sei: Nachdem Chinas „großer Steuermann", Mao Zedong (1893–1976), am 1. Oktober 1949 die „Volksrepublik China" ausgerufen hatte, war es lange Zeit ohnedies nicht mehr möglich, alle Angaben auf ihren Wahrheitsgehalt hin zu überprüfen. Mit Ausnahme von ein paar Autoren auf dem Gebiet ungewöhnlicher Themen, die die wenigen bekannten Informationen nicht der Vergessenheit zum Opfer fallen ließen, wurde im Westen die Frage „Pyramiden in China" nicht weiter verfolgt. Für die Archäologen war ohnehin alles klar: Es gibt sie nicht.

An dieser Stelle möchte ich noch ein paar Bemerkungen loswerden, welche sich auf die Höhenangaben zu dieser gewaltigen chinesischen Pyramide beziehen. Die werden – irgendwie verständlich – immer wieder in Zweifel gezogen. Gilt doch offiziell die ägyptische Cheops-Pyramide als „High-End" unter diesen Bauten. Was durfte ich mir schon alles anhören von unvermeidlichen Schlaubergern, die in Massen das Internet bevölkern und mutmaßlich den warmen Platz vor ihrem Computer noch nie in Richtung auf „die Welt da draußen" verlassen haben.

Ein wenig Flieger-ABC

Sowohl die Angaben von Weltkriegs-II.-Flieger James Gaussman als auch die Zeitungsberichte von Ende März 1947 sprechen alle übereinstimmend und explizit von einer Höhe von 1.000 Fuß. Ein Fuß sind 30 Zentimeter, was summa summarum in etwa 300 Meter ausmacht. Nicht etwa als – auch dieser Gedanke tauchte schon in etlichen Diskussionen auf – die Höhe der Pyramide über dem Meeresniveau. Diese hätten die Piloten nämlich ganz einfach von dem Höhenmesser auf dem Instrumentenbrett ihrer Maschine abgelesen und nicht geschätzt. Apropos geschätzt: Ich bin ziemlich sicher, dass sich dabei kein Fehler eingeschlichen haben kann. Wie komme ich darauf?

Beide Piloten – James Gaussman und Maurice Sheahan – nahmen an zahlreichen Kriegseinsätzen teil. Mindestens einer der beiden war zudem Angehöriger der berühmten Eliteeinheit „Flying Tigers". Jeder, der die Ausbildung zum Piloten durchläuft, gleichgültig ob für die zivile Luftfahrt oder die Luftstreitkräfte, muss fit sein beim Schätzen von Entfernungen. Dies ist eines der wichtigsten Dinge im „Flieger-ABC".

Sich zu verschätzen würde schon bei der zivilen Luftfahrt katastrophale Folgen nach sich ziehen. Im Kriegseinsatz jedoch wäre es schlicht und einfach die „Fahrkarte ins Jenseits". Nur ein winziger Fehler, eine noch so geringe Ungenauigkeit, und man landet unversehens im feindlichen Abwehrfeuer. Darum bin ich mir auch so sicher, dass die damals gemachten Angaben – „he estimates its height, as seen from the air at about 1,000 feet", wie in den Zeitungsartikeln aus dem Jahr 1947 zu lesen steht – absolut authentisch sind!

Sorry für die deutlichen Worte auf der Seite zuvor – aber diese Überlegungen brannten mir auf der Seele.

Gute „Connections“

Machen wir nun einen Zeitsprung und begeben uns in den Juli des Jahres 1993. Seit Colonel Maurice Sheahan als Zweiter über die große Pyramide Chinas geflogen war, sind 46 Jahre ins Land gegangen. Ich arbeitete mit Hochdruck an meinem Erstlingswerk: Ein Buch über außerirdische Spuren im Fernen Osten, welches im Februar 1994 unter dem Titel „Die weisse Pyramide“ erschienen ist. In der Folge sollte es, übersetzt in mehr als ein Dutzend Sprachen, um die ganze Welt gehen.[55]

Zu jener Zeit leitete ich, wie schon eingangs dieses Buches erwähnt, ein großes Reisebüro. Im Rahmen dieser meiner Tätigkeit galt es auch des Öfteren, Veranstaltungen zu organisieren. So engagierte ich im Sommer 1993 einen lieben langjährigen Freund, den Schweizer „Götterforscher“ und Bestsellerautor Erich von Däniken, zu einem exklusiven Diavortrag ins oberbayerische Grenzstädtchen Burghausen. Wie üblich bei diesen Gelegenheiten trafen wir uns danach noch zum Nachtessen. An diesem Abend saß auch ein junger Chinese an unserem Tisch, ein Herr Chen. Jener hatte in Deutschland Touristik studiert, und war nun bei einem Reiseveranstalter für das Gebiet „China und Fernost“ zuständig Bald kam unser Gespräch auf mein Buch, an dem ich ja in diesen Tagen mit größter Energie arbeitete. Auch Herr Chen beteiligte sich mit großem Interesse an unserer Diskussion. Wir sprachen über einige Themen aus dem Buch. Auch über die Pyramiden, die sich im Umkreis der alten Kaiserstadt und Hauptstadt der heutigen Provinz Shaanxi, Xian, befinden sollten.

Spätestens an dieser Stelle unseres Gespräches hätte jedoch der Mann aus China schallend auflachen müssen. Nach geltender Lehrmeinung gab es in China nämlich keine Pyramiden. Herr Chen aber blieb ernst. Geboren in Xian, erinnerte er sich noch an hinter vorgehaltener Hand geflüsterte Erzählungen, die er in früheren Jahren über eben diese Pyramiden vernommen hatte.

Nicht nur, dass er nicht über meine Ausführungen spottete – er machte mir ein vielversprechendes Angebot. Er wollte versuchen, die guten „Connections" seiner Familie zu Kadern und Ministerien in der Volksrepublik in die Waagschale zu werfen, um mir die Einreise in die legendenumwobene Pyramidenzone im Umkreis von Xian zu ermöglichen. In jenen Tagen, Anfang der 1990er Jahre, war sie noch militärisches Sperrgebiet. Off Limits.

In diesem denkwürdigen Moment schossen mir tausend Gedanken durch den Kopf. Herr Chen hatte in Deutschland studiert – dies hätte er sicher nicht, würde er nicht aus einer privilegierten Familie stammen. Aber der Skeptiker in mir wollte nicht so recht an einen Erfolg glauben. Andererseits konnte ich nichts verlieren, also nahm ich dankend das großzügige Angebot an.

Sie existieren!

Die guten „Connections" waren ganz offensichtlich Gold wert. Denn Mitte März 1994 – „Die weisse Pyramide" war wenige Wochen zuvor erschienen – war es soweit. Gemeinsam mit meinem leider im Oktober 2005 viel zu früh verstorbenen Wiener Autorenkollegen und Freund Peter Krassa durfte ich als weltweit erster Erforscher des Geheimnisvollen meinen Fuß in die Pyramidenzone setzen. Die war zu der Zeit noch nicht allgemein freigegeben – ergo als solche tabu für Einheimische wie für Touristen. Dann aber ging es Schlag auf Schlag: Bereits im Oktober desselben Jahres war ich wieder dort – und danach in den Jahren 2001, 2004 und 2007, dann ein weiteres Mal noch 2015. Seither hat sich in der Volksrepublik, was die Pyramiden und andere, rätselhafte Funde betrifft, vieles geändert. Doch darüber in Kürze mehr.

Was bis zum Frühjahr 1994 nur der Inhalt zahlreicher Spekulationen, Wunschtraum mancher Autorenkollegen und Journalisten war – nun wurde es zur Gewissheit. Die chinesischen Pyramiden existieren! Ihre Anzahl dürfte mit gut einhundert Exemplaren nicht zu hoch gegriffen sein. Damit sind es dreimal so viele Pyramiden, als in Ägypten stehen. Natürlich gibt es auch Regionen mit noch mehr von diesen Bauten – wie die nubischen Pyramiden auf dem Gebiet des heutigen Staates Sudan. Oder die zahlenmäßig noch immer nicht erfassten, von den Mayas errichteten auf der Halbinsel Yucatan in Zentralamerika. Dort sind noch lange nicht alle entdeckt oder gar ausgegraben, denn so vieles liegt noch ungehoben unter dem Blätterdach des Regenwaldes verborgen.

Bleiben wir kurz noch bei den Pyramiden der Mayas, über die ich an späterer Stelle Genaueres berichte. Es gibt da tatsächlich einige Übereinstimmungen zwischen diesen und den chinesischen. Beide Bautypen sind nicht etwa spitz zulaufend, sondern vielmehr an deren Oberseite abgeflacht. Ganz oben finden wir auch Tempel – im mexikanischen Chichen Itza wie auf der einzigen aus Steinen errichteten Pyramide Chinas in der Provinz Shandong. Doch dann geht es schon los mit den Unterschieden. Sämtliche Pyramiden in der Region um Xian bestehen nicht aus Steinen. Vielmehr wurden sie aus fest gestampftem Lehm und Löss errichtet, welcher über die ganzen Jahrtausende verdichtet und somit relativ unempfindlich gegen Erosion wurde. Dies ist auch der Grund, warum viele der Pyramiden Chinas mit Vegetation bedeckt sind, was sie mit ihren mittelamerikanischen Pendants ebenfalls gemeinsam haben. Als man vor Jahren damit begann, in den Regenwäldern Mexikos und Guatemalas die Maya-Bauten auszugraben, sahen deren Überreste nach dem Entfernen ihres grünen Pflanzenbewuchses nicht viel anders aus als die Pyramiden Chinas. Bei so vielen Ähnlichkeiten sollte man, wie es der Norweger Thor Heyerdahl gemacht hat, Fragen nach Kontakten zwischen den alten Hochkulturen stellen.

Im „Tal der Pyramiden“

Sehr viele Pyramiden findet man in der näheren Umgebung der Stadt Xianyang. Dieser Teil der Provinz Shaanxi wird auch „Ebene von Qin Chuan“ genannt; bis vor einigen Jahren war die Gegend fast menschenleer. Im Oktober 1994 bot sich mir ein recht bizarres Bild: Nur ein paar Bauern ackerten da und dort im Schatten der Pyramiden, die sich ringsum zu Dutzenden erheben. Wie noch zu Olims Zeiten, bearbeiteten sie das Land mit einem hölzernen Pflug, dem ein Ochse vorgespannt war.

In besagtem „Tal der Pyramiden" erwecken jene Monumente den Eindruck, Fremdkörper aus einer anderen Welt zu sein. Es mutet alles irgendwie unwirklich an – man glaubt sich fast auf einem fernen, fremden Planeten.

Hinter den so fleißig ackernden Bauern bemerkte ich eine in Stufen errichtete Pyramide, die mich spontan an ein ähnliches Bauwerk in der Ruinenstadt Teotihuacan, die etwa 40 Kilometer nördlich der mexikanischen Hauptstadt liegt, erinnerte. In der Mitte hatte Jahrtausende währende Verwitterung eine auffällige Rinne geschaffen. Knapp zwei Kilometer weiter erhebt sich eine um die 70 Meter hohe Pyramide. Sie steht direkt am Rande einer Straße, die nach Xianyang führt. Von der Stadtgrenze trennten uns geschätzt ein bis zwei Kilometer – und trotzdem liegen Zeiten und Welten dazwischen. Die ausgewachsenen Platanen am Rande der schmalen Straße wirken wie Spielzeug, und verstärken noch den wuchtigen Eindruck dieses an der Oberfläche abgeflachten Monuments (siehe Bildteil).

Ich ließ es mir nicht nehmen, auf diese Pyramide zu klettern. Oben angekommen, erwartete mich eine echte Überraschung. Knapp stolperte ich an einem Einsturzkrater vorbei. Trotz aller Verdichtung hatten die steten Kräfte der Erosion ihre zerstörende Arbeit getan und die Decke eines darunter liegenden Hohlraumes zum Einsturz gebracht. Was mochte sich alles unter meinen Füßen verbergen? Da waren möglicherweise geheime Kammern mit sterblichen Überresten früherer Herrscher, und Schätze aus vergangenen Epochen. Wie schnell einen die Gedanken doch auf eine Reise in die Welt der Phantasie entführen ...

Der Blick in die Runde weckte mich sogleich aus meinen Überlegungen. Als ich mich da oben einmal um die eigene Achse drehte, konnte ich in der unmittelbaren Umgebung 17 weitere Pyramiden zählen. Unterschiedlich hoch, standen diese teils einzeln, teils in Gruppen von zwei oder drei Stück beieinander. In dem leichten Dunst, der dort ganz schnell zu Nebel werden kann – im Oktober 1994 hatte ich beste Voraussetzungen zum Fotografieren, während ich bei meiner Reise im Frühjahr 1994 mit dichtem Nebel zu kämpfen hatte –, sah ich in der Ferne Umrisse zum Teil recht ansehnlicher Pyramiden Unter diesem Eindruck den Begriff einer Pyramidenstadt zu verwenden, ist wahrlich keine Übertreibung!

Waren dies vielleicht jene „Grabhügel" am Ende eines langen Tales, von denen der amerikanische Flieger Maurice Sheahan gesprochen hatte, als er Ende März 1947 den Zeitungen in den USA von seiner unglaublichen Beobachtung berichtete?[51,52]

Der weite Weg nach Mao Ling

Nur zwei Monate, bevor ich zum ersten Mal bei den Pyramiden von China aufkreuzte, war man nördlich der Stadt Xian, am Ufer des Flusses Wei Ho, auf mehrere von ihnen gestoßen. Eins jener Bauwerke soll, wie Berechnungen ergaben, beinahe exakt auf dem geometrischen Mittelpunkt des alten „Reichs der Mitte" stehen. Stellten die Bauten so etwas wie geodätische Fixpunkte dar? So vermutete es wenigstens der Archäologe Professor Wang Shiping, damals Forschungsleiter des Provinzmuseums von Shaanxi in Xian, als wir ihn im März 1994 dort aufsuchten.[56] Es lässt sich kaum verheimlichen: Auch in den Pyramiden Chinas steckt ein uraltes technisch-mathematisches Wissen!

Besagter Professor Wang Shiping erwies sich als ein dem Ungewöhnlichen äußerst aufgeschlossener Wissenschaftler. Es wäre wünschenswert, gäbe es viel mehr von seiner Sorte. Denn wenige Tage zuvor hatten wir es noch ganz anders erlebt. Da wurde uns in der Akademie der Wissenschaften zu Peking, von einigen der bedeutendsten Forscher der archäologischen Fakultät erklärt, in China gäbe es überhaupt keine Pyramiden. Als wir jedoch den Herren Feng Haozhang, Xie Duan Ju und den Kollegen die aus dem Jahre 1945 stammende Luftaufnahme vorlegten, ging unvermittelt ein aufgeregtes Raunen durch die Reihen der sonst so bedächtigen Gelehrten.

Hatten wir in ein Wespennest gestochen? Was folgte, war ein Herumdrucksen und das eher halbherzige Eingeständnis, dass man alleine im westlich von Xian gelegenen Bezirk Mao Ling elf von diesen Bauwerken lokalisiert habe.[8] Über Mao Ling, wo uns tatsächlich ein paar spektakuläre Bauwerke erwarteten, sollten wir ein paar Tage später vor Ort staunen.

Ganz anders als in Peking präsentierte sich für uns die Situation in Xian. Der von uns dort aufgesuchte Professor Wang Shiping berichtete uns bereitwillig von zahlreichen Pyramiden westlich der alten Kaiserstadt. Dazu ließ er uns seine Einschätzung wissen, dass die Pyramiden dort wohl nicht zufällig ihren Platz fanden, sondern genau nach astronomischen Gesichtspunkten errichtet worden seien.[56] Reich an ganz neuen Erkenntnissen und guten Ratschlägen, wo wir an den Folgetagen hinfahren sollten, verließen wir das Museum.

Unweit der Stadt Xianyang liegt das Pyramidenfeld von Mao Ling. Jener Bezirk also, von dem die Archäologen in der Akademie der Wissenschaften in Peking gesprochen hatten. Von der Stadtgrenze Xians aus waren es ungefähr fünfzig Kilometer, für die wir 1994 um die zwei Stunden benötigten. Zwar hat man die Straßen mittlerweile besser ausgebaut, doch die sich in China explosionsartig ausbreitende Motorisierung hat diesen Vorteil längst aufgezehrt. Wenigstens ist Mao Ling dank einer besseren Beschilderung nun leichter zu finden. Damals hatten Fahrer und Dolmetscher zehn Leute gefragt, um mindestens 20 Antworten aus berufenem

Munde zu bekommen. Biegt man jedoch an der richtigen Stelle ab und überquert die Gleise der dort verlaufenden Lung-Hai-Eisenbahnlinie, so zeichnet sich die zum Himmel aufragende Silhouette der großen Pyramide von Mao Ling bereits von weitem ab. Ein weiter Weg, wenn auch von kurzer Distanz.

Inmitten von landwirtschaftlich intensiv genutzten Flächen vermag den Betrachter ein Anblick zu verblüffen, den er an dieser Stelle wohl zu allerletzt vermuten würde. An die 90 Meter hoch ragt ein Bauwerk empor, dessen gleichmäßige Form beeindruckt. Die große Pyramide von Mao Ling ist wahrscheinlich das Grabmal des Kaisers Wudi (141–87 v.Chr.) aus der Han-Dynastie. Im Jahre 1934 erstmalig von einem deutschen Piloten fotografiert, steht es wie ein Fremdkörper in dieser brettflachen Landschaft. Eine ganze Reihe weiterer, kleinerer Pyramiden stehen ringsum; eine von ihnen lässt sogar eine Spitze erkennen.

Ein Tabu über den Pyramiden?

Schon als ich zum ersten Mal in Mao Ling war, fiel mir eine Besonderheit ins Auge: Man hatte nämlich angefangen, an den Hängen einiger Pyramiden eine rasch wachsende Zypressenart zu pflanzen. Zwei Jahrzehnte später, es war 2015, befand sich fast ein dichter Wald auf Kaiser Wudis mutmaßlichem Grab. Anno 1994 schrillten bei mir noch alle Alarmglocken. Ich hegte den Verdacht, hier solle etwas vor allzu neugierigen Augen verborgen werden. Irgendwann würde es dann heißen, dies alles seien nichts als natürliche Hügel. Heute weiß ich es besser. Die Maßnahme wurde zum Schutz gegen die fortschreitende Erosion durchgeführt. Schließlich bestehen ja die Pyramiden in dieser Region aus gestampftem Lehm und Löss.

Und trotzdem wird man den Eindruck schwer los, als läge ein geheimnisträchtiges Tabu über Chinas Pyramiden. Fragt man die Archäologen vor Ort, wann die Pyramiden endlich geöffnet werden, dann heißt es meist, dass sich künftige Generationen mit dem Thema beschäftigen sollen.[8] Immerhin hat man an einem der Standorte Grabungen um, aber nicht in der Pyramide durchgeführt. Darüber später mehr.

Ist die Archäologenschaft in China möglicherweise verunsichert, da sich überraschend als Unsinn abgetane Chroniken als stichhaltig erwiesen haben? Über die Begräbnispyramide des Kaisers Qin Shi Huangdi (259–210 v.Chr.), die sich bei Lintong östlich von Xian befindet, berichteten die alten Chronisten wahre Wunder. Da sollen raffinierte Selbstschussanlagen eingebaut sein, die einem jeden Störenfried mit einem Pfeilhagel sofort den Garaus machen. Mit dem Bau dieser Begräbnispyramide hatte man bereits zu Lebzeiten des Qin-Kaisers begonnen, und sowohl die Arbeiter als auch die Baumeister nach Fertigstellung getötet. Im Innern habe man ein „künstliches Universum" gestaltet, in dessen Mitte der Kaiser später seine letzte Ruhe fand. Mit einem naturgetreu nachgebauten Sternenhimmel über sich sowie einem „Reich der Mitte en Miniature" am Boden. Maßstabsgetreu, mit Flüssen und Seen aus Quecksilber, die auf mechanische Art irgendwie in ständiger Bewegung gehalten würden.

Zugegeben – diese Beschreibungen klingen reichlich phantastisch. So hielt man solche Geschichten, wie sie beispielsweise aus der Feder des Historikers Sima Qian (145–86 v.Chr.) stammten, für reine Einbildung der alten Chronisten. Deren Berichte erwiesen sich vor einigen Jahren überraschend als Realität.

Seitdem Bodensondierungen um die Begräbnispyramide eine auffallend hohe Quecksilberkonzentration im Erdreich erbracht haben, ist man mit voreiligen Verweisen ins Reich der Fabel etwas vorsichtiger geworden.[8] Seltsam: Ähnliches weiß man seit Neuestem auch über einige der Maya-Pyramiden in Mittelamerika. Daher resultiert wahrscheinlich die Zurückhaltung, die man unter Chinas Altertumsforschern in Sachen Ausgrabungen an den Tag legt.

Ob wir eines Tages die vielen Rätsel lösen werden, die sich um die Pyramiden Chinas ranken, ist wohl fraglich. Immerhin wissen wir heute, dass viele von ihnen aus der Han-Dynastie datieren, die von 206 vor bis 220 nach der Zeitenwende andauerte. Einige dürften aber auch bedeutend älter sein, und in jene Zeit zurückreichen, als noch die „legendären Urkaiser" über das Reich der Mitte herrschten. Noch stehen wir am Anfang der Aufklärung eines Rätsels, das vor etwas mehr als zwei Jahrzehnten offiziell noch gar nicht existierte. Nichtsdestoweniger kann ich ein paar Neuigkeiten präsentieren, die sich in den Jahren seit unserer Expedition in Chinas verbotene Zonen getan haben. Ganz untätig war man dort nicht – ganz im Gegenteil!

Sakkara lässt grüßen!

Erst im Jahre 1991 waren Ingenieure beim Bau einer Schnellstraße, die die Provinzhauptstadt Xian mit dem dazugehörigen Flughafen verbindet, auf drei Pyramiden gestoßen. Als ich 1994 – zuerst mit Peter Krassa, im Herbst desselben Jahres ein weiteres Mal – vor Ort war, musste man sich an besagter Straße noch durch ein Loch in der Leitplanke „mogeln". Ein längerer Marsch über die Felder folgte, bis man am Ziel war.

Kein Jahrzehnt war vergangen, und es war alles anders. Seit Oktober 1994 waren sieben Jahre vergangen, bis ich im gleichen Monat des Jahres 2001 „meine" Pyramiden wieder besuchte. Diesmal stand ich auch für eine amerikanische Filmgesellschaft vor der Kamera. An Originalschauplätzen – darunter „ganz oben" auf der großen Pyramide von Mao Ling – drehten wir für den History Channel eine Dokumentation über die größten Mysterien im Reich der Mitte.

Als ich zu den beschriebenen drei Pyramiden am Rande der nach Xian führenden Straße kam, wollte ich meinen Augen nicht mehr trauen. Da hatte man in der Zwischenzeit umfangreiche Ausgrabungen rings um zwei der drei Pyramiden durchgeführt. Wohlgemerkt um, jedoch nicht in sie hinein. Zu diesem Zweck wurden bis zu zehn Meter tiefe Gräben gezogen, an deren Sohlen man auf eine beachtliche Anzahl tönerner Figuren stieß. Ähnlich wie die nach Tausenden zählenden Figuren der „Terrakotta-Armee", die man 1974 bei dem Aushub eines Brunnens im Umfeld der Begräbnispyramide von Kaiser Qin Shi Huangdi gefunden hatte. Aber mit dem Unterschied, dass es sich hier um viel kleinere, geradezu zerbrechlich wirkende Figuren handelte, und nicht um die martialisch dreinblickende Tonkrieger nebst deren Waffen, Pferden und Streitwagen.

Der Ort nennt sich heute „Nationales Gedenkmonument von Han Yangling". Ringsum wurde eine hohe Mauer errichtet, sowie zwei Museumsgebäude gebaut. Natürlich wird Eintritt erhoben, kosten doch Bau und Erhaltung hartes Geld und keine Mäuse. Das neuere der beiden Museen wurde 2007 fertiggestellt.

Im Eingangsbereich erwartet den Besucher eine kleine Modellpyramide mit den angedeuteten Grabungsschnitten. Diese lässt nun keinen Spielraum mehr für anderslautende Erklärungen. Von dort aus geht es unterirdisch über einen Glasboden, der sehr interessante Einblicke in jenen Grabungshorizont vermittelt, welcher den Forschern die tönernen Figürchen bescherte. Selbst im Außenbereich hat sich vieles geändert. Am augenfälligsten präsentiert sich eine breite Autobahnausfahrt, die direkt auf einem geräumigen Parkplatz vor dem Haupteingang endet. Was mich im Oktober 2001 mit Abstand am angenehmsten überraschte, waren große Schautafeln. Auf ihnen sind die Pyramiden endlich als das dargestellt, was sie auch sind: Nämlich Pyramiden.

Anno 1994 lagen dort nur ein offenes Feld, sowie ein unbefestigter, bei Regen matschiger Weg, auf dem Stürze geradezu vorprogrammiert waren. Und aus dem Munde der Archäologen schallte unisono die lapidare Feststellung: „In China existieren keine Pyramiden". So sprachen zumindest die meisten von ihnen.

Die für mich schönste Pyramide des Trios befindet sich aber außerhalb des heute umzäunten Bereiches. Sie ist die kleinste, und steht fast eineinhalb Kilometer von der Schnellstraße entfernt. Man kann sie jedoch durch ein rückwärtiges Tor, nach kurzem Fußweg durch eine lichte Obstplantage und über einen Feldweg erreichen. Den kleinen Abstecher wird man bestimmt nicht bereuen. Denn mit einer Höhe von etwa 25 Metern erinnert diese in ihrer Form verblüffend an die Stufenpyramide des Pharaos Djoser aus dem alten Land am Nil.

Was will man mehr? An der überraschenden Entwicklung – dies kann ich nach bald 30 wie im Zeitraffer vergangenen Jahren nun freimütig zugeben – war ich sicher nicht ganz unschuldig. Denn meine Bücher „Die weisse Pyramide“[55], das gemeinsam mit Peter Krassa herausgebrachte „Satelliten der Götter“[8], wie auch „Das Chinesische Roswell“[9] wurden zum Renner in China und teilweise mehrmals lizensiert. Die „Satelliten der Götter“ waren außerdem in Japan recht erfolgreich. Was zur Folge hatte, dass schon bald nach Erscheinen dieses Buches im „Lande der aufgehenden Sonne“ sich ein japanisches Archäologenteam nach China begab.

Einzige Pyramide aus Stein

Bei späteren Reisen zu den Pyramiden Chinas musste ich leider auch ein paar Wermutstropfen schlucken. Bei einer Reise im Jahre 2015 musste ich entsetzt feststellen, dass die oben erwähnte Stätte von Han Yangling nun beinahe schon an die Außenbezirke der inzwischen aus allen Nähten platzenden Stadt Xian grenzt. Mit der ehemals 50 Kilometer entfernten Stadt Xianyang ist die Kaiserstadt auf dem Weg, zu einer dieser „Megacities“ von 40 bis 50 Millionen Einwohnern zusammenzuwachsen. Und an einer anderen Stelle konnte ich eine Pyramide fotografieren, hinter der heute die Rauchfahne eines dahinterstehenden Kohlekraftwerks in den Himmel steigt. Die Bevölkerung Chinas wächst und wächst und wächst und wächst.

Ich hatte bereits kurz erwähnt, dass etliche dieser Pyramiden aus der Zeit der Han-Dynastie stammen und somit bereits an die 2.000 Jahre und mehr an Ort und Stelle stehen. Mit einer hohen Wahrscheinlichkeit gibt es aber auch noch ältere Bauten dieser Art. Sie datieren zurück in mythische Zeiten, als die Urkaiser herrschten. Dies sei noch vor den ersten geschichtlich verifizierten Dynastien gewesen. Die schienen etwas ganz Besonderes zu sein. Denn sie wurden nicht müde, ihre nicht von dieser Erde stammende Herkunft zu betonen. Stattdessen sollen alle ihre Vorfahren „Söhne des Himmels" gewesen sein, die auf metallenen (!) und Feuer speienden Drachen aus dem All kamen.[57,58]

Es waren fünf dieser Urkaiser, die allesamt vom 5. bis zum 3. Jahrtausend vor unserer Zeit regierten. Ihr erster war der sogenannte „Gelbe Kaiser", Huang Di – nicht zu verwechseln mit dem späteren „Einiger des Reichs", Kaiser Qin Shi Huangdi, mit seiner mit zahllosen Raffinessen ausgestatteten Begräbnispyramide östlich von Xian. Auf den „Gelben Kaiser" folgte dessen Sohn, Shao Hao, sowie die weiteren Urkaiser Yan Di, Xianong Di sowie Ciyou Di. Alle diese Herren regierten für „normale" Herrschergeschlechter unnatürlich lang, und zwar gleich mehrere hundert Jahre. Und in den Überlieferungen wurde ihnen stets die Fähigkeit des Fliegens nachgesagt.

Und mit diesen ominösen Herrschaften nebst ihrem möglicherweise kosmischen Stammbaum kommen wir zu einer der beiden bis heute bekannten, aus Steinen erbauten Pyramiden – zumindest in China. Die befindet sich in einer ganz anderen Region, und zwar in der Provinz Shandong südöstlich von Peking. Auf die zweite, die in der Inneren Mongolei steht, komme ich im nachfolgenden Kapitel zu sprechen.

Die Stadt Qu'fu ist die Heimatstadt des viel zitierten Lehrers und Philosophen Konfuzius (551–ca. 479 v.Chr.). Verlässt man Qu'fu in südlicher Richtung, so gelangt man an eine Stätte mit weit zurückreichender Geschichte. Inmitten einer für China so typischen, idyllischen Gartenlandschaft mit einem künstlich angelegten See findet sich der „Geburtsort des Gelben Kaisers". Hier soll also der erwähnte Huang Di, der erste der legendären Urkaiser, zur Erde herniedergekommen sein.

Links und rechts des Sees erhebt sich je eine mächtige, aus Naturstein gefertigte Schildkröte von jeweils gut und gern 30 Tonnen Gewicht. Hierauf wiederum ruhen Stelen, die ihrerseits 25 bis 30 Tonnen auf die Waage bringen. Diese Artefakte sollen mehr als 3.000 Jahre alt sein, und sie stellen für sich genommen schon eine große technische Meisterleistung dar.

Von Vandalen geschändet

Nun kamen ja, den Mythen zufolge, sowohl der Urkaiser Huang Di, dessen Sohn Shao Hao sowie die weiteren drei „Berufskollegen", nicht durch eine natürliche Geburt zur Welt, sondern vielmehr schon regierungsfähig. Sie waren damit nicht allein. Ähnliches kennt man nämlich auch von den alten Babyloniern. Nach deren Königsliste WB 444 regierten Urkönige, zehn an der Zahl, zusammen insgesamt 456.000 Jahre lang. Nach ihnen kam die Sintflut. Und was passierte dann? „Da stieg das Königtum abermals vom Himmel hernieder."[48]

Vom alten Zweistromland, das uns mit seinen Zikkuraten etliche pyramidenartige Bauten hinterlassen hat, kehren wir wieder zurück ins alte Reich der Mitte. Geht man vom „Geburtsort des Gelben Kaisers" noch ein paar hundert Meter weiter, kommt man zu besagter Pyramide, die aus Steinen erbaut wurde. Sie ist in etwa zwölf Meter hoch und mit sorgfältig bearbeiteten Granitquadern umkleidet. Man kann sie relativ leicht besteigen, muss aber vorsichtig dabei sein. Mit den Schuhen muss man sich gut in die nur wenige Millimeter tiefen Schlitze zwischen den Blöcken stemmen. Andernfalls geht es rascher wieder abwärts, als einem lieb ist. Ich selbst habe es schon mehrere Male geschafft, diese Pyramide unfallfrei zu erklimmen und meinen Blick in die Umgebung schweifen zu lassen. Sie gilt als Begräbnispyramide von Shao Hao. Er war der zweite der fünf legendären Urkaiser, gleichzeitig der Sohn des Gelben Kaisers Huang Di.

Besagter Shao Hao lebte im 4. Jahrtausend vor unserer Zeit, und wurde zunächst in einem einfachen, aus Erde bestehenden Grabhügel zur letzten Ruhe gebettet. Einige Jahrtausende gingen über ihn hinweg, und eines Tages, es war im 11. Jahrhundert n. Chr., erinnerte man sich wieder an ihn. So wurde der bis dahin unscheinbare Grabhügel mit Steinquadern zu einer richtigen Pyramide überbaut. Auf der oberen Plattform steht ein kleiner Tempel mit einer Figur darin, die wohl den Urkaiser darstellte. Leider fand ich sie bei meinen Besuchen nach 2004 von Vandalen geschändet: Man hatte ihr den Kopf abgeschlagen.

Wer diesen unsagbaren Frevel begangen haben mag, lässt sich leider nicht mehr ermitteln. Im Zusammenhang mit den Urkaisern aber und deren ständiger Behauptung, von den „Söhnen des Himmels" abzustammen, tut sich eine ungleich spannendere Frage auf. Wie erwähnt, sind vor Urzeiten die Himmelssöhne auf röhrenden und Feuer speienden, metallenen Drachen aus dem Weltraum zur Erde gekommen, wie die Mythologie Chinas zu berichten weiß.[57,58] Liegen im Inneren dieser Steinpyramide die sterblichen Überreste eines direkten Abkömmlings einer aus den Weiten des Alls stammenden Intelligenz? Jener „Götter", die in den großen Hochzivilisationen dieser Welt als Kulturbringer und Lehrmeister auftraten? Einzig eine Ausgrabung, sowie eine moderne Gen-Analyse des mutmaßlich dort bestatteten Urkaisers, könnten letzten Aufschluss zu diesem Rätsel erbringen.

Wenn sich die Archäologen in der Volksrepublik nur nicht so schwer damit täten, ihre Pyramiden zu öffnen. Das Tabu, welches über ihnen liegt, scheint unüberwindlich.

„Sensible Regionen“

Mit diesem Bauwerk in der Provinz Shandong und den ungefähr einhundert Pyramiden rings um Xian habe ich jene ein wenig aus den Augen verloren, die uns erst auf den Gedanken brachte, uns auf Pyramidensuche zu begeben. Um diese „Weisse Pyramide“ (die Namensgebung lehnt sich an den Sichtungsbericht des US-Piloten James Gaussman von 1945 an) sind immer wieder etliche lebhafte Kontroversen entflammt.

Die einen hielten sie schlicht und einfach für eine „Zeitungsente“, andere glauben – schließlich sind da immer noch die Fotografie und die Zeugenberichte – an eine Verwechslung mit einer der zahlreichen Pyramiden auf der Ebene von Qin Chuan. Mit Abstand beliebtester Anwärter für diese Version ist die große Pyramide von Mao Ling. Doch bei näherer Betrachtung wird schnell klar: Mao Ling hat mit der „Weissen Pyramide“ nichts gemeinsam. Denn die obere Plattform des auf dem Luftbild erkennbaren Monuments ist viel kleiner; es läuft somit „spitzer“ zu als die Pyramide von Mao Ling. Ganz deutlich sind auch mehrere lange, parallel verlaufende Erosionsrillen auf dem alten Foto des US-Piloten zu erkennen, wo am Vergleichsobjekt nur eine einzige Rinne von oben nach unten verläuft. Auch befindet sich in unmittelbarer Nähe zu der Mao-Ling-Pyramide ein bis auf etwa fünf Meter Höhe abgetragener Pyramidenstumpf, den man auf der Schwarz-Weiß-Aufnahme von 1945 jedoch vergeblich sucht.

Ich bin überzeugt, dass es wirklich keinen Sinn macht, nach der 300 Meter hohen Pyramide in der brettflachen Ebene rund um Xian zu fahnden. Eigentlich logisch, denn die Piloten Gaussman und Sheahan sprachen übereinstimmend davon, über die Qin-Ling-Shan-Berge 60 Kilometer südlich von Xian geflogen zu sein.

Es macht ebenso wenig Sinn, darauf zu verweisen, dass auf den Suchprogrammen im Internet wie „Google Earth“ nichts zu finden sei. Es mag für manchen eine Enttäuschung sein, aber selbst im

„Netz“ herrscht keine grenzenlose Freiheit! Manche „sensiblen“ Regionen können ausgeblendet werden und damit der Zensur anheimfallen. Besonders wenn militärische Interessen im Spiel sind.

Es ist gut möglich, dass die größte Pyramide der Welt in so einer „sensiblen Zone“ liegt. Während einer Reise durch China, die ich im Herbst 2007 unternahm, hat man mir unter dem Siegel der Verschwiegenheit angedeutet, dass sich diese Pyramide sehr wohl in den Bergen von Qin Ling Shan befindet. Leider stehe in unmittelbarer Nähe eine Raketenabschussrampe des sehr ambitionierten chinesischen Weltraumprogramms. Dies machte in letzter Zeit immer wieder von sich reden. Wie etwa im Juli des Jahres 2020, als die Chinesen mit einer Trägerrakete des Typs „Langer Marsch“ einen Erkundungsrover zum Mars sandten, der dort auch im darauffolgenden Jahr erfolgreich abgesetzt wurde.[59] Dieser Rover – „Tianwen“, das bedeutet „Fragen an den Himmel“ – soll auf der Marsoberfläche nach den Spuren außerirdischen Lebens suchen.

Ist das Gelände rund um die „Weisse Pyramide“ also auch eine dieser No-go-Areas, wie das so schön auf Neudeutsch heißt? Weitere Nachforschungen sollten nicht mit dem Argument abgeblockt werden, dass es so etwas nicht geben kann. Vielleicht wird auch dieses spektakuläre Objekt, dessen Existenz so oft in Zweifel gezogen wurde, eines Tages einer staunenden Welt präsentiert, die noch immer voller Wunder ist.

5. Von den Fluten des Meeres verschlungen

Untergegangenes aus dem „Land der aufgehenden Sonne“

Fernost und Pyramiden: Bis vor nicht allzu langer Zeit waren diese beiden Begriffe nicht unbedingt etwas, das man im selben Kontext auszusprechen pflegte. Sie schienen ganz einfach nicht zusammenzugehören. Wie ich aber hinlänglich am Beispiel der Pyramiden aufzeigen konnte, die sich auf dem Territorium der Volksrepublik China befinden, ist das alte Reich der Mitte kein weißer Fleck im „Pyramidenatlas“ dieser Welt. Und auch in der Nachbarschaft des roten Riesenreiches sind solche Monumente alles andere denn unbekannt.

Spricht man von der Mongolei, muss man zwischen zwei früher zusammengehörigen Gebieten unterscheiden. Da wäre erst einmal die „Mongolische Volksrepublik“, die sich nach dem gewaltsamen Sturz der Manchu-Dynastie 1911 aus dem damaligen Staatsverband Chinas löste. Darin verblieben ist einzig der südliche Anteil, der heute innerhalb der Volksrepublik China als Autonome Region Innere Mongolei einen, wenn auch begrenzten, eigenständigen Status erhalten hat.

Beide Staaten teilen sich übrigens die Wüste Gobi untereinander auf; die große, aus reiner Sandwüste wie auch aus Steppe bestehende, zentralasiatische Beckenlandschaft.

In der zu China gehörenden Autonomen Region Innere Mongolei legten Archäologen im Frühsommer 2001 nicht weit der Gemeinde Sijiazi im Verwaltungsbezirk Aohan eine pyramidenartige Struktur frei. Mehr noch als der Fund an sich, hat dessen Alter für reichlich Aufsehen unter den Forschern gesorgt. Denn die gaben nämlich das Alter des Bauwerkes mit mehr als 5.000 Jahren an! Es liegt auf einem Hügel, der sich nur etwa einen Kilometer im Norden von Sijiazi erhebt. Von der Ferne sieht die pyramidale Struktur aus wie eine „hohe Terrasse“[60], geht also in Richtung einer Stufenpyramide oder einer Zikkurat, wie wir sie aus dem uralten Kulturraum Mesopotamiens kennen. Und mit dem Alter von über 5.000 Jahren überrundet sie auch deutlich die zahlreichen im Umland von Xian gelegenen Pyramiden, die im Allgemeinen der 2.000 Jahre alten Han-Dynastie zugerechnet werden.

Kultur des Roten Berges

Aus der Nähe erkennt man, dass es sich um ein aus insgesamt drei Stufen bestehendes Bauwerk handelt, das zudem aus Steinen errichtet wurde. Anders als die vielen Pyramiden auf der Ebene westlich von Xian. Die unterste Stufe ist rechteckig mit einer Länge von mehr als 30 Metern, bei einer Breite von 15 Metern. Wie bei den Stufenpyramiden charakteristisch, verkleinert sich das Format sukzessive nach oben hin.

Der angesehene Archäologe Gao Dashun, der vor mehr als zwei Jahrzehnten die Ausgrabungen leitete, zeigte sich begeistert: „Das ist die bis heute am besten erhaltene Pyramide der Kultur des Roten Berges.“[60] Was natürlich die Vermutung ganz dringend nahelegt, dass aus dieser im wahrsten Sinn „steinalten“ Epoche noch ein paar mehr von jenen Pyramidenstrukturen ans Licht des Tages gekommen sind.

Die erwähnte „Kultur des Roten Berges“ reicht zurück in die Jungsteinzeit, vor 5.000 bis 6.000 Jahren. Sie war im Norden Chinas verbreitet, hauptsächlich auf dem Gebiet der (heutigen) Provinzen Hebei, Jilin und natürlich in der Inneren Mongolei. Das Außergewöhnliche der neolithischen Kultur jedoch ist, dass man bereits damals Pyramiden baute. Und noch etwas Spannendes ist dieser „Kultur des Roten Berges“ zu Eigen. Hier war das im alten China so verbreitete Drachensymbol bereits bekannt. Fand man doch 1971 im Verwaltungsbezirk Wengniute, ebenfalls in der Autonomen Region

Innere Mongolei gelegen, einen „Jadedrachen". Nun deutet der Drache im alten Reich der Mitte aber viel deutlicher auf ein technisch basiertes, fliegendes Objekt hin, denn auf ein „mythologisches Monster", wie es die Altertumsforscher konservativer Prägung nur zu gern interpretieren.[9]

Man kann es nicht oft genug betonen: In der Mythologie des alten China kamen die „Söhne des Himmels" auf ihren röhrenden, Feuer speienden und aus Metall bestehenden „Drachen" aus dem Weltall zur Erde hernieder.[57,58] Nicht etwa aus irgendeinem, religiös zu interpretierenden „Himmel". Doch kehren wir hier wieder zur Stufenpyramide bei Sijiazi zurück.

Auf deren oberster Plattform fand man die Reste und Inhalte von insgesamt sieben Gräbern und einem Altar. Außerdem stießen die Ausgräber auf eine große Anzahl zersplitterter keramischer Scherben. Diese waren mit einem Zeichen versehen, welches die Archäologen im Zusammenhang mit dem damaligen Verständnis der Menschen für den Sternenhimmel deuteten. In einem der Gräber lagen eine aus Knochen gefertigte Flöte und ein steinerner Ring. Aus einem weiteren Grab förderte man eine menschengroße, steinerne Statue zutage, die offensichtlich eine Göttin darstellte.[60]

Eine viel kleinere, ebenfalls aus Stein gemeißelte Göttinnenstatue hatte man unter einem stilisierten männlichen Geschlechtsteil gefunden, das die Wand von einem weiteren jener sieben Gräber auf der oberen Plattform der Pyramide verzierte. Für die an den Ausgrabungen beschäftigten Archäologen um Professor Gao Dashun stand in erster Linie die Erforschung der jungsteinzeitlichen Bestattungs- und Opfergebrauche im Mittelpunkt. Da die meisten der bei Sijiazi ausgegrabenen Gegenstände bis zu dem Zeitpunkt auch den Forschern nicht bekannt waren, erhofften diese sich neue Erkenntnisse zum Ursprung und zur Entwicklung der chinesischen Kultur.[60] Abgesehen davon ist es natürlich spannend, dass schon vor 5.000 bis 6.000 Jahren Pyramiden eine nicht unbedeutende Rolle auch in diesem Teil der Welt spielten.

Spielzeug für Riesen

Möglicherweise als nochmal um einiges älter als der Pyramidenfund aus der Inneren Mongolei könnte sich eine sensationelle Entdeckung herausstellen. Diese „tauchte" – im wahrsten Sinn des Wortes – vor mittlerweile ein paar Jahrzehnten beim östlichen Nachbarn Chinas auf. Darüber gleich mehr in aller Ausführlichkeit.

Japan ist neben dem alten „Reich der Mitte" ebenfalls eine wahre Fundgrube für prähistorische, megalithische Bauten. Jene spektakulären Steinsetzungen, zu denen weltweit natürlich auch Pyramiden zählen, erwecken in mir regelmäßig den Eindruck, die Menschen der Vorzeit hätten mit diesen schweren Kloben wie mit Spielzeug hantiert. Spielzeug für Riesen, von dem wir im Grunde nicht die Spur einer Ahnung haben, mit welchen technischen Mitteln sie an ihren Bestimmungsort gebracht wurden.

Bevor ich mich also der angekündigten sensationellen Entdeckung widme, möchte ich hier noch zwei Beispiele für Megalithbauten aus dem Japan vorgeschichtlicher Zeiten präsentieren.

Auf der dünnbesiedelten und etwas abgelegenen Halbinsel von Ashizuri im Westen Shikokus – dies ist die kleinste aller vier Hauptinseln Japans – stand noch bis vor wenigen Jahrzehnten ein großes Sammelsurium von Megalithen. Ein Vergleich mit Anlagen wie dem bretonischen Carnac wäre wohl nicht zu weit hergeholt gewesen. Leider wurde der größte Teil jener Großsteinbauten im Jahre 1977 beiseite geräumt, um Platz für einen dort geplanten Park zu schaffen. Zum Glück sind die Steine aber nicht verloren gegangen: Man findet sie ein kleines Stück entfernt unter dem dichten, grünen Blätterdach eines Wäldchens. Es blieb dort sogar ein kompletter Steinkreis erhalten, wie auch die Relikte von 17 Steinreihen („Alignements", um nochmal den Vergleich mit Carnac zu bemühen) mit einer Gesamtlänge von bis zu 185 Metern. Wie überall auf dieser Welt, liegt auch hier die Motivation im Dunkeln, warum und von wem die tonnenschweren Steine einstmals dort aufgereiht wurden. Und mit welchem technischen Knowhow.[61]

Das zweite Beispiel, das ich hier anführen möchte, befindet sich auf der größten Insel Japans, Honshu. Knappe 30 Kilometer südlich der alten Kaiserstadt Kyoto liegt Nara. Auch diese war im japanischen Hochmittelalter Kaiserstadt; sie besitzt heute noch zahlreiche sakrale Bauten aus dieser Zeit.[9] Spektakuläres aber findet sich außerhalb der nach altem chinesischem Vorbild angelegten Stadt.

Eine kurze Wegstrecke außerhalb von Nara stößt man auf einige meisterhaft bearbeitete, technisch vollendete Megalithanlagen aus unbekannter Vorzeit. Gewaltige Bauteile mit exakten Rillen und Fugen, Ausbuchtungen, Stufen und Leisten. Man ist geneigt, an moderne Betongussteile zu denken. Doch die Teile sind allesamt aus hartem Granit gefertigt.[62]

Beinahe dieselbe Machart, in diesem Fall sogar noch exakter in der Ausformung, kenne ich aus dem Hochland der Anden. Auf fast 4.000 Metern Höhe über dem Meeresspiegel, nicht weit vom Ufer des Titicaca-Sees, stehen die uralten Ruinenstädte Tiahuanaco und Puma Punku. Wie alt sie wirklich sind, weiß niemand. In den Mythen heißt es, sie wurden in einer Nacht von den Göttern erbaut, die dort zusammenkamen, um über den Menschen Rat zu halten. Die dort in Massen kreuz und quer herumliegenden Bausteine machen sogar den Eindruck, als seien sie mit hochmodernen Laserschneidern oder mit computergesteuerten Fräsen angefertigt worden.

Zurück aus dem Hochland der Anden Boliviens, komme ich nun endlich zu jenem sensationellen vorgeschichtlichen Megalithbau, der buchstäblich vor ein paar Jahrzehnten „auftauchte“. Dieses Objekt liegt nämlich, dem Auge des normalen Betrachters entzogen, unter dem Meeresspiegel. Wir müssen uns hierfür an den südlichsten geographischen Punkt Japans beziehungsweise seiner Inselwelt begeben.

Lohnende Tauchgänge

Am südlichen Ende der Ryukyu-Inseln liegt, nicht allzu weit von Taiwan entfernt, das kleine Eiland Yonaguni. Vor vier Jahrzehnten war dieses Inselchen noch ein unbekannter und unwichtiger Flecken im weiten Ozean. Bis im Jahr 1985 ein Hotelbesitzer und begeisterter Sporttaucher, Kihachiro Aratake, bei einem seiner Tauchgänge wenige hundert Meter vor der Küste von Yonaguni auf eine untermeerische Steinformation von gewaltigen Ausmaßen stieß. Zunächst hielt Aratake seine Entdeckung für eine natürliche Felsformation.[63] Bei näherer Betrachtung aber fielen dem Taucher verblüffende Einzelheiten auf, die ihn seine anfängliche Einschätzung rasch über Bord werfen ließen.

In Tiefen zwischen fünf und 30 Metern unter der Wasseroberfläche erstrecken sich exakte Terrassen und aufs Sorgfältigste geglättete Oberflächen, steil ansteigende Treppen mit ziemlich gleichmäßigen und scharfkantigen Stufen und glatte, senkrechte Wände. Wege und Durchgänge führen durch den Unterwasserkomplex der alles andere als natürlich wirkt.

Zählt man alle diese Details zusammen, so erhält man in der Gesamtansicht ein pyramidenähnliches Monument – wenige hundert Meter von der Küste, und bis zu 30 Meter unter Wasser.

Der sensationelle Fund hat Gelehrte verschiedener Fachrichtungen in helle Aufregung versetzt, nicht nur die Archäologen, Anthropologen und Geologen. Letztere bemühen sich speziell um die Klärung der Frage, durch welche Kräfte oder Ereignisse die Struktur in die Tiefe geraten sein mochte. Der Meeresseismologe Professor Masaaki Kimura von der Ryukyu-Universität Okinawa beschäftigte sich jahrelang eingehend mit dem untermeerischen Objekt. Und gelangte zu der Überzeugung, dass es künstlichen Ursprungs ist. Weil man es logischerweise aber nicht unter dem Meeresspiegel erbaut haben konnte, muss es aus einer Epoche stammen, als der Pegel des Ostchinesischen Meeres noch viel tiefer lag als heute. Wie der aller Meere in gleichem Maße.

Oder ist das Bauwerk durch tektonische Aktivitäten, sprich: durch Erdbeben oder einen Vulkanausbruch, untergegangen? Auch dieser Möglichkeit ging der Seismologe nach, liegt Japan doch in einer sehr aktiven Erdbebenzone dieser Welt.

Durch seine Untersuchungen gelangte Professor Kimura zu der Erkenntnis, dass der Untergrund sich langsam senkte, oder der Wasserspiegel infolge klimatischer Veränderungen – also durch das Abschmelzen großer Eismassen – anstieg. Für diese Variante spräche auch, so der Seismologe, dass die Unterwasserpyramide noch immer aufrecht steht.

Das Monument von Yonaguni wäre demzufolge noch vor dem Ende der (vorerst!) letzten Eiszeit, also vor rund 12.000 Jahren, an Land errichtet worden. Dies wäre noch einige Jahrtausende vor dem Bau der ägyptischen Pyramiden – wenigstens nach aktuell geltender Lehrmeinung – gewesen, wie auch des bisher angenommenen Beginns menschlicher Zivilisationen.[63] In der Archäologie bezeichnet man diesen Vorgang als „Neolithische Revolution“, die Sesshaftwerdung des Menschen um 7.500 v.Chr.[11]

„... von Menschenhand verändert und verfeinert“

Dass der Beginn solcher Hochkulturen deutlich weiter zurück in die Vergangenheit zu datieren ist, wissen wir seit der Entdeckung von Göbekli Tepe im Süden der Türkei. Diese Kultstätte wird heutzutage von den Archäologen als älteste Stadt der Welt angesehen. Die Gründung der Stätte, die aus mehr als 20 kreisförmigen Einzelanlagen besteht, reicht mindestens 12.000 Jahre zurück. Da wären wir in der ausgehenden Altsteinzeit.[64] Diese Datierung würde übrigens auch dem Alter des Yonaguni-Monuments entsprechen, wenn sich die Überlegungen von Professor Masaaki Kimura als zutreffend erweisen.

Doch nicht alle Forscher teilen die Ansicht, dass die Struktur vor der Küste von Yonaguni, oder „Iseki Point", wie man die Fundstelle heute nennt, künstlichen Ursprungs ist. Einige von Kimuras Kollegen äußerten die Meinung, dass die Natur durchaus in der Lage sei, etwa Winkel von 90 Grad zu formen. Und der deutsche Geologe Wolf Wichmann ist davon überzeugt, der als Unterwasserpyramide oder auch nur als „Tempel" bezeichnete Komplex sei nichts weiter als ein natürlicher Sedimentblock, durchzogen von Rissen und horizontalen Klüften, die in Bruchzonen entstanden seien. Er behauptete auch, dass keine der Wände einen rechten Winkel aufweise.[63] Das sehe ich etwas anders. Im Bildteil dieses Buches gebe ich deshalb meiner geschätzten Leserschaft die Gelegenheit, sich ihre eigene Meinung darüber zu bilden.

Meines bescheidenen Wissens ist es schlicht unmöglich, dass die Erosionskräfte der Natur derart gleichförmige, geometrisch exakte und messerscharf abgegrenzte Strukturen erzeugen können. Noch unwahrscheinlicher ist die Annahme, dass alle diese Vorgänge bereits unterhalb der Meeresoberfläche stattgefunden hätten. Wäre dies der Fall gewesen, so besäßen die ständig der Strömung und den Wellen ausgesetzten Partien allesamt abgerundete Konturen. Mit anderen Worten: Es gäbe weder rechtwinklige Stufen und Kanten noch ebene Flächen und Terrassen, und ebenso keine senkrechten Wände.

Ein durch natürliche Verwitterung entstandenes Gefüge zieht auch Professor Robert M. Schoch von der Universität in Boston (Massachussetts) in Betracht. Schoch führte vor Yonaguni schon mehrere Tauchgänge durch. Ihm verdanke ich eine wirklich gelungene Serie von Unterwasseraufnahmen, die er mir freundlicherweise zur Verfügung stellte. Trotz der von ihm favorisierten, natürlichen Entstehung, bereiten ihm die oben angeführten Einwände sichtliche Kopfschmerzen. Schoch gibt zu bedenken: „Es kann durchaus sein, dass das Yonaguni-Monument eine natürliche steinerne Formation ist, welche von Menschenhand verändert und verfeinert wurde – im Grunde eine viel frühere Version der so brillanten Synthese aus Kunst und Natur, welche in Pyramidenbauwerken wie Borobodur, Macchu Picchu und Sacsayhuaman realisiert ist.(...) Auch wenn wir Yonaguni gegenwärtig noch nicht in die lange Liste der weltweiten Pyramiden aufnehmen können, zeigt uns dieser Komplex doch die faszinierenden Möglichkeiten, dass Baumeister viel früher in monumentalen Begriffen dachten, und auf dieses Ziel mit größerer Sachkenntnis hin arbeiteten, als man bislang angenommen hat."[2]

Stein des Anstoßes

Wenn es auch keine Anzeichen dafür gibt, dass das Monument aus lauter einzelnen Steinen oder Bauelementen zusammengefügt wurde, stattdessen wie „aus dem Vollen geschnitzt" ist, gibt sich Schoch doch immer wieder nachdenklich. Der Professor aus Boston will auf keinen Fall die Möglichkeit ausschließen, dass jene Stufen und Terrassen, wie auch weitere Details „vor langer Zeit durch Menschenhand nachgebessert wurden."[2]

Was wissen wir eigentlich über das rätselhafte Objekt, welches wie jedes Mal, wenn ein Fund partout nicht in die altbewährten Schemen und Vorstellungen der Vorgeschichte passen will, die Experten in einen heftigen Disput geraten lässt?

Jener „Stein des Anstoßes" ist ein mächtiger, aus Sandstein bestehender Monolith, der geologisch in das Mesozoikum datiert wird. Die auch als Erdmittelalter bezeichnete Phase währte von 220 bis 60 Millionen Jahre vor unserer Zeit. Der Klotz ist von rechteckiger Form. Er besitzt eine Länge von 200 Metern, eine Breite von 150 Metern, sowie eine maximale Höhe von 25 Metern. Das Gebilde liegt durchschnittlich 25 Meter unterhalb des Meeresspiegels, wobei die am höchsten gelegene Terrasse nur fünf Meter unter der Wasseroberfläche liegt. Es sind vor allem die unglaublich ebenen Flächen und Plattformen wie auch die scharf abgegrenzten Stufen und senkrechten Wände, die mit ihrer absoluten Gleichmäßigkeit den künstlichen Charakter jener gewaltigen Struktur eindrucksvoll zu unterstreichen wissen.

Inzwischen haben Geologen den Riesenklotz genauer vermessen – eine dreidimensionale Rekonstruktion erlaubt den Vergleich des Gesamtkomplexes mit den babylonischen Zikkuraten. Außerdem umgibt eine Art Fahrbahn das Monument in einer langgestreckten Kurve. In einer einzigen Reihe ordnen sich offenbar gezielt plazierte Steine mit einem Durchmesser bis zu sechs Metern längs dieser „Straße" zu einem gewaltigen Zaun an.[63]

Ich persönlich neige auch eher zu der Annahme, dass dieser Sandsteinmonolith natürlichen Ursprungs ist. Wie Professor Robert M. Schoch konstatierte, wurden keine einzelnen Steine zu einem Ganzen zusammengefügt[2], wie dies bei Pyramidenbauten auf allen Kontinenten der Fall ist. Gearbeitet wurde jedoch an dem Felsstock, und zwar so gründlich, wie es natürliche Erosionskräfte der Natur niemals zustande bringen könnten. Deshalb ist die Frage nicht etwa, ob hier im großen Stil etwas Bleibendes geschaffen wurde. Die Frage ist vielmehr, wer da in grauer Vorzeit, lange bevor die eiszeitlichen Massen wieder zu Wasser wurden, am Werk war.[11]

Vier weitere Unterwasserruinen

Dass dort bereits vor vielen Jahrtausenden Menschen siedelten, kann man als erwiesene Tatsache betrachten. Ähnlich wie die Ruinen unter Wasser, existieren auf Yonaguni oberirdische Steinstrukturen, die wahrscheinlich von Menschen bearbeitet wurden.[63] Ebenfalls auf der Insel befindet sich eine große Tropfsteinhöhle, in der man uralte Steinwerkzeuge und gleichfalls aus Stein gemeißelte Gefäße entdeckte. Reste von Holzkohle, die in einer weiteren, heute unter Wasser liegenden Höhle gefunden wurden, konnte man mittels der Kohlenstoff-14-Methode auf ein Alter von annähernd 40.000 Jahren datieren. Gleichsam unter Wasser und ganz in der Nähe des Monuments, fand man ein grob zugehauenes Steintablett mit auf dessen Oberfläche eingekerbten Zeichen, welche unseren Buchstaben „X“ und „V“ gleichen. Der Meeresseismologe Professor Masaaki Kimura fand auch auf der Unterwasserpyramide deutlich sichtbare Spuren, die seiner Meinung nach Steinbruchmarkierungen darstellen.[2]

Das geheimnisumwitterte Monument lag, soviel scheint sicher zu sein, nicht immer unter Wasser. Die Geschichte des Quartärs, der bis zum heutigen Tage andauernden, jüngsten geologischen Periode, ist geprägt von ständigen Eiszeiten, die sich immer wieder mit sogenannten Warmzeiten abwechselten. Was natürlich regelmäßig und global zu starken Schwankungen des Meeresspiegels führte. Dieser stieg nach der letzten Eisschmelze gewaltig an; diverse Klimamodelle sprechen hier von bis zu 80 Metern. Weite Gebiete, die heute unter Wasser liegen, waren zu damaliger Zeit trockenes Land. Es existierte damals sogar eine Landbrücke zwischen Taiwan, Japan und dem chinesischen Festland.

Vor Jahrtausenden muss in diesem Gebiet eine rege Bautätigkeit geherrscht haben. Taucher fanden Ende 2002 vor der Westküste von Taiwan, unweit der Pescadores-Inseln, eine künstlich errichtete Mauer im Meer. Der Direktor des taiwanesischen Institutes für Unterwasserarchäologie gab das Alter jenes Walls mit 6.000 bis 7.000 Jahren an. Das somit aus der Jungsteinzeit stammende Bauwerk befindet sich in einer Tiefe von 25 bis 30 Metern, folglich ebenso tief unter dem Meeresspiegel wie das Monument von Yonaguni. Ob die Funde in irgendeinem Zusammenhang stehen, ist bislang spekulativ. Der Wall vor Taiwan ist ungefähr einen Meter hoch, einen halben Meter breit und über 100 Meter lang. Sonarmessungen haben ergeben, dass in demselben Gebiet weitere solcher Mauern auf dem Meeresgrund zu finden seien.

Bereits 1976 war eine drei Meter hohe Unterwassermauer nahe der Hu-Ching-Inseln entdeckt worden. Deren Alter wurde noch um einiges höher geschätzt – auf 7.000 bis 12.000 Jahre. Da wären wir zeitlich wieder in der Mittel- bis Altsteinzeit. Und Mitte der 1990er Jahre stießen Taucher ebenfalls vor Taiwan auf Ruinen einer versunkenen Stadt.[65]

Kehren wir an dieser Stelle noch einmal zurück zu der Insel Yonaguni mit ihrer Unterwasserpyramide. Für Professor Kimura, den Meeresseismologen aus Okinawa, ist der Megalithbau Beweis für eine längst untergegangene Hochkultur. Sie habe auf dieser Insel ihre Blüte erlebt, noch lange bevor der extrem steigende Meeresspiegel die damals existierende Landbrücke unter seinen Wassermassen begrub. Trotz einer großen Anzahl von Skeptikern, die viel eher geneigt sind zu glauben, dass die mannigfaltige Kraft der Natur uns einen Streich gespielt hat, ist Professor Kimura nicht allein mit seiner Überzeugung. Auch viele andere japanische Geowissenschaftler halten das Vorkommen solch einer prähistorischen Hochkultur in dieser Region für möglich – wenn nicht sogar für sehr wahrscheinlich.

Mittlerweile wurden nämlich vier weitere Unterwasser-Ruinen vor den südjapanischen Ryukyu-Inseln entdeckt. Auch vor Okinawa, das zur selben Inselgruppe zählt und rund 500 Kilometer im Nordosten von Yonaguni liegt, ruhen die Überreste einer fernen und geheimnisvollen Vergangenheit auf dem Meeresgrund.[63]

Pazifische Pyramiden

Aus anderen Regionen dieser Welt kommen gleichfalls Meldungen über Pyramiden und andere künstliche Strukturen, welche in den Tiefen der Meere und Seen gefunden worden seien. Auf Beispiele werde ich in späteren Kapiteln, die sich mit den in Frage kommenden Gegenden beschäftigen, explizit eingehen. Wobei ich einen Standort auf dem nordamerikanischen Kontinent für durchaus authentisch halte, und weitere Untersuchungen dringend angeraten erscheinen.

Bevor ich mich in die Inselwelt des Pazifischen Ozeans aufmache, auf denen gleichfalls pyramidenartige Bauwerke entdeckt wurden, möchte ich noch über einen rätselhaften Fund am Grunde eines Sees berichten, an dessen landschaftlich reizvollem Ufer ich selbst schon mehrere Male verweilte.

Die Rede ist vom See Genezareth. Im Jahr 2013 stießen israelische Archäologen auf einen gewaltigen, wahrscheinlich durch Menschenhand errichteten Steinkegel, tief auf dem Grund dieses geschichtsträchtigen Gewässers. Das einer oben abgeschnittenen Rundpyramide ähnliche Konstrukt besteht aus nicht bearbeiteten Basaltblöcken, und weist an der Basis einen Durchmesser von 70 Metern auf. Die Höhe beträgt den Messungen durch Sonar zufolge ungefähr zehn Meter. Alter, Ursprung und Bedeutung des Kegels sind bis heute unbekannt.

Die Struktur zeigt keine Ähnlichkeiten mit natürlichen Formationen, muss daher logischerweise als künstlichen Ursprungs betrachtet werden. Eine altersmäßige Datierung geht von ungefähr 4.000 Jahren aus.

Der Archäologe Izchak Paz bezifferte das Gesamtgewicht der verbauten Steine auf bis zu 60.000 Tonnen und nahm an, dass die Errichtung des Unterwassermonumentes für die damaligen Menschen eine erhebliche Anstrengung bedeutete. Nach Ansicht der israelischen Archäologen könnte es sein, dass der Steinkegel erst im Laufe der Zeit vom steigenden Wasserspiegel des Sees Genezareth überflutet wurde.[66] Was eigentlich logisch ist – sonst wäre dieses rätselhafte Konstrukt ja von intelligenten Fischen erbaut worden. Aber Spaß beiseite.

„Die sind ja gar nicht aus Stein!" In der Stimme des FOCUS-Journalisten schwang eine Mischung aus herber Enttäuschung und Verwunderung, als ich ihm, zurückgekehrt von meiner Expedition durch Chinas verbotene Zonen, Ende März 1994 die ersten Fotos chinesischer Pyramiden präsentierte. „Die richtige Konsistenz vorausgesetzt, lassen sich Pyramiden aus allem bauen, auch aus ...", entgegnete ich. Was ich in diesem Kontext wirklich nicht explizit wiedergeben möchte, war letztlich der Grund, dass das obengenannte Nachrichtenmagazin meine Entdeckung keines Berichtes für würdig fand.

Was manche der Pyramiden aus den schier endlosen Weiten des Pazifischen Ozeans mit jenen der zentralchinesischen Provinz Shaanxi gemeinsam haben, ist nicht allein die Bauweise – auch das zum Bau verwendete Material. Bei den Pyramiden auf der Ebene von Qin Chuan ist dies eben der fest gestampfte Lehm und Löss, während etwa „die grünen Pyramiden von Palau" aus dem Erdreich aufgetürmt wurden, das auf den Inseln vorherrscht. Mehrere von ihnen wurden auch aus natürlichen Erdhügeln geformt, indem man Terrassen anlegte.

Sie brauchen den Vergleich nicht zu scheuen

Ziehen wir eine geradc Linic von den japanischen Ryukyu-Inseln in süd-südöstlicher Richtung, so stoßen wir nach ungefähr 2.500 Kilometern über den offenen Ozean auf die westlich der Karolinen gelegenen Gruppe der Palau-Inseln. Ein Archipel aus etwa 200 bis 300 zum Teil sehr kleinen Inseln, von denen auch nur die wenigsten bewohnt sind.

Wie andere Inselgruppen im westlichen Pazifik, blickt auch Palau auf eine wechselvolle Geschichte zurück. Im Jahr 1543 vom spanischen Seefahrer Ruy Lopez de Villalobos entdeckt, gehörte Palau mehr als dreieinhalb Jahrhunderte zum Besitz der spanischen Krone. Nach der Niederlage im Spanisch-Amerikanischen Krieg von 1898 aber hatte sich das einst so mächtige Kolonialreich in ernster finanzieller „Schieflage" befunden. Abhilfe schaffte ein lukrativer Deal: Für 25 Millionen Goldpeseten verkauften die Spanier 1899 Palau zusammen mit den Karolinen an das Deutsche Kaiserreich, das die Inseln bis 1914 als Schutzgebiet besaß. Von März 1983 bis 1994 war die „Republic of Palau“ unter amerikanischer Schutzherrschaft bedingt autonom, bis es danach als „Republic Belau“ unabhängig wurde.[1,67]

Die Hauptinsel des Palau-Archipels, der – Stand 2020 – über nicht viel mehr als etwas über 17.000 Einwohner verfügt, hört auf den lustigen Namen Babeldaob. Deren Ureinwohner sollen in verschiedenen Einwanderungswellen von den Philippinen, aus Indonesien und von verschiedenen melanesischen Inseln angekommen sein. Wann dies geschah, ist noch unklar. Prähistorische Funde legen aber nahe, dass menschliche Aktivitäten auf dieser Insel bis weit vor die Zeitenwende zurückreichen – und zwar ins frühe 2. vorchristliche Jahrtausend.[67]

Fakt ist, dass die frühen Bewohner der Hauptinsel von Palau weithin sichtbare Pyramiden erbauten, deren Monumentalität sie zu landschaftsbeherrschenden Strukturen werden ließ. Allgemein wird vermutet, dass der Bau dieser oft aus sechs bis acht Terrassen geschichteten, den Pyramiden in der zentralchinesischen Provinz Shaanxi nicht unähnlichen Bauten zirka um das Jahr 500 v.Chr. seinen Anfang genommen hat.

Im Jahr 2021 führten Forscher der Kieler Christian-Albrecht-Universität und des Deutschen Archäologischen Institutes (DAI) gemeinsame Untersuchungen vor Ort durch. Einer der Projektleiter, Dr. Andreas Mieth, erklärte: „Der Aufwand für die Anlage der dortigen Erdwerke braucht den Vergleich mit den Pyramiden in Ägypten und Südamerika nicht zu scheuen.“

Und die Grabungsleiterin Dr. Annette Kühlem fügte ergänzend hinzu: „Über viele Generationen müssen in einem kaum vorstellbaren Arbeitsaufwand Millionen Tonnen an Bodenmaterial bewegt worden sein. Eine Leistung, die einzig in einer politisch gut organisierten Gesellschaft möglich sein konnte. Und vermutlich hatten die Erbauer dafür kaum Werkzeuge zur Verfügung.“[68]

Einige bereits vorhandene Hügel wurden wie erwähnt von oben bis unten mit Terrassen versehen. Das erinnert mich spontan an den im Nordwesten von Teneriffa gelegenen Montana Vallado. Der wurde auf dieselbe Weise zu einer Art Stufenpyramide umgeformt (vgl. Kapitel 1). Die umgebauten Erdhügel auf Babeldaob, die einer alten Sage nach durch eine riesige Schlange geschaffen worden waren, welche ihren Körper um sie herum gewunden hatte[68], dienten häufig zu landwirtschaftlichen Zwecken. Doch in einer dieser Erdpyramiden stießen Forscher auf eine Grabanlage mit sechs menschlichen Skeletten darin. Offenbar fanden einige der dortigen Bauten tatsächlich auch als Begräbnisstätten Verwendung.

Roboterhafte Züge

Nicht unerwähnt lassen möchte ich dort gefundene, anthropomorphe Megalithe. Auf Deutsch: Steinsetzungen mit menschenähnlich anmutenden Zügen. Unweit der Küstenlinie im Osten Babeldaobs, im Bereich des Dörfchens Ngermelech, stehen sieben von einstmals neun Skulpturen dieser Art. Diese wurden aus Andesit gefertigt. Das ist ein äußerst hartes Tiefengestein; man begegnet dem buchstäblich für die Ewigkeit gemachten Baustoff unter anderem in den geheimnisumwobenen Ruinen von Tiahuanaco und Puma Punku im Hochland der Anden Boliviens. Die anthropomorphen Monolithe der Hauptinsel von Palau besitzen Gesichter, deren große, runde Augen gerne mit denen von Eulen verglichen werden.[69]

Ich würde sie lieber als roboterhafte Züge bezeichnen. Auch erinnern sie mich frappierend an eine ebenfalls anthropomorphe Gestalt, die ich vor einigen Jahren auf der Osterinsel fotografiert habe. Im äußersten Südwesten der beinahe 4.000 Kilometer vom südamerikanischen Festland entfernten Insel liegt die prähistorische Stätte Orongo mit ihren zahlreichen Petroglyphen. Die dort stehenden großen, aufrechten Felsen sind geradezu übersät mit darin eingeritzten Zeichnungen seltsamer Mischkreaturen zwischen Vogel und Mensch. Einige Meter abseits von ihnen steht auf einer Wiese ein Monolith. Dieser zeigt den „fliegenden Gott" Make-Make. Dessen übergroße Augen, die man an anderer Stelle vielleicht mit denen von nachtaktiven Vögeln vergleichen würde, scheinen hier unter einer Art Gesichtsmaske verborgen zu sein. Die geht dann noch in eine Art Atemschlauch über, der an die typische Sauerstoffversorgung von Astronauten oder den Piloten von hochfliegenden Kampfjets erinnert.[11]

Bevor ich mich in der Folge der für viele sicher überraschenden Tatsache zuwende, dass auch auf dem australischen Kontinent Pyramiden zu finden sind, dort einst sogar eine Art „Ägypten-Connection" existierte, kehre ich noch einmal in die Inselwelt des Pazifischen Ozeans zurück.

Auch die Inselgruppe der Marianen, einem mikronesischen Archipel nordöstlich von Palau, gehörte vor mehr als 100 Jahren als „Schutzgebiet" zum Deutschen Kaiserreich. Sie waren ebenfalls Bestandteil des erwähnten Deals, der der Krone Kastiliens nach der Niederlage im Waffengang gegen die USA zur Erholung ihrer Staatskasse, und Kaiser Wilhelms Reich zu einer weiteren Überseebesitzung verhalf.

Auf der Insel Tinian, der zweitgrößten der Gruppe der Marianen, findet man eine Anzahl pyramidenstumpfähnlicher Strukturen. Entdeckt wurden diese im Jahr 1835 von dem französischen Forscher und Weltreisenden Jules Dumont d'Urville (1790–1842). Eine Reihe dieser Kegelstümpfe trug einen halbkugelförmigen Stein als oberen Abschluss. Der Umfang der Gesamtbauwerke betrug an der Basis etwa 5,50 Meter, an ihrer Oberseite 4,50 Meter, und sie ragten 3,50 Meter hoch auf.

Leider sind mehrere von ihnen vermutlich infolge eines schweren Erdbebens umgestürzt, was zu der Zerstörung der halbkugelförmigen Decksteine führte.

Als man die Einheimischen nach den Erbauern dieser seltsamen Miniaturpyramiden fragte, verwiesen sie auf ein längst verschwundenes Volk, welches sie „Chamorros“ nannten, und das Tinian lange vor ihrer Zeit bewohnt hatte.[70,71]

Gleichfalls pyramidenstumpfartig sind Bauwerke, die von den Einheimischen „marae“ genannt werden. Deren Relikte findet man auf der zu Französisch-Polynesien gehörigen Gruppe der Gesellschaftsinseln, und zwar auf den für unsere Ohren so klangvoll das Fernweh auslösenden Inseln Bora-Bora, Moorea, Raiate sowie Maeva. Ähnliches fand man auf dem zu Kiribati gehörenden, öden und abgeschiedenen Malden Island. Neben den auf der Oberseite abgeflachten Stufenpyramiden gibt es sogar gepflasterte Wege, die alle abwärts zum Meer führen.[71]

Wer waren die unbekannten Erbauer und welcher längst untergegangenen Kultur gehörten sie an? Dies sind Fragen über Fragen, auf die wohl so schnell keine Antwort zu finden ist. Fest steht indes, dass auch die Pazifische Inselwelt keinen weißen Fleck auf der Weltkarte des Pyramidenbaues darstellt.

Legenden zum Bildteil

1. Im Eingangsbereich des „Parque Etnografico de Güimar“ weist ein Plakat auf die Pyramiden der Guanchen und auf mögliche Kontakte prähistorischer Kulturen untereinander hin.
2. Auf einem Areal von 65.000 Quadratmetern stehen insgesamt sechs beeindruckende Stufenpyramiden, die auch nach astronomischen Gesichtspunkten ausgerichtet sind.
3. Wie die meisten der Pyramiden auf den Kanaren ist auch die Pyramide von Santa Barbara in sieben Stufen ausgeführt und verfügt über einen ungewöhnlichen, fünfeckigen Grundriss.
4. Auch diese Pyramide in El Paso (La Palma) besteht aus sieben Stufen. Hat sie den Vulkanausbruch von 2022 überlebt?
5. Eine detailreiche Schautafel gab Auskunft über sämtliche Bauphasen der Pyramide Monte d'Accoddi auf der Insel Sardinien. Leider ist sie heute spurlos verschwunden.
6. Nur 800 Meter Luftlinie von Monte d'Accoddi befinden sich „Cart Ruts“ wie auf Malta. Hier werden sie von einer jungsteinzeitlichen Wohnhöhle durchschnitten.
7. Die Stufenpyramide Monte d'Accoddi in Sardinien. Ihre mehr als 40 Meter lange Aufstiegsrampe wird u. a. von einer 3,50 Meter hohen Steinsäule flankiert.
8. Noch relativ gut erhalten ist die Pyramide von Ellenikon, obwohl sie nur noch etwa ein Drittel ihrer ursprünglichen Höhe besitzt. Ungewöhnlich ist ihr rechteckiger Grundriss.
9. Bei einigen Bausteinen der Pyramide von Ellenikon stellte ich Einschlüsse von versteinertem Holz fest.

Abb. 1

Abb. 2

Abb. 3

Abb. 4

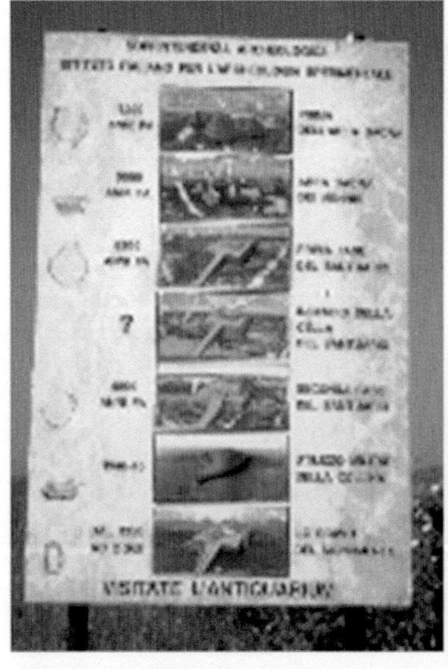

Abb. 5

Abb. 6

Abb. 7

Abb. 8

Abb. 9

Abb. 10

Abb. 11

Abb. 12

Abb. 13

Abb. 14

Abb. 15

Abb. 16

Abb. 17

Abb. 18

Abb. 19

Abb. 20

Abb. 21

Abb. 22

Abb. 23

Abb. 24

Abb. 25

10. Versuch einer Rekonstruktion: Bevor ein großer Teil ihrer Bausteine geplündert wurde, könnte die Pyramide von Ellenikon so weithin sichtbar die Landschaft dominiert haben.
11. „Stilleben mit Geländemaschinen" (1981): Noch viele Rätsel rund um die Pyramiden auf dem Gizeh-Plateau sind ungelöst, obwohl viele Ägyptologen dies ganz anders sehen.
12. Ein Stück außerhalb Xianyang (Provinz Shaanxi, VR China) überragt diese gewaltige, etwa 70 Meter hohe Pyramide die brettflache Ebene von Qin Chuan.
13. Oktober 1994: Nur ein paar Bauern beackern im Schatten der Pyramiden ihre Felder – wie zu Olims Zeiten mit einem hölzernen Pflug, dem ein Ochse vorgespannt ist.
14. Ein paar hundert Meter vor der Küste der kleinen, zu Japan gehörenden Insel Yonaguni entdeckte der Taucher Arataka im Jahre 1985 diese gewaltige untermeerische Steinformation.
15. Steile Stufen, exakte Kanten und senkrechte, glatte Wände: Mögen sich meine Leser ein eigenes Bild machen, ob dieses Wunderwerk natürlichen oder künstlichen Ursprungs ist.
16. Was hat der altägyptische Totengott Anubis im australischen Outback zu suchen? Gab es vor 4.500 Jahren in Down Under eine „Ägypten-Connection"?
17. Zeugnis ungezügelter Zerstörungswut: Viele der Steinblöcke der Gympie-Pyramide landeten in den Umgrenzungsmauern der örtlichen Methodistenkirche.
18. Die „Pyramide des Kukulkan" in Chichen Itza wurde über eine bereits vorhandene, ältere „gestülpt". Ich bestieg jene ältere Pyramide bei gefühlten 200 Prozent Luftfeuchtigkeit.

19. Die „Pyramide des Zauberers“ in Uxmal wurde sogar fünf Mal gebaut – jede Bauphase hat man über die jeweils ältere aufgesetzt.
20. In der Anlage von Coba, unweit der Karibikküste, stieß ich auf diese Pyramide mit einem runden Grundriss.
21. Die Pyramiden in Tikal (Guatemala) werden „Templo“ genannt und besitzen einen geradezu wahnwitzigen Böschungswinkel.
22. Nördlich von Mexiko-Stadt liegt Teotihuacan; auf dem Foto sieht man die gewaltige „Sonnenpyramide“. Für jeden Planeten unseres Sonnensystems steht dort ein Bauwerk, und dies sogar im richtigen Maßstab!
23. Insgesamt 140 Pyramiden oder deren Reste befinden sich auf nur sieben Quadratkilometern Fläche im Schatten des Vulkans Pico auf der gleichnamigen Azoreninsel.
24. Meist sind diese Bauwerke untereinander verbunden und die Gänge mehrstöckig angelegt. Ein großangelegtes Schutzsystem aus grauer Vorzeit?
25. Auch auf den Azoren gibt es jede Menge „Cart Ruts“. Jedoch verlaufen sie in Lavagestein, was das Rätsel noch undurchsichtiger macht.

6. „Down Under" – zuoberst gekehrt

Die „Ägypten-Connection" auf dem Fünften Kontinent

Manchmal schmoren gute Gelegenheiten leider viel zu lange im Verborgenen – und zwar, bis es zu spät ist. Wie beispielsweise ein Brief einer langjährigen Freundin, der Autorin und Forscherin Julie Byron aus dem australischen Campbelltown. Die gemütliche Kleinstadt liegt am Endpunkt einer S-Bahn-Linie, die in Sydney ihren Anfang nimmt und nach Süden führt.

Julie hatte vor ihrem Umzug in die Region Sydney lange Zeit in Australiens Bundeshauptstadt Canberra gelebt, und in diesen Tagen vielleicht den heißen Tipp erhalten. Denn in einem ihrer zahlreichen Briefe hatte sie mir – es muss in den Jahren 2000 bis 2005 gewesen sein – von Pyramiden geschrieben, die sich nur wenige Autostunden von Canberra entfernt befinden sollen.[72] Ihrem Schreiben lag auch die Kopie eines Fotos bei, auf dem deutlich drei gleichmäßig geformte, genau wie die ägyptischen Pyramiden spitz zulaufende Bauwerke zu erkennen waren. Julie bot mir an, gemeinsam zu den Pyramiden zu fahren, wenn ich die für diesen Trip anfallenden Kosten übernehmen würde.

Sie teilte mir auch mit, eine handgezeichnete Karte zu besitzen, welche die genaue Lage dieser selbst in Australien weitestgehend unbekannten Pyramiden zeige, so dass wir keine Schwierigkeiten damit hätten, diesen Ort zu finden. Julie hatte bereits in den 1990er Jahren ein Buch über paranormale Erlebnisse prominenter Persönlichkeiten verfasst.[73] Zu dem Zeitpunkt, als sie mir den erwähnten Brief mit den Informationen zu den Strukturen unweit von Canberra schickte, beschäftigte sie sich intensiv mit dem Thema Pyramiden. Dass sie ganz klare Vorstellungen über unsere eventuellen Vorort-Recherchen hatte, zeigte ihre detaillierte Planung. So regte sie an, dass wir an den Örtlichkeiten auch mit einem Kompass messen sollten, ob die Pyramiden nach den Himmelsrichtungen ausgerichtet worden waren.

Bis zum heutigen Tag weiß ich nicht, warum ich damals nicht die Gunst der Stunde genutzt habe. Ich war ja schon wiederholt in Australien, Land und Leute sind mir nicht fremd. Anlässlich einer Vortragstour an der „Gold Coast", der Ostküste des Landes, hatte ich mit Julie und einem gemeinsamen Freund aus „Down Under" die traurigen Reste einer ehedem mächtigen Pyramide besucht. Später setzten wir uns auf die Fährte möglicher Hinterlassenschaften der alten Ägypter in einer Region von New South Wales, über die ich auch in diesem Kapitel berichte.

Was nun den Brief mit dem Angebot für eine gemeinsame Erforschung der „Spitzpyramiden" nahe Canberra betrifft, schmorte jener tatsächlich viel zu lang in meinem Archiv. Denn selbst, wenn ich wollte, es geht nicht mehr: Julie Byron starb ganz überraschend im April des Jahres 2022. Die Aufnahme der drei Pyramiden habe ich noch immer im Besitz. Den genauen Ort, wo sie stehen, hat Julie mit auf ihren letzten Weg genommen.

Nicht von Aborigines erbaut

Auf dem australischen Kontinent stellen Pyramiden ganz offenbar keine Seltenheit dar. Und sie wurden nicht erst heutigen Tages entdeckt. Bereits im Jahre 1890 stolperte ein Farmer unweit von Atherton, einer Kleinstadt westlich von Cairns im Norden des Bundesstaates Queensland, mitten im Outback über eine aus großen, bearbeiteten Steinen errichtete Pyramide. Die Ureinwohner, die sogenannten Aborigines, hielten deren Standort aus religiösen Gründen geheim. Und wohl eher aus Desinteresse, anstatt aus Rücksichtnahme, geriet der Fund seinerzeit ganz schnell wieder in Vergessenheit.[74]

Eine genauere Beschreibung des Bauwerks kennt man erst seit 1999. Sie stammt von dem australischen Autor und Altertumsforscher Rex Gilroy. Dieser Gelehrte, der in Australien weithin als die größte Kapazität in Sachen unbekannter Geschichte des Kontinents gilt, forschte sein Leben lang nach Indizien, dass die ferne Vergangenheit Australiens vollkommen anders ablief, als dies von der Schulwissenschaft angenommen wird. Er ist überzeugt davon, dass das Land bereits vor den Aborigines von einer Rasse bewohnt war, die eine hohe Kultur hervorgebracht hatte. Viele Jahre war er Direktor des „Mount York Natural History Museum" in Bathurst, New South Wales. Ende der 1990er Jahre stieß er auf jene schon 1890 durch Zufall entdeckte Pyramide.

Seinen Angaben nach besitzt sie eine Höhe von acht Metern, und besteht aus sechs einzelnen Stufen von unterschiedlicher Höhe. Es wurden dort megalithische Elemente von zwei bis vier Tonnen Gewicht verbaut, und alle vier Seiten sind sorgfältig nach den vier Himmelsrichtungen ausgerichtet. Die erste Stufe ist zwei Meter hoch und weist eine Seitenlänge von 30,5 Metern an ihrer Basis auf. Ganz oben ist sie, wie wir das auch von den Pyramiden in China und andernorts kennen, völlig eben. Dabei besitzt die oberste Stufe eine Fläche von nur noch sechs Quadratmetern.[75]

Rex Gilroy glaubt nicht daran, dass diese Pyramide westlich von Atherton von den Aborigines erbaut wurde. Tatsächlich kann dies ausgeschlossen werden, da diese in ihrer über 50.000 Jahre währenden Geschichte niemals steinerne Unterkünfte erbaut hatten. Und Kenntnisse in Architektur besaßen sie gleichfalls nicht. Aber ihre Überlieferungen sprechen davon, dass es ihre alten Kulturbringer waren, welche auf „leuchtenden Vögeln" zur Erde kamen und die Monumentalbauten aufgestellt haben. Womöglich gilt dies auch für eine weitere Pyramide, die es zumindest in Australien zu großer Bekanntheit gebracht hat.

Die Rede ist hier von der leider nur noch in wenigen Resten vorhandenen „Gympie-Pyramide" – benannt nach der gleichnamigen Gemeinde nördlich der Hafenstadt Brisbane, in deren Umfeld sie steht. Ich hatte übrigens Gelegenheit, gemeinsam mit der schon erwähnten Autorin und Forscherin, Julie Byron, diese Stätte in Augenschein zu nehmen. Und konnte mir vor Ort eine Vorstellung davon machen, wie selbst in modernen Zeiten Relikte aus längst vergangener Epoche einer sinnlosen Zerstörung zum Opfer fallen können. Eingedenk der Vorgänge, die sich dort abgespielt haben, zweifelte ich einmal mehr an der menschlichen Ratio – zumindest bei etlichen Zeitgenossen. Beginnen möchte ich erst einmal mit der Wiederentdeckung des Bauwerks. Da wird nämlich ansatzweise klar, wie es letztlich zu den immensen Verwüstungen kommen konnte.

Verhängnisvoller Fehler

Die besagte „Gympie-Pyramide" war ursprünglich ein sorgsam terrassierter Hügel, so wie wir dies schon aus anderen Regionen unserer Welt kennen. Er war komplett mit großen, sauber bearbeiteten Monolithen verkleidet, was ihm das Aussehen einer Pyramide verlieh. Das außerhalb des Städtchens Gympie stehende Bauwerk wurde 1975 von dem bereits erwähnten Rex Gilroy wieder entdeckt, nachdem es für gut 40 Jahre in Vergessenheit geraten war. Doch in der Zwischenzeit hatten Farmer aus der Gegend immer wieder diverse uralte Gegenstände unbekannter Herkunft gefunden, was den Forscher zu Nachforschungen animierte.

Nach dem Wiederauffinden hatte Gilroy seine Entdeckung wohl etwas zu enthusiastisch beschrieben. Das sollte sich als verhängnisvoller Fehler herausstellen, denn es lockte zahllose Neugierige – darunter ein paar wirklich üble Subjekte – an den bewussten Ort.

Über seinen Lokaltermin aus dem Jahr 1975 äußerte sich Gilroy wie folgt: „Als wir uns die bergige Gegend näher ansahen, fiel mir ein felsiger Hügel auf, der dicht bewaldet war. Meine Frau Heather begleitete mich, als wir zusammen durch den Laubwald nach oben stiegen. Auf einmal bemerkte ich, dass ich über eine Mauer aus groben Steinblöcken stolperte, nach einigen Fuß über eine andere und so weiter, bis wir schließlich den Gipfel des Hügels erreichten. Jede dieser Mauern war in etwa vier Fuß (1,20 Meter) hoch, und bildete Terrassen, die bis zu sechs Fuß (1,80 Meter) breit waren. Nachdem wir uns einen Weg durch das dichte Unterholz freigekämpft hatten, fanden wir heraus, dass die unteren Stufen aus kleineren Blöcken von Sandstein bestanden. Die oberen vier Terrassen aber waren aus viel größeren Steinen zusammengesetzt, welche zwischen einer und vier Tonnen Gewicht haben mussten. Die Spitze wurde von einer mächtigen Platte aus Sandstein gekrönt, deren Gewicht sogar um die acht Tonnen betragen haben mochte.

Bald wurde mir klar, dass die geheimnisvolle Struktur vierseitig ausgeführt war. Sie erhob sich in etwa auf 200 Fuß (das sind ungefähr 60 Meter), während ihr Umfang an der Basis ungefähr 1500 Fuß (500 Meter) ausmachen dürfte. Bis zu 600 Jahre alte Bäume wuchsen in dem Bauwerk und bewiesen, dass die Anlage keinesfalls aus neuerer Zeit stammen konnte. Ich hatte keinen Zweifel, dass es sich hierbei um eine grob gebaute Stufenpyramide handelte, wie sie in Ägypten vor über 3.000 Jahren gebaut wurden.“[76]

Das Unheil nahm seinen Lauf, als Gilroy sich einem Reporter anvertraute, welcher ihn auf seiner nächsten Exkursion begleitete. Jener gewissenlose Vertreter seiner Zunft brach sein zuvor gegebenes Versprechen, den Standort der Pyramide geheim zu halten. Stattdessen schlachtete er die Entdeckung für seine eigene Publicity aus. Damit trat er eine ganze Lawine los.

Unmengen von Neugierigen strömten nach Gympie. Amateur-Schatzsucher und Glücksritter, Eltern mit ihren außer Rand und Band geratenen Kindern und dazu jede Menge primitiver Vandalen hinterließen eine einzige Spur der Verwüstung. Sie begannen die Pyramidenreste auf dem Hügel komplett abzutragen. Den Vogel aber schoss ein Kandidat für die geschlossene Psychiatrie ab, der mit einem Bulldozer anrückte, und dabei die östliche Seite des Monuments vollkommen plattmachte. Schätze fand keiner dieser vom Wahnsinn befallenen, asozialen Hohlköpfe. Aber der angerichtete Schaden war nicht wieder gutzumachen.

Nicht die erste Zerstörungswelle

Seit diesen fassungslos machenden Geschehnissen waren etwas mehr als 20 Jahre vergangen, als ich mir im Juni 1996 dort ein eigenes Bild verschaffen konnte. Mit von der Partie war außer Julie Byron noch David Summers, der ein paar Jahre lang das australische „Exposure Magazine" herausbrachte, eine damals viel beachtete Zeitschrift zu grenzwissenschaftlichen Themen. David hatte für mich kurzerhand eine Vortragstournee an der Ostküste organisiert, auf der ich über die damals erst zwei Jahre zurückliegende Entdeckung von etlichen Pyramiden in China referierte. Das Thema kam überaus gut an bei den Australiern: Die Vorträge waren gut besucht und die Zuschauer bestürmten mich im Anschluss regelmäßig mit Fragen über Fragen.

Neben diversen Radio-, Fernseh- und Presseterminen erlaubte es unser Programm, ein paar rätselhafte Orte in dieser Region Australiens unter die Lupe zu nehmen. Besagte „Gympie-Pyramide" war einer davon, und in der örtlichen Presse wurde ausführlich über meine Recherchen berichtet.[77]

An einem dieser frei gebliebenen Tage rumpelten wir über unbefestigte Wege mitten im Outback, einige Kilometer außerhalb des Örtchens Gympie, bis David an einem kleinen Haus hielt, vor dem mehrere Autowracks still vor sich hin rosteten. Von dort aus ging es dann nur noch zu Fuß weiter.

In einem kleinen Tal lag, umgeben von den für Australien so typischen Schafweiden, eine kleine Farm. Doch die Idylle trog. „Hartwig, be careful, for that crazy guy's sometimes shooting at uninvited visitors", raunte mir David entgegen. Julie zog instinktiv ihren Kopf ein, und ein weiterer Begleiter mit Namen Mark, der eine örtliche

UFO-Studiengruppe führte, nickte nur stumm. Der Besitzer dieser Farm, auf dessen Grund sich die „Gympie-Pyramide" befindet, hatte schon des Öfteren mit seiner Schrotflinte auf ungebetene Besucher geschossen.

Aber nach den oben beschriebenen Zerstörungsorgien, die die Wiederentdeckung dieser Pyramide 1975 nach sich gezogen hatte, konnte ich den Farmer – in Gedanken – nur beglückwünschen für so viel Entschlossenheit. Selbst wenn wir alle in der latenten Gefahr schwebten, unangenehme Bekanntschaft mit einer wohlgezielten Ladung Schrot zu machen.

Wir entschlossen uns daher, die heute leider nur noch rudimentär erkennbaren Pyramidenreste von jener Seite aus anzusteuern, die nicht im Sichtbereich des Farmers mit dem nervösen Abzugsfinger lag. Bereits beim Aufstieg durch die dichte Vegetation war ich schwer erschüttert darüber, wie wenig von dem Bauwerk übriggeblieben war, an dem man noch zwei Jahrzehnte zuvor die klar abgegrenzten Stufen und Terrassen deutlich erkennen konnte.

Auf der obersten Terrasse – um das bei Stufenpyramiden sicher etwas abwegige Wort „Spitze" zu vermeiden – fallen dem Betrachter gleich zwei Peilsteine ins Auge. Diese sind dergestalt positioniert, dass die Sonne ihre Strahlen zur Zeit der Wintersonnenwende am 21. Juni, sowie der Sommersonnenwende am 21. Dezember absolut exakt dazwischen hindurchschickt. Übrigens kein Druckfehler: Auf der südlichen Halbkugel der Erde sind nämlich die Jahreszeiten den unseren genau entgegengesetzt.

Übrigens sind bis heute so gut wie keine dieser bearbeiteten Monolithen, mit denen die natürliche Erhebung vor unbekannten Zeiten zu einer Pyramide überprägt worden war, an ihrem einstigen Platz zu finden. Doch wo sind die Steine geblieben, welche Wege sind sie gegangen? So unglaublich es klingt: Die Exzesse des Jahres 1975 stellten nicht die erste Zerstörungswelle dar, die dieses Relikt der Vergangenheit zu erleiden hatte.

Fromme Plünderer

Das Rätsel um die verschwundenen Steinblöcke löste sich für uns auf, als wir in die mehrere Kilometer entfernte Kleinstadt Gympie fuhren. Dort entdeckten wir die Mehrzahl der abgängigen Monolithen – fein säuberlich eingebaut in die hohe Umgrenzungsmauer der Kirche der Methodisten, einer aus der anglikanischen Kirche hervorgegangenen „Erweckungsbewegung".

Wie aber kamen sie dorthin? Es muss Ende der 1920er oder zu Anfang der 1930er Jahre gewesen sein, als Leute aus der Stadt zum ersten Mal über das Gympie-Monument stolperten. Anfänglich ließ man das Relikt wohl in Ruhe, aber dann gewannen ganz klar materielle Erwägungen die Oberhand. In den Jahren 1936/37 wurden dann ganze Lastwagenladungen mit den tonnenschweren Steinblöcken fortgekarrt und unter anderem zum Bau der Umgrenzungsmauer zweckentfremdet. Mit einer ähnlichen Dreistigkeit wurde bekanntlich auch die Pyramide im griechischen Ellenikon geplündert (vergl. Kapitel 2). Und was die frommen, aber wenig erweckten Beter in Gympie übriggelassen hatten, fiel Mitte der 1970er Jahre irren und schatzgierigen Vandalen zum Opfer.

Es bleibt nur zu hoffen, dass es anderen Bauten dieser Art in Australien nicht genauso schlecht ergangen ist. Ungefähr 500 Kilometer nördlich von Gympie steht, in der Umgebung der Stadt Rockhampton, eine weitere Pyramide. Sie ist aus Dolorit erbaut, und heute beinahe zur Gänze von der üppigen Vegetation verschlungen. Einzig an ihrer westlichen Seite ragen noch sechseckige Basaltsäulen heraus. Vor der Westseite hatte man eine Terrasse mit einem Durchmesser von 35 Metern angelegt. Von dieser zieht sich eine exakt von Osten nach Westen verlaufende Kette aus 54 offensichtlich künstlich errichteten, steinernen Hügeln auf mehr als einen Kilometer Länge hin. Der auf die prähistorischen Rätsel Australiens spezialisierte Rex Gilroy vermutete hierin eine Sternwarte aus vorgeschichtlichen Zeiten.[78]

Wie ich bereits angemerkt habe, sind Pyramiden nicht gerade etwas Seltenes in Australien. Im südlichen Teil von Queensland wurde eine Anzahl aus Erde aufgeschütteter Pyramiden entdeckt. Drei von ihnen stehen in der Nähe der Stadt Toowoomba, die 135 Kilometer westlich von Brisbane liegt. Ihre Höhe soll in etwa 300 Meter betragen – was mich an die von zwei amerikanischen Piloten beobachtete „Weisse Pyramide" erinnert. Sollte es tatsächlich noch mehr solcher riesigen Bauwerke auf dieser Welt geben? Im Süden des Staates New South Wales sowie im angrenzenden Norden von Victoria sollen ähnliche Bauten existieren.[76]

Die „Ägypten-Connection"

Auch in West-Australien, dem flächenmäßig größten Staat des Australischen Bundes, sollen sich drei sehr hohe Pyramiden befinden, wie ich anlässlich einer meiner Reisen nach Australien erfuhr. Die würden aber auf militärischem Sperrgebiet stehen und somit für Besucher nicht zugänglich sein. Doch bislang lassen sich diese Informationen weder bestätigen noch widerlegen, und deshalb gebe ich sie nur unter Vorbehalt weiter.

Kommen wir noch einmal zurück zu der „Gympie-Pyramide" oder besser, was von ihr übriggeblieben ist. Ob die geheimnisumwitterten Kulturbringer aus der „Traumzeit" der Aborigines deren Erbauer waren, ist nicht bekannt. Die Ureinwohner Australiens, denen seit der Inbesitznahme des Kontinentes durch die Weissen viel Unrecht angetan wurde, waren es ganz bestimmt nicht. In jüngeren Tagen aber – ich spreche hier von einer Epoche, die auch schon gute 4.500 Jahre zurückliegt – bekam der Rote Kontinent Besuch aus einer anderen Region und Kultur, die ebenfalls durch ihre Pyramiden Berühmtheit erlangte.

Die Rede ist vom alten Reich der Pharaonen. Es finden sich, vor allem im Osten des australischen Kontinents, so unglaublich viele Spuren, die letztlich nur eine einzige Schlussfolgerung zulassen:

Vor Tausenden Jahren gab es häufig und regelmäßig Begegnungen mit dieser Hochkultur. Ich würde in diesem Zusammenhang von einer regelrechten „Ägypten-Connection" sprechen, die Australien und das alte Land am Nil miteinander verband.

Die Hinweise sind so unübersehbar, dass man sie von Rechts wegen nicht mehr wegdiskutieren kann. So graben etwa seit Mitte des 19. Jahrhunderts Farmer und Siedler rund um Gympie regelmäßig Artefakte aus, die unbestreitbar aus Ägypten und dem Vorderen Orient stammen müssen. Im Jahr 1966 stieß der Farmer Dal Berry beim Pflügen seiner Felder auf eine grob bearbeitete Statuette, die offenbar eine Art Idol darstellte. Nachdem er das Artefakt vom anhaftendem Erdreich gereinigt hatte, erkannte Berry, dass es sich um die Darstellung eines Affen handelte.[76]

Als „Gympie Ape" (der „Affe von Gympie") fand diese Statuette schließlich ihren festen Platz in einer großen Glasvitrine im Heimatmuseum der Stadt. Ich habe mir das Objekt selbst vor Ort betrachtet und stimme mit Rex Gilroy überein, der deutlich das Antlitz des altägyptischen Gottes Thot darin erblickte. Dieser wurde in den älteren Dynastien zumeist in Gestalt eines Affen dargestellt. Er galt gemeinhin als Gott der Gelehrsamkeit, und als der Schreiber der Götter.[1]

Zahlen, bitte!

Glenloth ist ein kleiner Ort im Bundesstaat Victoria, ungefähr 100 Kilometer südlich des Murray River. Etwas außerhalb dieses Städtchens befindet sich ein vom Wind angewehter Sandhügel; dieser ist das Überbleibsel der Uferlinie eines schon längst ausgetrockneten Sees. Eines Tages im Jahr 1931 spielte dort der damals zehnjährige John Gibbs mit Muschelschalen, die von den Aborigines auf einem Haufen entsorgt worden waren.

In einer Vertiefung dieses Sandhügels, in der sich massenweise zerbrochene Schalen angesammelt hatten, nahm John ein fußballgroßes Stück zusammengebackenen Schlamms zur Hand. Als es in mehrere Einzelstücke zerbrach, kam ganz unerwartet eine aus Bronze bestehende, kleine Münze zum Vorschein.

Jahre später nahm sich der Numismatiker eines Museums von Melbourne dieses Artefaktes an, und kam zu einem sensationellen Schluss: Die Münze war im alten Ägypten geprägt worden. Genauer gesagt, während der Regentschaft des Ptolemäers Philometor VI. Jener regierte das alte Reich am Nil in den Jahren von 180 bis 145 vor unserer Zeitrechnung.[1,75]

Die Frage ist jetzt natürlich, wie um alles in der Welt das antike Zahlungsmittel dorthin gekommen ist. Weit weg von jenem Land, wo es geprägt und in Umlauf gesetzt worden ist. Und zwar am entgegengesetzten Ende der Welt.

Genau 30 Jahre nach dem Fund bei Glenloth machte in den Northern Territories eine Familie am Daly River, welcher westlich der Stadt Katherine in Richtung auf die Anson Bay zufließt, ein Picknick. Auch sie stießen auf etwas, womit sie in ihrer kühnsten Phantasie nie gerechnet hätten: Ein uraltes aus purem Gold gefertigtes Schmuckstück, das einen Skarabäus darstellte.[75]

Diesem auch als Pillendreher oder Mistkäfer bekannten Insekt, dessen Weibchen in die von ihm gedrehten Kugeln aus Dung Eier legt, wurde im alten Ägypten eine große Verehrung zuteil. Aber wie das wertvolle Schmuckstück in die Wildnis Nordaustraliens gelangte, ist nicht minder schleierhaft wie im Fall der bronzenen Münze aus den Tagen der Ptolemäer.

Das Auge des Ra

In der Region um die Großstadt Cairns, im Norden von Queensland, gedeihen wilde Lotos- und Papyrusstauden. Entdeckt wurden diese erst im 19. Jahrhundert von weißen Siedlern, die erstmals in die Wildnis vordrangen. Nun gehören aber Lotos und Papyrus –

und jeder Botaniker kann dies bestätigen – nicht gerade zur eingeborenen Flora Australiens. Umgekehrt fand man in altägyptischen Mumien Harze und Öle des Eukalyptusbaumes, der damals im Reich am Nil noch vollkommen unbekannt war.[79]

Wie es aussieht, haben die Aborigines Erinnerungen wie auch Bräuche der alten Ägypter bis in unsere moderne Zeit erhalten. Manche Stämme bedienen sich sogar heute noch uralter Mumifizierungsriten, wie sie zur Zeit der 21. Dynastie – die herrschte um 900 v. Chr. – im alten Ägypten gebräuchlich waren.

Auf Darnley Island, das in der Meerenge zwischen den Northern Territories und Neuguinea liegt, mumifizieren die örtlichen Eingeborenen auf diese Weise ihre Toten. Zuerst werden die Organe entnommen. Danach wird das Gehirn mit Haken durch die Nase herausgezogen. Wenn zum Schluss der Körper mit sogenannten „magischen Augen" versehen wurde, folgt die endgültige Einbalsamierung und eine Bemalung mit rötlichem Ocker. Daraufhin wird der Verstorbene mit einem Boot, welches der Barke des Sonnengottes Ra nachempfunden ist – nicht einmal das auf dem Bug aufgemalte „Auge des Ra" fehlt – über das Meer zu einer speziellen Toteninsel gerudert. Dort wird er in einer Gruft bestattet, die aus dem Felsen herausgehauen ist.[79]

Sogar in den örtlichen Dialekten mancher Ureinwohner ist die Erinnerung an die Präsenz der alten Ägypter wach geblieben. Nördlich von Sydney mündet der Hawkesbury River in die Broken Bay. Nicht jeder nennt ihn so. Denn in der Sprache der dort ansässigen Aborigines lautet der Name des Flusses „be-row-ra". Auch auf den offiziell ausgegebenen Übersichtskarten „Sydney & Surroundings" ist der Flusslauf unter dem in die englische Diktion „Berowra" übertragene Schreibweise gelistet. Übersetzt heißt der Name so viel wie „Fluss des Sonnengottes".

Der Name bezog sich ursprünglich auf die traditionelle „Lebensader" von Ägypten, den Nil.[79]

Hieroglyphen im Outback

Nicht nur der Gott Thot, in den frühen Dynastien des Pharaonenreiches häufig als Affe dargestellt, fand den weiten Weg nach Australien. In der Kupfermine von Mareeba wurde eine Statuette des Gottes Aton ausgegraben, die stilistisch dem „Alten Reich" – von 2660 bis 2160 v.Chr. – zugeordnet werden kann.[74] Besagter Gott Aton, was in der Übersetzung „Sonnenscheibe" heißt, wurde von Pharao Amenophis IV. (auch Echnaton, 1364–1347 v.Chr.) zur alleinigen Gottheit erklärt und in der Regel als Sonnenscheibe dargestellt.[1]

Derartige Sonnenscheiben fand man, neben den Abbildern von Streitwägen, nördlich von Cooktown. Und schon anno 1912 hatten Arbeiter in Gordenvale einen scharfkantigen Monolithen aus dem Boden gezogen, auf dem deutlich ein altägyptisches Rammboot zu erkennen war.[74]

Derart „aufmunitioniert" mit so vielen guten Hinweisen auf die vormalige Präsenz von Besuchern aus dem Lande der Pyramiden, kann ich mich nun an die wohl spektakulärste Hinterlassenschaft der alten Ägypter in Australien wagen. Vorausgeschickt: Die ganze Angelegenheit wird teilweise kontrovers bis verbissen, und vor allem von Leuten, die nie vor Ort waren, diskutiert.

Ich selbst war vor Ort und habe mir ein eigenes Bild machen können. Doch was durfte ich mir alles anhören, beziehungsweise in den Niederungen des allmächtigen Internets lesen? Ich wäre einem „Hoax" aufgesessen, einer plumpen Fälschung, konnte man von „Spezialisten" lesen, die sich nur ein Stündchen vor ihren Computer setzen und meinen, die Weisheit mit Löffeln gefressen zu haben. Die Welt da draußen halten sie wohl für eine Illusion und das wirkliche Leben findet online statt. Soziale Kontakte? Die entsprechende Anzahl Klicks oder „gefällt mir" ersetzen sowas doch spielend. Ein besonders eifriger Kämpfer für den „rechten Glauben" –

er mochte wohl die Reinkarnation eines mittelalterlichen Großinquisitors sein – riet mir sogar dazu, auf Forschungen vor Ort künftig zu verzichten. Was ich bräuchte, könnte ich ja viel bequemer im Internet recherchieren, und auch das Weltklima würde es mir danken. Mir kamen fast die Tränen!

Was verbirgt sich dort draußen, das Teile der „Web Community" in so helle Aufregung versetzt? Da befinden sich, zwei Stunden Fahrt nördlich von Sydney, mitten im Outback uralte ägyptische Hieroglyphen. Sie bedecken zwei Felswände, die gerade soweit auseinanderstehen, wie man die Arme ausstrecken kann.

Bereits im Verlauf meiner 1996er Vortragstour an der „Gold Coast" hörte ich von dieser sagenhaften Stätte, welche damals mit Ausnahme von ein paar wenigen Insidern auf dem Kontinent weitgehend unbekannt war. Denn erst kurz vorher war der australische Forscher, Schriftsteller und Filmemacher Paul White in genau dieser Felsenschlucht im Outback von New South Wales auf Hunderte von offenkundig altägyptischen Hieroglyphen gestoßen.[80]

Auf dem Lyre Trig Mountain

Als es White an diese Stätte verschlagen hatte, war der ganze freie Raum zwischen den beiden so nahe beieinander stehenden Wänden vollkommen mit Gesteinsschutt verfüllt. Die Schlucht war ursprünglich wie eine Höhle mit flachen Steinplatten überdacht, von denen jedoch alle, bis auf eine verbliebene am Ende, abgestürzt sind. Der Zahn der Zeit tat ein Übriges. Deshalb musste Paul White zuerst einmal den ganzen Schutt beiseite räumen, und dann erst vermochte er sich ein Bild davon zu machen, was für einen unglaublichen Fund er da vor sich hatte.

Jedenfalls wurde mir 1996 klar, dass ich wieder nach „Down Under" musste. Fortan stand der Ort ganz oben auf meiner Liste der noch anzusteuernden Plätze auf dieser Welt.

Am 24. August 2007 war es endlich so weit. In einem Vorort von Sydney mieteten wir ein Taxi für den ganzen Tag an. Heute noch wird mir ganz anders, wenn ich an die exorbitanten Kosten denke. Aber mit einem Leihwagen hätte ich mich schon im Gewirr der Straßen in und um Sydney hoffnungslos verfranzt, wäre kaum auf die richtige Ausfallstraße gekommen. Erst wenige Tage vorher hatte ich erfahren, wo sich der geheimnisumwitterte Ort befindet. Und zwar im Hinterland des Städtchens Gosford, nur zwei Autostunden nördlich von Sydney und ein paar Kilometer außerhalb der Ortschaft Kariong, auf dem Lyre Trig Mountain. Dies ist eine kleine Erhebung im „Brisbane Water National Park".

Auf dem „Pacific Highway" ging es schnurgerade nach Norden, über die Broken Bay, die das Mündungsgebiet des Hawkesbury River darstellt. Das ist der Fluss, der bei den Aborigines „be-row-ra" heißt, „Fluss des Sonnengottes". Verlässt man den Highway an der Ausfahrt Gosford, ist man nach ein paar hundert Metern am Ortseingang von Kariong. In der Shell-Tankstelle am Ort wollte ich mir noch ein paar nötige Instruktionen holen; die Leute dort müssten schließlich Bescheid wissen. Als ich die Tankstelle betrat, war die Überraschung perfekt: Noch bevor ich meine erste Frage aussprechen konnte, redete mich die Dame an der Kasse in astreinem Tiroler Dialekt an. Und sie wusste Bescheid!

Knappe einhundert Meter nach der Tankstelle zweigt die „Woy Woy Road" zum gleichnamigen Nachbarort ab. Von dort fuhren wir noch etwa zwei Kilometer, bis linkerhand eine kleine Parkbucht auftauchte. Etwas zurückversetzt eine Barriere mit einem Hinweisschild „Lyre Trig Fire Trail". Weit und breit war kein Verbotsschild, also worauf noch warten? Wir würden 20 bis 30 Minuten bis zum „Gipfel" des Lyre Trig Mountain brauchen, hatte uns die freundliche Tirolerin beschieden. Mit spärlichen 241 Metern über Normal Null ist der natürlich nicht entfernt mit den Gipfeln ihrer Heimat vergleichbar. Wir erreichten diesen mit einer Windrose verzierten Punkt nach knapp 20 Minuten forcierter Gangart.

Von dort würde man die Felsschlucht leicht finden. Aber auf welcher Seite sollte ich suchen? Ein unangenehmes Rascheln im Unterholz ließ mich instinktiv zurückweichen, denn ein Schlangenbiss mitten im Outback wäre sicher das Allerletzte, was ich gebrauchen konnte. Zumal Australien die giftigsten Schlangen weltweit beherbergt.

Dann entdeckte ich einen schmalen Trampelpfad, welcher um ein langgestrecktes Felsplateau führte, um sich dann im Tal zu verlieren. Vorsichtig und den Blick stets zu Boden gesenkt, um unliebsamen Begegnungen mit Gift und Stachel der lokalen Fauna zu entgehen, tasteten wir uns über den mit üppiger Vegetation bedeckten Boden. Mit prüfenden Blicken streiften wir immer und immer wieder die steil vor uns aufragenden Felsen. Doch soweit wir auch blickten – es fand sich keine Spur von der gesuchten Felsschlucht mit den Hieroglyphen.

Unheimliche Begegnungen der besonderen Art

In der Folge bewahrheitete sich einmal mehr die hehre Erkenntnis, dass man nie zu früh die Flinte ins Korn werfen sollte. Hatte ich mich doch schon resignierend entschlossen, unverrichteter Dinge den Rückweg anzutreten. Da tauchten urplötzlich, wie aus dem Boden gewachsen, zwei nicht gerade Outback-typisch gekleidete Wanderer auf. Kurze Hosen und Sandalen – wirklich nicht der beste Schutz vor giftigem Getier. Ich fragte sie ganz spontan, ob sie die Felsen mit den Hieroglyphen kennen.

Und tatsächlich: Jene beiden so unvermutet auf den Plan getretenen Buschwanderer kannten die Stelle, und boten sich auch an, uns dorthin zu führen. Nur einen Steinwurf weiter, als wir bereits gekommen waren, führte eine Art steinerner Rutsche abwärts. Dann machte der Steig eine 90-Grad-Wendung nach links. Ebenso unvermutet, wie uns unsere Helfer zuteilwurden, befanden wir uns nun zwischen den beiden Felsen. Nur eine Armspanne voneinander entfernt, ragen sie parallel mehrere Meter in die Höhe. Der geheimnisumwitterte Ort wollte mich, entgegen meinen ersten Befürchtungen, nun doch haben.

Das Zusammentreffen mit den beiden ungewöhnlichen Wanderern sollte sich übrigens noch als eine ziemlich unheimliche Begegnung erweisen. Erleichtert, dass sie uns den richtigen Weg gewiesen haben, bat ich sie, ob sie nicht noch kurz bleiben könnten, um mich zurück auf den Trail zu führen. Ich würde nur schnell ein paar Fotos machen, dann hätte ich, was ich wollte. Worauf einer der beiden kryptisch anmerkte: „I know, you gonna find your way" – „ich weiß, dass du deinen Weg findest". Darauf wandten sie sich um und verließen den Ort. Noch ganz im Nachsinnen über die seltsame Bemerkung folgte ich ihnen wenige Augenblicke später nach. In dem lichten Hangwald hätte ich sie auf jeden Fall noch sehen müssen, doch sie waren wie vom Erdboden verschluckt!

Doch zurück zu den rätselhaften Hinterlassenschaften an den Felswänden, die ich nun länger inspizieren konnte. Die gut zehn Meter lange Schlucht war einst, einer Höhle ähnlich, komplett mit flach zugeschnittenen Felsplatten überdacht. Bis auf eine waren alle herunter gefallen. Das war der Status Quo, als Paul White auf den Ort stieß. Es war im Übrigen keine Zufallsentdeckung: Offenbar hatte er von Bewohnern der Region einen „heißen Tipp" bekommen. Ihre Vorfahren wussten schon um die Wende vom 19. zum 20. Jahrhundert von der Existenz der Glyphen.[80]

Kurz vor dem hinteren Ende der Schlucht, geschützt von dem verbliebenen Rest der einstigen Überdachung, wartete dann eine zweite unheimliche Begegnung der besonderen Art an diesem Tage auf mich. Unvermittelt stand ich dem ägyptischen Totengott Anubis gegenüber. Dieser Gott in Gestalt eines Hundes, oder wie in diesem Fall dargestellt, in Menschengestalt mit Hundekopf, genoss im alten Reich am Nil große Verehrung.[1] Hier aber, im Outback Australiens und fernab von den Pyramiden Ägyptens, würde man ihn wohl zu allerletzt vermuten.

Doch was an diesem Ort noch mehr die Blicke auf sich zieht, das sind die mehr als 250 tief in die Felswände eingravierten, hieroglyphischen Zeichen. Sie zeigen überwiegend klar erkennbare altägyptische Symbole wie Schlangen, einen heiligen Skarabäus oder sphinxartige Gestalten. Mehrere Kartuschen – so nennt man Umrahmungen um Herrschernamen in altägyptischen Beschriftungen – nennen historisch greifbare Regenten.

Tragisches Ende einer Expedition

Auf gelegentlich geäußerte Fälschungsvorwürfe, die kaum bei so einem Fund ausbleiben, gehe ich noch explizit ein. Zunächst möchte ich die Frage klären, was für Botschaften die Inschrift auf den Felsen beinhaltet. Dem australischen Ägyptologen Ray Johnson, dessen Spezialgebiet sehr frühe Formen hieroglyphischer Zeichen waren, gelang eine Übersetzung dieser Glyphen. Sie berichten die tragische Geschichte vorzeitlicher Entdecker, in einem fernen Land, mit einer unbarmherzigen Natur. Alles dreht sich um den adeligen Anführer der Expedition, ein Prinz namens Djeseb, und dessen schicksalshaften Tod. Eine Sequenz von drei Kartuschen nennt den Namen Ra-Djedef als regierenden König von Ober- und Unterägypten, Sohn des Khufu (Cheops), der wiederum der Sohn des Pharao Snofru war.

Diese Angaben erlauben es, den zeitlichen Rahmen der Erkundung auf die Epoche kurz nach der Regierung Khufus zu datieren, der von 2551 bis 2528 v.Chr. herrschte. Wir sind ihm schon im Zusammenhang mit dem Bau der Großen Pyramide auf dem Plateau von Gizeh begegnet, deren Bauherr er ganz sicher nicht war (vgl. Kap.3). Folglich muss diese ägyptische Expedition vor mindestens 4.500 Jahren stattgefunden haben, die Echtheit der Inschriften stets vorausgesetzt. Und der erwähnte Prinz Djeseb wäre dann niemand anders gewesen als ein Sohn des Pharao Ra-Djedef, welcher nach Khufu regierte.

Ganz nebenbei bemerkt: Den alten Ägyptern dürfte es nicht unmöglich gewesen sein, so weite Schiffsreisen um unseren Globus zu unternehmen. Dass sie etwa in der Lage waren, mit ihren Booten aus Schilf Amerika anzusteuern, konnte der schon erwähnte Norweger Thor Heyerdahl vor über 50 Jahren experimentell beweisen.[5]

Großen Raum in den Hieroglyphentexten im Outback nehmen die Umstände von Prinz Djesebs Tod ein. Der Text beginnt mit einer Glyphe für Schlange, gefolgt von dem Symbol für die Klauen des Todes („beißen") sowie dem Zahlwort „zwei". Übersetzt liest sich das wie folgt:

„Die Schlange biss zweimal zu. Jene getreuen Nachfolger des göttlichen Herrschers Khufu, dem mächtigen Gebieter des Unteren Ägypten (...) werden nicht zurückkommen. Wir müssen jedoch vorwärts gehen, und nicht zurückblicken. Alle Bäche und Flussläufe sind ausgetrocknet. Unser Schiff ist schwer beschädigt, wir haben es mit Stricken notdürftig zusammengeflickt. Der Tod wurde durch eine Schlange gebracht. Aus der Medizintruhe gaben wir Eigelb und beteten zu Amen, dem Verborgenen, denn er wurde zweimal getroffen."[80,81]

Dass der Prinz nicht nur ein einziges Mal, sondern vielmehr gleich zweimal von einer Schlange gebissen wurde, ist für mich ein weiteres Zeichen, dass die Geschichte keine bloße Ausgeburt der Phantasie ist. Im Regelfall beißen Giftschlangen ein einziges Mal zu, und bringen bei dieser Attacke so viel Gift wie möglich in ihr Opfer. Dies ist bei allen Arten gleich, ganz egal, ob es Kobras oder Klapperschlangen sind, Mambas oder was auch immer an toxischem Gewürm.

Mit einer einzigen Ausnahme: Die in östlichen Regionen von Australien und in Neuguinea vorkommende Braunschlange – lateinischer Name Pseudonaja textilis – zeigt ein für Giftschlangen vollkommen atypisches Angriffsverhalten. Sie gilt als höllisch nervös, und beißt selbst bei einer vermeintlichen Bedrohung sofort zu. Dieses zur Familie der Giftnattern gehörende Reptil belässt es auch nicht bei einem Biss, sondern tut dies mehrere Male – bis zu vier- oder fünfmal.[82]

Standesgemäßes Begräbnis

Eine weitere Abfolge von Glyphen schildert die Leiche auf der Totenbahre: „Er, der gestorben ist, wurde hier begraben. Möge er ewiges Leben erlangen. Niemals wieder wird er an den Wassern des heiligen Meeres stehen."

Der weitere Verlauf des Hieroglyphentextes gibt die Rituale und Vorbereitungen zum standesgemäßen Begräbnis wieder. Dabei kam es offenbar zu dramatischen Vorfällen: Teile der Expeditionsmannschaft meuterten und verweigerten ihren neuen Anführern die Gefolgschaft. Eine separat stehende Schriftzeile lässt Einzelheiten hervortreten: „Ich zählte die Dolche der Fellachen, nahm sie an mich und brachte sie an einen sicheren Ort."

Die Meuterei konnte schließlich unblutig beendet und das Begräbnis planmäßig fortgesetzt werden. Man verschloss den Seiteneingang zur Totenkammer mit Steinen. Vorher wurde die Kammer noch nach den Sternen des westlichen Himmels ausgerichtet.

„Die drei 'Türen der Ewigkeit' wurden mit dem hinteren Ende des königlichen Grabes verbunden und dann versiegelt. Daneben stellten wir ein Gefäß mit heiligen Opfergaben, wenn er vom Tode erwachte. So fern von seiner Heimat ist der königliche Leib und sein Besitz bestattet."[80,81]

So endet also die beeindruckende Geschichte über die Expedition, den tragischen Tod und das nach altägyptischem Ritus gehaltene Begräbnis von Prinz Djeseb, der schon vor mehr als 4500 Jahren Australien ansteuerte. Natürlich ist dies für die Historiker konservativer Schule ein rotes Tuch par excellence – und so konnten Fälschungsvorwürfe nicht ausbleiben, auf die ich an dieser Stelle nun genauer eingehen möchte.

Das schwerwiegendste Argument, das gegen die Echtheit angeführt wird, besagt, dass die Glyphen eine fehlerhafte Schreibweise erkennen lassen. Schnell kamen Gerüchte auf, die Urheber seien Studenten gewesen, die dort Anfang der 1980er Jahre campierten und sich einen perfiden Scherz erlaubten. Wie aber konnten dann die Bewohner der Region bereits um die Wende vom 19. zum 20 Jahrhundert von den Hieroglyphen wissen?[80]

Die Übersetzung dieser Inschriften, die der erwähnte Ägyptologe Ray Johnson vorgenommen hatte, spricht ebenso gegen den Vorwurf der Fälschung. Es stellte sich heraus, dass die Hieroglyphen einen archaischen Schreibstil aus den Zeiten frühester Dynastien wiedergeben, der nur ganz wenigen Forschern geläufig ist. Da gibt es noch sehr viele Ähnlichkeiten mit altphönizischen Schriften; wohl deshalb glauben viele Archäologen, dass sie es mit einem schlecht gelungenen Fake zu tun hätten.

Der Haken an dieser Behauptung aber ist, dass viele der auf den beiden Felswänden eingravierten Hieroglyphen noch gar nicht in den konventionellen Wörterbüchern verzeichnet sind. Logisch ist dann aber, dass sie somit nicht von den vielzitierten Mitgliedern einer international agierenden „Fälscher-Mafia" abgekupfert worden sein können.

Das ist eine der grundlegenden Erkenntnisse, zu denen der inzwischen verstorbene Ray Johnson kam. Jener verfügte nämlich über eigene, von Hand verfasste Wörterbücher. Außerdem übertrug er zu Lebzeiten wiederholt uralte Texte, die in den Archiven des Ägyptischen Museums zu Kairo schlummerten, ins Englische.[80,81] Warum nicht sein kann, was nicht sein darf: Irgendwie ist die Trotzreaktion der klassischen Archäologie zu verstehen, denn es müssten auch die Geschichtsbücher in diesem Teil der Welt komplett umgeschrieben werden.

Auf der Suche nach der verschwundenen Mumie

Nun verfügt man zwar über eine ausnehmend detailreiche Beschreibung des nach altägyptischen Ritual durchgeführten Begräbnisses von Prinz Djeseb – doch bis zum heutigen Tage hat man die Mumie noch immer nicht aufgefunden. Für kurze Zeit keimte Hoffnung auf, als die bekannte australische Geologin Michelle Westerman im Jahre 1998 auf eine unterirdische, tunnelähnliche Kammer stieß. Die enthielt jedoch keine brauchbaren Hinweise, geschweige denn alte ägyptische Artefakte.[83] Waren womöglich bereits vor Jahrtausenden Grabräuber eingedrungen und hatten sich der dort verborgenen Schätze bemächtigt? Oder stellt diese aus einer natürlich entstandenen Felsspalte erweiterte, schlauchartige Kammer nur ein Ablenkungsmanöver, eine absichtlich gelegte falsche Spur dar? Und liegt die Mumie mitsamt den reichen Grabbeigaben noch immer unentdeckt und unangetastet tief unter der Erde des nordöstlichen New South Wales?

Immerhin bahnte sich am 18. Februar 2012 eine Sensation an. Nur einen Steinwurf von den beiden Felswänden mit den Schriftzeichen entfernt, entdeckte man einen künstlich angelegten Tunnel. Der wird überdeckt von einer gewaltigen Sandsteinplatte, deren Gewicht zwischen 100 und 200 Tonnen betragen dürfte. Im Bereich des Einganges, welcher aus sorgfältig bearbeiteten Monolithen gebildet wird, ist der Boden mit Sand und Geröll verfüllt. Man muss sich mühsam durch die Engstelle hindurchzwängen, und nach elf bis zwölf Metern geht es ohnehin nicht mehr weiter. An der Stelle ist der Tunnel eingestürzt. Einzig systematische archäologische Forschung mit planmäßigen Ausgrabungen könnten Licht in das Rätsel bringen.[84]

Doch die dürften wohl noch einige Zeit auf sich warten lassen. Im allmächtigen Internet wird der Fund nur allzu gerne als plumpes Fälschungsmanöver hingestellt.[85,86] So bleibt der „Mainstream“ in der Archäologie voreingenommen, obwohl so viele als seriös einzustufende Hinweise auf die einstige Präsenz der Pyramidenbauer aus dem Land am Nil hindeuten.

Wie eine Entdeckung der erwähnten Geologin Michelle Westerman. Jene stieß unweit der Hieroglyphen auch auf sonderbare, in den Boden eingemeißelte Kreise, die ein Muster bildeten. Maßstabsgetreu übertrug sie das Ganze auf Millimeterpapier. Nachdem sie ihre Aufzeichnungen in den Computer der Universität Sydney eingegeben hatte, stellte sich heraus: All diese von ihr gefundenen, kreisförmigen Bodenglyphen stimmen verblüffend mit den Sternbildern dieser Region überein. Und zwar genau so, wie sie sich dem Betrachter um 2500 v. Chr. präsentiert haben. Also zu jener Zeit, da die alten Ägypter die australischen Gestade erreicht haben sollen.

Für alles und jedes muss der berühmte Zufall herhalten. Hier sind es jedoch einige zu viel, die sich um die „Ägypten-Connection" auf dem Fünften Kontinent ranken.

7. Amerika I: Pyramiden in der „Neuen Welt"

Astronomisches Wissen in Stein verewigt

Die mit Abstand größte Anzahl Pyramiden auf der ganzen Welt befindet sich auf dem amerikanischen Doppelkontinent. Den einsamen Spitzenplatz in dieser Statistik hält ganz zweifellos das Urwaldgebiet Mittelamerikas. Eine halbwegs seriöse Angabe, wie viele von diesen Bauten sich in der Region befinden, die sich die Staaten Mexiko, Guatemala, Belize und Honduras teilen, ist nicht möglich. Zu vieles schlummert noch immer unentdeckt und ungehoben unter dem immergrünen Dach des Regenwaldes – für unser Auge gut verborgen, aber auch für hochfliegende Spionagesatelliten nicht erkennbar. Erst in jüngster Zeit führten neue technische Errungenschaften zu spektakulären Entdeckungen. Darüber jedoch mehr an späterer Stelle.

Nordamerika, oder besser gesagt, das Territorium der Vereinigten Staaten, bietet in diesem Punkte ebenfalls Erstaunliches. Wenn auch nicht in solcher Anzahl wie die viel weiter südlich gelegenen, subtropischen Landstriche. Aus historisch belegter Zeit, aber noch lange vor der Besiedelung Nordamerikas durch die Europäer, stammen die sogenannten „Mounds". Dies sind künstlich errichtete Erdhügel, oft auch in pyramidenartiger Form, die noch heutzutage in den Flusstälern des Ohio und Mississippi zu finden sind. Sie dienten den Indianern in der Zeit zwischen dem 1. Jahrtausend v.Chr. und der Eroberung als Grabhügel, nicht selten wurden auch Tempel auf ihrer oberen Plattform errichtet.[1]

Zwischen 600 und 1400 unserer Zeitrechnung beherrschte die indianische Mississippi-Kultur die langgezogene Überschwemmungsebene, welche sich zwischen den heutigen Städten St. Louis und New Orleans erstreckt. Anstelle der einfachen Mounds, die meist als Grabhügel dienten, schufen die Menschen dieser Kultur größere, weitläufigere Anlagen. Dies waren große Plätze, auf denen oben abgeflachte Pyramiden standen, mit Treppen, die zu den Tempeln auf ihrer „Spitze“ führten.

Das wohl bedeutendste kulturelle Zentrum dieser Art war der „Monks Mound“ in Cahokia im US-Bundesstaat Illinois. Diese Anlage erstreckte sich über eine Fläche von fast 6,5 Hektar, und der Tempel oben auf der Hauptpyramide war mehr als 30 Meter hoch. Die kleineren Hügel, die das zentrale Bauwerk umgaben, waren als Speicher, Verwaltungsgebäude und Wohnstätten der herrschenden Klasse ausgelegt. Man fand Hinweise darauf, dass dort die Sonne verehrt und den Göttern blutige Menschenopfer dargebracht wurden, wie man dies von verschiedenen Hochkulturen wie etwa den Azteken kennt.

Trotz der großen Distanz zu den Pyramidenzentren in Mittelamerika, wo das gleiche blutrünstige Ritual über lange Zeit praktiziert wurde, besitzt der „Monks Mound“ mit seinen Bauformen Plaza und Pyramide eindeutig eine mexikanische Anmutung.[2] Was einmal mehr beweist, dass die alten Kulturen rege Kontakte untereinander pflegten.

Im Trüben fischen

Etwas Ähnliches wie diese Mounds gibt es auch im westlichen Europa. Der Silbury Hill ist ein massiver künstlicher Hügel unweit der megalithischen Kultstätten von Avebury, in der Grafschaft Wiltshire (England). Er ist gut 40 Meter hoch und oben flach wie die Pyramiden der chinesischen Provinz Shaanxi. An der Basis besitzt er einen Umfang von etwa 500 Metern und bedeckt dabei eine Fläche von mehr als zwei Hektar. Man hat errechnet, dass zum Bau der Erdpyramide an die 340.000 Kubikmeter Erde sowie Kreidegestein bewegt wurden. Den Baubeginn des in drei Phasen aufgeschütteten Monuments datierte man um das Jahr 2600 v.Chr.[2]

Um Silbury Hill ranken sich Sagen und Überlieferungen in großer Zahl. Welchem Zweck jedoch das Bauwerk diente, an dem heute die in Richtung Bristol westwärts führende Überlandstraße vorbeiführt, ist nicht bekannt. Was indes rings um Silbury Hill immer wieder auftaucht, das sind Kornkreise.[87] Jene unvermittelt des nachts in Kornfeldern auftauchenden Piktogramme, deren Entstehung bis auf den heutigen Tag – sieht man einmal von offensichtlichen Fälschungen ab – nicht geklärt ist. Doch zurück nach Nordamerika – und damit zu einer Reihe mysteriöser Pyramiden, die am Grunde eines Binnensees zu finden sind. Um sie aufzustöbern, bedurfte es buchstäblich, „im Trüben zu fischen."

Der Rock Lake ist ein kleiner, gerade einmal fünf Kilometer langer See, 34 Kilometer östlich von Madison, der Hauptstadt des Staates Wisconsin. Am Ufer dieses Gewässers stieß im Jahre 1836 ein gewisser Nathaniel Hyer auf eine Pyramide. Er gab ihr den Namen Atzalan, nach einer legendären Stadt der Azteken. Im ausgehenden 20. Jahrhundert führten Datierungen zu dem Schluss, dass das Bauwerk um 1000 n.Chr. errichtet wurde.

Das eigentliche Mysterium des Rock Lake jedoch liegt unter Wasser, und dürfte auch weit älteren Datums sein. Es handelt sich nämlich um eine Reihe von Pyramiden und weiterer Steinkonstruktionen, die auf dem Grund des Sees stehen.

Um die Wende vom 19. zum 20. Jahrhundert herrschte in jener Region eine anhaltende Trockenperiode, welche zu einem starken Absinken des Wasserspiegels führte. In dieser Zeit entdeckten die Brüder Claude und Lee Wilson aus dem nahegelegenen Städtchen Lake Mills bei einer Bootspartie steinerne Strukturen auf dem Seeboden unter sich. Als sie von ihrer Entdeckung berichteten, herrschte für kurze Zeit große Aufregung, die sich aber rasch wieder legte.

Im Frühjahr 1936 machten diese Unterwasserbauten erneut von sich reden. Dieses Mal war sogar von vier Pyramiden am Grunde des Sees die Rede. Und man spekulierte darüber, ob sie von einheimischen Indianern oder von den Azteken gebaut worden seien.

Man plante erstmals, Taucher auf den Grund des Rock Lake zu schicken, und die Pyramiden auf eventuelle Inschriften hin zu untersuchen. Damit erhoffte man Hinweise auf das Alter dieser Artefakte zu bekommen. Sobald geeignete Witterungsbedingungen es erlaubten, sollte es sofort losgehen. Diese ließen jedoch auf sich warten, was dazu führte, dass man die Pläne wieder fallen ließ. Wie bereits an der Schwelle zum 20. Jahrhundert gerieten die ominösen Gemäuer ein weiteres Mal rasch in Vergessenheit.[88]

An die Oberfläche gebracht

Gewissermaßen im Verborgenen, und ohne dass die Bevölkerung davon Kenntnis bekam, begann ein Jahr später der Tieftauchspezialist Max Gene Nohl mit seiner eigenen Suche. Nohl war 1937 mit einem kleinen Boot den See abgefahren und hatte dabei eine ebenso einfache wie wirkungsvolle Suchvorrichtung hinterhergeschleppt: Einen Eisenstab, der an einem langen Seil hing. Max Nohl konnte damit tatsächlich ein größeres Objekt am Boden des Rock Lake ausmachen, und im Anschluss mehrmals danach tauchen. Dabei stieß er auf eine kleine Pyramide, die er akribisch und zentimetergenau vermessen konnte. Was der Taucher dort unten fand, beschrieb er wie folgt:

„Sie hat die Gestalt eines gekappten Kegels; oben befindet sich eine kleine quadratische Plattform von 1,4 Metern Kantenlänge. Die Kantenlänge am Boden beträgt 5,43 Meter, deren Höhe 8,83 Meter. Offenbar besteht die ganze Konstruktion aus glatten und in Mörtel gesetzten Steinen. Sie ist weitgehend von einem grünlichen Schaum überzogen, der sich aber leicht wegkratzen lässt. Zum Teil treten die Steine offen zutage.“[89]

Niemand außer Max Gene Nohl selbst schien sich für die Erkenntnisse zu interessieren, die er am Grunde des Sees gewonnen hatte. Und so gingen wieder 30 Jahre ins Land, bis sich ein weiteres Mal Taucher in die trüben Fluten begaben. Am 30. Juli 1967 suchten insgesamt sieben Männer den Rock Lake ab, doch zunächst einmal ohne Erfolg. Denn bereits zehn Meter unter der Wasseroberfläche wurde es empfindlich kalt, und man konnte kaum mehr die eigene Hand vor den Augen sehen. So gaben alle Taucher, bis auf einen einzigen, auf. Einzig der Tauchlehrer John Kennedy blieb unten in dieser unwirtlichen Schlammlandschaft, obwohl er zu dem Zeitpunkt gerade noch für fünf Minuten Sauerstoff in seinen Flaschen hatte.

Plötzlich zeichnete sich vor ihm eine geradlinige, offenbar künstlich geschaffene Struktur ab. Es war eine Art rechteckiger Plattform von sechs mal zwölf Metern Seitenlänge, die nur noch eineinhalb Meter aus dem Boden ragte. Wie tief sie tatsächlich nach unten reichte, konnte der Taucher nicht erkennen. Kennedy löste noch drei Steine aus der Plattform, und mit dem letzten Rest Sauerstoff erreichte er die Wasseroberfläche. Doch keiner glaubte ihm, was er da berichtete. Seine Kollegen argwöhnten, dass er schon von der „Taucherkrankheit" benebelt gewesen sei, und taten die von ihm mitgebrachten Steine als natürlichen Ursprungs ab.

John Kennedy aber ließ sich nicht beirren und setzte seine Tauchgänge fort. Dabei gelang es ihm, mit der Unterwasserkamera Farbaufnahmen der Pyramide zu machen. Doch aufgrund des trüben Wassers konnte man leider nur wenig darauf erkennen.[88]

Jenseits aller Zweifel

Die Existenz von Unterwasserpyramiden im Rock Lake stellten Archäologen des Milwaukee Museum sogar komplett in Frage. Sie behaupteten, nach vier Tagen gründlichster Suche nicht die geringste Spur von den ominösen Bauten gefunden zu haben: „Wir haben eine Menge Zeit aufgewendet. Aber ich kann nur sagen, es gibt keine Spur von Pyramiden, wo wir gesucht haben."[88]

Die Altertumsforscher des Milwaukee Museum sollten indessen nicht Recht behalten. Bereits 1968, im selben Jahr da die Tauchergruppe angeblich nichts fand, wagte sich ein weiteres Team um den Forscher Mike R. Kutska an einen neuen Versuch. Diesmal mit mehr Erfolg: Man fand eine Reihe künstlicher Strukturen am Grund. Ein Objekt ragte ungefähr fünf Meter aus dem bodenlosen Schlamm. Ein anderes Bauwerk war 20 Meter lang und an die zehn Meter breit. Die Taucherzeitschrift „Skin Diver" fand Kutskas Entdeckung eines Artikels wert:

„Die Pyramiden sind unglaublich. Es sollte sie nicht geben. Sie wären zu alt und an einem Ort, wo niemand sie hätte bauen können. Logischerweise dürften sie gar nicht existieren. Aber die Geschichte ist selten logisch. Logik hin oder her: Die Pyramiden vom Rock Lake tauchen oft genug aus der Versenkung auf, um die noch so logisch denkenden Erforscher der amerikanischen Vergangenheit in Verlegenheit zu bringen."[90]

Durch den Einsatz moderner Elektronik konnten die Pyramiden vom Rock Lake dann endlich dem Dunstkreis des Obskuren entrissen werden; ihre Existenz steht nun jenseits aller Zweifel. Im Jahre 1989 machte sich die Tauchergruppe „Sea Search" aus Muskegon (Michigan) mit einer Sonarausrüstung auf die Suche. Am Anfang war es für die Unterwasser-Spezialisten eine reichlich stumpfsinnige Angelegenheit, die ihre Aufmerksamkeit auf eine harte Probe stellte.

Durch die Sonar-Abtastung wurde zwar auf dem Bildschirm das trübe Wasser durchsichtig und die Dunkelheit etwas aufgehellt, aber die Männer starrten stundenlang auf eine öde, wellig-hügelige Schlammlandschaft. Es war eine fast nicht lösbare Aufgabe, den Grund des Sees systematisch abzusuchen, und es gleichzeitig dabei nicht an der nötigen Aufmerksamkeit fehlen zu lassen.

Und dann tauchten doch noch, deutlich erkennbar zwei rechtwinklige und scharfkantige Konstruktionen auf, welche 17 Meter tief in der Mitte des Sees lagen. Einer der Taucher jener „Sea Search Expedition", John Shulak, merkte hierzu an: „Seit sechs Jahren schon beschäftigte ich mich mit dem Rock Lake. Und dann wurde Sonar-Elektronik eingesetzt, und eine Pyramide nach der anderen gefunden. Besonders beeindruckend empfinde ich zwei Bauten in der Mitte des Sees. Eine hiervon ist fast vier Meter breit, an die 30 Meter lang und ragt acht Fuß (2,40 Meter) aus dem schlammigen Boden. Das Bauwerk besteht aus Steinen von unterschiedlicher Größe, wobei die größeren unten und die kleineren oben eingesetzt wurden. Weite Teile der Konstruktion sind wie zementiert, als hätten die Erbauer die Steine ganz sorgfältig aufeinander gefügt und mit einer Art Zement verbunden."[88]

Nur wenige Meter entfernt befindet sich die zweite Pyramide. Sie ist den Angaben Shulaks zufolge beinahe gleich breit, aber kürzer und in ihrem Neigungswinkel deutlich steiler ansteigend. Beide Bauten sollen zudem exakt in Nord-Süd-Richtung ausgerichtet sein.[91]

Man spricht seither von einer größeren Pyramide sowie neun kleineren Bauwerken. Wie groß diese Unterwasserbauten tatsächlich sind, ist noch immer nicht bekannt. Denn von ihrer gesamten Höhe steckt ein großer Teil in einer dicken Schlammschicht, die den Grund des Rock Lake auf seiner ganzen Länge bedeckt.

Für Dr. James Scherz, einem Ingenieur an der Madison University in Wisconsin, stellten die Pyramiden einen phantastischen Fund dar. Aus der Tatsache, dass die größte der Unterwasserbauten exakt nach Norden hin ausgerichtet ist, schloss Scherz dass von dort aus astronomische Beobachtungen getätigt wurden. Mit anderen Worten: Das Ganze war ein richtiges Observatorium, das schon vor vielen Jahrtausenden existierte.

Auch wenn noch immer gerätselt wird, wann diese Bauten errichtet wurden, ist eines klar: Die Pyramiden müssen wirklich sehr alt sein. Das Alter des Rock Lake wird auf ungefähr 10.000 Jahre geschätzt. Somit fiele dies mit dem Ende der letzten Eiszeit zusammen, als sich der Wisconsin-Gletscher immer weiter zurückzog, und mit seinem Schmelzwasser genau jene Mulde füllte, die heute als Rock Lake bezeichnet wird. Dies aber würde bedeuten, dass die Pyramiden auf dem schlammigen Grund des Sees wenigstens genauso alt sind. Dass sie damit wieder einmal unser traditionelles Geschichtsbild sprengen, ist schon beinahe überflüssig zu erwähnen.[88]

Zu tief, um wahr zu sein?

Die Strukturen vom Grund des kleinen Binnengewässers im US-Bundesstaat Wisconsin konnten letztlich dem Reich der Spekulationen entrissen werden. Deutlich skeptischer dagegen sehe ich ein weiteres Unterwasserobjekt, das im Bereich der Karibik auf dem Meeresboden stehen soll. Südlich der Küste von Florida und etwa 40 Kilometer nördlich von Kuba, soll sich in einer Tiefe von 330 Metern eine pyramidenähnliche Struktur am Meeresgrunde erheben. Diese habe eine so regelmäßige Form, dass sie wie von Menschenhand errichtet scheint. Radarmessungen zufolge sei sie ungefähr 130 Meter hoch und hätte damit annähernd die heutige Höhe der Cheops-Pyramide. Diese gewaltige Steinstruktur, die manche Beobachter als eine Pyramide einer vergangenen Kultur ansehen, wurde bereits in den 1970er Jahren ganz zufällig von dem Fischer John Henry entdeckt.

Mit dem Sonargerät an Bord war er auf der Suche nach Fischschwärmen. Die angebliche Unterwasserpyramide liegt nicht auf der flachen Bahama-Platte, sondern auf dem Meeresboden in der Nähe des zu den Bahamas gehörenden Eilandes Cay Sal. Dort fällt der Boden steil zum Nicholas Channel hin ab.

Die Sonarmessungen ergaben, dass sich selbst die Spitze des Objektes noch mehrere hundert Meter unter der Wasseroberfläche befindet. Auch in diesem Fall wäre die Bezeichnung „Spitze" ein wenig verfehlt, da die Form der Struktur eher an die an ihrer Oberseite flachen Pyramiden Mittelamerikas erinnert.[92]

Haben wir es hier tatsächlich mit einer künstlich errichteten Pyramide zu tun? Ich neige hier, ehrlich gesagt, viel eher zu einer gegenteiligen Ansicht. Der Meeresspiegel mag weltweit seit der letzten Eisschmelze beträchtlich angestiegen sein – jedoch auf keinen Fall um mehrere hundert Meter. Anders würde es sich verhalten, wenn durch irgendwelche tektonischen Umwälzungen in dem Gebiet – wie zum Beispiel Erdbeben – der ganze Landstrich so stark abgesunken wäre. Dann aber hätten die dabei auftretenden Kräfte das hypothetische Bauwerk nicht so unbeschadet hinterlassen, wie es auf den Sonaraufnahmen den Anschein hat.

Angeblich ließen Unterwasseraufnahmen, die man mit ferngesteuerten Kameras machte, rätselhafte, blinkende Lichtkugeln an der Basis dieser Struktur erkennen.[92] Doch halte ich in diesem Fall gesunde Skepsis für angebracht. Wenngleich man auch nicht mit letzter Sicherheit die Möglichkeit ausschließen kann, dass sich tief unter dem Wasser der Karibischen See die Überreste einer uns unbekannten, lange verschwundenen Kultur verbergen.

„Der Ort, an dem man zum Gott wird"

Nicht den geringsten Zweifel, ob es sich um Pyramiden oder etwas anderes handelt, gibt es indes beim südlichen Nachbarn der Vereinigten Staaten, Mexiko. Die Anzahl der dort gefundenen Pyramiden ist schier gewaltig; etliche harren noch immer ihrer Entdeckung. Da stehen aber auch faszinierende Stätten, weit bevor der „Istmo de Tehuantepec" den Übergang vom trockenen Norden hin zur subtropischen Halbinsel Yucatan markiert. Im Folgekapitel stelle ich die spektakulärsten Funde dieser vom Regenwald geprägten Region vor.

Vorher möchte ich eine Pyramidenstadt im zentralen Hochland Mexikos vorstellen, die einsam aus der Menge hervorsticht. Man fand nämlich heraus, dass in dieser ein unglaublich hohes astronomisches Wissen in Stein verewigt wurde.

Es sind gut 40 Kilometer, die man von der Hauptstadt Mexikos aus, jenem Moloch mit seinem nie enden wollenden Verkehrschaos, in Richtung Nordosten fahren muss. Eine bereits vor Jahrzehnten gebaute Autobahn endet bei dem Städtchen Otumba, vor dessen Toren sich die archäologische Zone von Teotihuacan erstreckt. Ungelogen ein Ort, der seinesgleichen sucht.

Als im Juli 1520 der Spanier Hernando Cortez (1485–1547) – in die Geschichte ging er als skrupelloser, blutrünstiger und goldgieriger Eroberer Mexikos ein – mit ein paar verbliebenen Soldaten den ersten Sturm auf die Azteken-Hauptstadt Tenochtitlan aufgeben musste, floh er Hals über Kopf nach Otumba. Etwas außerhalb des Ortes dürften dem glücklosen Konquistador seltsame gleichmäßig geformte Hügel ins Auge gefallen sein. Womöglich ritt er sogar zwischen den Erhebungen durch, ohne zu ahnen, an welch geheimnisvollem Platz er sich befand. Die Azteken wussten Bescheid, doch sie verschwiegen es ihm, der gerade eine herbe Niederlage von ihren Kriegern einstecken musste. In dem Moment hatte er auch ganz andere Probleme, denn er musste sich vor seinen Verfolgern retten, die ihm im Nacken saßen.

Die Azteken nannten das überwucherte Areal téotihuacan. Was so viel heißt wie „der Ort, an dem man zum Gott wird". Wie die Stätte ursprünglich hieß, weiß bis heute jedoch kein Mensch zu sagen. Niemand weiß, wer die Erbauer und Bewohner Teotihuacans waren. Ebenso wenig, woher sie kamen, wohin sie gingen und in welcher Sprache sie miteinander gesprochen haben.

In jedem Fall aber gilt diese Stätte als älteste Zivilisation auf der zentralen mexikanischen Hochebene, und als eine Stadt, die keine Vorgängerin hatte. Sie war ganz plötzlich vorhanden. Deshalb schrieb die französische Archäologin Laurette Séjourné über die rätselumwobene Metropole:

„Die Ursprünge dieser Hochkultur stellen mithin das größte und unzugänglichste aller Geheimnisse dar. Wenn es schon recht schwer fällt, anzunehmen, dass Kulturmerkmale (...) bereits im Anfang ihre definitive Prägung gefunden haben sollen, dann ist es noch viel schwerer, sich vorzustellen, dass der zugehörige Komplex geistiger Voraussetzungen dann plötzlich vollständig ausgebildet einfach vorhanden gewesen sei. Wir besitzen keinerlei materielle Zeugnisse für einen dermaßen erstaunlichen Entwicklungsprozess."[93]

Geheimtunnel unter der Sonnenpyramide

Die Geschichte Teotihuacans reicht weit zurück in die unergründlichen Tiefen der Vergangenheit. Darüber hinaus lehrt uns ihre fulminante Erhabenheit grenzenloses Staunen. Zu ihrer Blütezeit betrug die Ausdehnung der Stadt etwa 25 Quadratkilometer. Ihre Einwohnerschaft zu jener Zeit schätzt man auf 200.000 Seelen. Kernstück der städtischen Infrastruktur ist die von Nord nach Süd verlaufende Prunkstraße „Camino de los Muertos" – „Straße der Toten". Von den Archäologen der Neuzeit wurde ihr dieser Name willkürlich gegeben; kein Mensch weiß zu sagen wie sie einstmals wirklich hieß. Drei Kilometer lang und durchschnittlich 40 Meter breit, flankieren zahlreiche kleinere Pyramiden und Tempelplattformen die Prachtstraße zu beiden Seiten. Ein phantastischer architektonischer Kunstgriff der unbekannten Erbauer führte dort zu einer optischen Täuschung, die ihresgleichen sucht.

In nördlicher Richtung weist besagte „Camino de los Muertos" eine Steigung von 30 Metern auf. Daher bekommt der Betrachter, der sich von Süden her nähert, den Eindruck, als steige die Straße als eine endlose Treppe gen Himmel, bis sie an ihrem Ende mit der Mondpyramide verschmilzt. Umgekehrt jedoch verschwindet die gesamte Terrassierung, wenn man – auf der oben abgeflachten Mondpyramide sitzend – in südliche Richtung blickt. Wer sich diesen „Trick" ausgedacht hat, der musste über ein phänomenales Know-how über Architektur und Geometrie verfügt haben!

Von der Mondpyramide am nördlichen Ende der „Camino de los Muertos“ aus gesehen, befindet sich linkerhand das gewaltigste Bauwerk Mesoamerikas: Die Sonnenpyramide. Mit 222 mal 225 Metern Seitenlänge besitzt sie einen beinahe quadratischen Grundriss. Obwohl sie mit 63 Metern Höhe die Mondpyramide um gut 19 Meter überragt, gewinnt der Betrachter beim Blick von Letzterer den Eindruck, als wären beide Bauwerke exakt gleich hoch. Der eben erwähnte Niveauunterschied von Süd nach Nord zeichnet auch für diese optische Täuschung verantwortlich.

Ihrer Grundfläche von 49.950 Quadratmetern – das sind beinahe fünf Hektar – verdankt die Sonnenpyramide von Teotihuacan, dass sie deutlich wuchtiger wirkt als die Cheops-Pyramide in Gizeh. Und eine in Stufen errichtete Pyramide, die ich im Herbst 1994 unweit der chinesischen Stadt Xianyang fotografierte, besitzt einige optische Anklänge an das großartige mexikanische Monument (s. auch Kap. 4). Im Untergrund der Sonnenpyramide haben ihre bis heute unbekannten Erbauer ein ebenso rätselhaftes wie staunenswertes „Innenleben“ hinterlassen, von dem man bis vor ein paar Jahren nichts gewusst hatte.

Erst im Jahre 2014 entdeckten Archäologen einen bislang geheimen Tunnel, der mit einer Länge von 138 Metern gut 18 Meter tief unter die Erde führt. Die Decke dieses Ganges erinnert an einen „künstlichen Himmel“, denn sie besteht aus Myriaden von glitzernden Steinen.

Im Tunnel selbst wie auch in mehreren daran grenzenden Räumen fanden die Forscher an die 50.000 Objekte, die sie als Opfergaben ansehen. Darunter lebensgroße Statuen, Weihrauchbehälter, Muscheln aus der Karibik und Unmengen von Edelsteinen. Der Ausgrabungsleiter vor Ort, Sergio Gomez, vermutete, dass der Tunnel für die Menschen von Teotihuacan so etwas wie den „Eingang in die Unterwelt“ symbolisiert hätte.[94]

Kosmische Dimensionen

Ungleich spektakulärer mutet an, was „Götterforscher" Erich von Däniken dank seiner guten Kontakte zu einigen mexikanischen Archäologen in Erfahrung bringen konnte. Die setzten ihn in Kenntnis, dass es in der unterirdischen Anlage zwei Türen gäbe, die mit gewaltigen Granitblöcken verschlossen sind.[94] Muss man auf ein ähnlich perfides Täuschungsmanöver gefasst sein, wie dies im Jahr 2002 bei der medienwirksamen „Öffnung" eines Ganges in der Cheops-Pyramide der Fall war?

Die zahllosen Rätsel, die die Pyramiden von Teotihuacan umgeben, erhielten bereits vor Jahrzehnten eine wahre „kosmische Dimension". Denn die Stadt unbekannten Alters ist nichts anderes als ein akkurates, in Stein verewigtes Modell unseres Sonnensystems! Behaupten zumindest einige jener unverbesserlichen „Querdenker", für die unsere Geschichte vollkommen anders abgelaufen sei, als es uns die Historiker weismachen.

Weit gefehlt! Denn der Anstoß zu dieser provokanten Folgerung stammt aus einer ganz anderen Ecke. Es waren nämlich zwei Forscher aus den USA, Hugh Harleston und Peter Tompkins, die auf nachgerade weltbildstürzende Zusammenhänge zwischen den Pyramidenentlang der „Camino" und den Planeten unseres Sonnensystems hinwiesen. Wie kamen die beiden zu solchen ketzerischen Behauptungen?

In der Hoffnung, jene Maßeinheit herauszufinden, die der Anlage zugrunde lag, vermaßen die beiden das gesamte Areal von vorne bis hinten. Es war ihnen bewusst, dass jegliche Planung ohne einheitliches Maß zu allen Zeiten undenkbar war. Nach längerem Messen und Vergleichen war die Maßeinheit endlich gefunden. Tompkins und Harleston ermittelten den Wert mit exakt 1,059 Metern und bedachten sie mit dem Namen „hunab". In der Maya-Sprache heißt dies so viel wie „Einheit". Damit war auch der „Schlüssel" zum Stadtplan gefunden, denn ganz Teotihuacan ließ sich in dieser

Maßeinheit aufmessen. Doch als dies geschehen war, setzte es einen gewaltigen Schock.

Als Harleston nämlich die Ergebnisse der Messungen dem Computer eingab, vermeinte er, seinen Augen nicht mehr zu trauen. Denn etliche der Pyramidenstümpfe wie auch die Plattform der „Zitadelle“ mit dem Tempel des Quetzalcoatl sowie andere Gebäude an der „Camino de los Muertos“ markierten die durchschnittlichen Umlaufbahnen der inneren Planeten Merkur, Venus, Erde und Mars. Vom selben Fixpunkt aus – dem Anfang der Prachtstraße – stehen die Bauwerke für den Merkur mit 36, für die Venus mit 72 sowie für den Mars mit 144 hunab exakt positioniert. Für unsere Erde sind es 96 hunab. Auch der Asteroidengürtel fehlt nicht. Das ist jene Ansammlung von Steinbrocken von Fußballgröße bis hin zu einige hundert Kilometer großen Himmelskörpern, deren Anzahl mit mehr als 750.000 ermittelt wurde.[95] Diese Kleinstplaneten umkreisen die Sonne zwischen den Bahnen von Mars und Jupiter; ihr Platzhalter liegt bei 288 hunab. Um dies zu ermöglichen, legten die unbekannten Erbauer der Stadt für den San-Juan-Bach, der diese unterquert, sogar einen künstlichen Kanal an.[96]

Von Anbeginn eingeplant

Weil es in natura nicht so passte, wie es sollte, hatte man es einfach passend gemacht. Und es geht so weiter. Ruinen einer früher dort stehenden Pyramide markieren bei 520 hunab den Riesenplaneten Jupiter, das Bauwerk für den Saturn stand bei 945 hunab, bis es in jüngerer Zeit den Planierungsarbeiten für eine Teerdecke zum Opfer fiel. Die bereits erwähnte Mondpyramide am Ende der „Camino de los Muertos“ belegt die Bahndaten des Planeten Uranus bei 1845 hunab. Was ist jedoch mit den sonnenfernsten Planeten am Rande unseres Systems? Wurden auch sie in das unglaubliche Ensemble mit einbezogen?

Auch sie wurden bei der Anlage nicht übergangen. Setzt sich doch die „Straße der Toten“ in einer gedachten Linie weit über die Mondpyramide hinaus in der bergigen Umgebung fort. Es ist faszinierend: Bei 2.880 hunab befindet sich auf einem Berghang der Rest eines mittlerweile halb verfallenen Tempels. Der steht für den Planeten Neptun. Und noch weiter in den Bergen, bei 3.780 hunab Entfernung vom Anfangspunkt der Camino, steht ein hermetischer Turm ohne Eingänge und Fenster.

Mit diesem Turm wurde auch der vor wenigen Jahren zum Kleinplaneten degradierte, sonnenfernste Planet Pluto – selbiger wurde erst anno 1930 von dem US-amerikanischen Astronomen Dr. Clyde Tombaugh (1906–1996) entdeckt – von Anbeginn eingeplant in dieses phantastische Gesamtwerk[96], welches der Pyramidenstadt zu kosmischen Dimensionen verhilft. Man erkennt darin Botschaften eines exakten Wissens, die einen den letzten Glauben an bloße „Zufälle“ verlieren lassen.

Auf eine dieser Botschaften stieß ich ganz zufällig an meinem häuslichen Arbeitstisch. Da kam mir die Idee, die in der Maßeinheit hunab ausgedrückten Zahlenwerte jener Distanzen, welche die steinernen Platzhalter der Planeten vom Anfangspunkt der „Camino“ messen, mit einer heutzutage in der Astronomie alltäglich gewordenen Maßeinheit zu vergleichen.

Unglaubliche Übereinstimmungen

Besagte Maßeinheit ist international anerkannt und wird als „Astronomische Einheit“ (abgekürzt AE) bezeichnet. Ihr Zahlenwert ist mit 149,60 Millionen Kilometern festgelegt, was genau der Durchschnittsentfernung unserer Erde von der Sonne entspricht. Durchschnittlich aus dem Grunde, da sich sämtliche Planeten in unserem Sonnensystem nicht auf einer kreisförmigen, sondern auf einer elliptischen Bahn um das Zentralgestirn bewegen, und der mittlere Wert aus der sonnennächsten und der sonnenfernsten Position errechnet wird. Nun will ich es jedoch nicht mehr unnötig spannend machen.

Ich stieß auf unglaubliche Übereinstimmungen. Denn die Zahlenwerte des Abstandes der jeweiligen Bauwerke, ausgedrückt in hunab, korrespondieren so genau mit den heutzutage in Astronomischen Einheiten definierten Distanzen, dass Zufälle absolut ausgeschlossen werden können.

Alles klar? Ich will dies mit ein paar Beispielen in exakte Zahlen „übersetzen". Unser sonnennächster „Nachbar" Venus ist im Durchschnitt 108,2 Millionen Kilometer von der Sonne entfernt, was ziemlich genau 0,72 Astronomischen Einheiten entspricht. Jenes Bauwerk, das für die Venus steht, liegt vom Anfangspunkt der „Camino de los Muertos" exakt 72 hunab entfernt.

Der größte Planet in unserem Sonnensystem, der Gasriese Jupiter, umkreist die Sonne in einer durchschnittlichen Entfernung von 780 Millionen Kilometern – oder eben 5,20 Astronomischen Einheiten. Kann man wirklich noch von Zufall sprechen, dass jenes Bauwerk am Rande der „Camino de los Muertos", das als Platzhalter für den riesigen Planeten steht, genau 520 hunab von ihrem Anfangspunkt entfernt ist?

Bei den Hunderttausenden von Asteroiden, die zwischen den Bahnen von Mars und Jupiter die Sonne umkreisen, beträgt die durchschnittliche Entfernung 420 Millionen Kilometer, in etwa 2,80 AE. Und jener Bach, der gezielt umgeleitet wurde, um an passender Stelle den Platz für die Kleinplaneten zu besetzen, fließt 288 hunab vom Anfang der „Straße der Toten".

Der mit den charakteristischen Ringen versehene Saturn, dessen Orbit um die Sonne durchschnittlich 1.428.000.000 Kilometer von ihr entfernt verläuft, ist im Schnitt sogar 9,50 Astronomische Einheiten entfernt. Wo befindet sich dessen steingewordener Platzhalter? Von diesem aus sind es exakte 945 hunab zum Ausgangspunkt jenes vorzeitlichen „Planetenweges“, dessen unbequeme Existenz nicht länger in das Bild passt, welches uns die klassische Altertumsforschung noch immer vermittelt.[97]

Wer jetzt glaubt, ich hätte die Zahlen mit ein paar schrägen Taschenspielertricks zurechtgebogen, der kann mit Hilfe eines besseren Lexikons und eines Taschenrechners das Ganze problemlos selbst durchrechnen. Und wer sich die mühsame Rechenarbeit ersparen möchte, für den habe ich die komplette Tabelle im unteren Teil dieser Seite aufgeführt. Den viel zu häufig strapazierten Zufall können wir in diesem Fall guten Gewissens außen vor lassen. Vielmehr muss die Frage in den Vordergrund rücken, welche fortgeschrittenen und aller Wahrscheinlichkeit nach nicht von dieser Welt stammenden Intelligenzen die Menschen einer so lange vergangenen Epoche dazu brachten, ein derart maßstabsgetreues Abbild unseres Sonnensystems zu bauen.

Planeten und deren mittlere Entfernung von der Sonne (in Millionen Kilometern)		**In Astronomischen Einheiten (AE)**	**„Hunab“ in Teotihuacan**
Merkur	**57,9**	**0,39**	**36**
Venus	**108,2**	**0,72**	**72**
Erde	**149,5**	**1,00**	**96**
Mars	**228**	**1,52**	**144**
Asteroiden	**420**	**2,80**	**288**
Jupiter	**780**	**5,20**	**520**
Saturn	**1428**	**9,50**	**945**
Uranus	**2730-3000**	**18-20**	**1845**
Neptun	**4500**	**30,00**	**2880**
Pluto	**4500-7000**	**30-50**	**3780**

High-Tech unter der Sonnenpyramide

Als wäre diese vom archäologischen Mainstream vorzugsweise übergangene Tatsache, dass die Pyramidenstadt Teotihuacan ein Abbild unseres Sonnensystems darstellt, nicht schon beachtlich genug: Ein ebenso spektakuläres Rätsel dieser geschichtslosen Metropole wird unter massiven, mit schweren Vorhängeschlössern gesicherten Stahlplatten vor neugierigen Blicken verborgen. An einigen Stellen rund um die Sonnenpyramide, aber auch darunter, existieren unterirdische Kammern, die mit dicken, großflächigen Schichten aus Glimmer isoliert sind. Um genauer zu sein, aus Muskowit, der früher auch „Glas aus Moskau" genannt wurde, weil das Mineral dort als Ersatz für Fensterglas beliebt war.

Muskowit ist ein in tafeligen Kristallen, die man blätterig spalten kann, auftretendes Mineral. Es besitzt vielfältige Eigenschaften, die ihm in unserer modernen Technik unermessliche Einsatzmöglichkeiten eröffnen. Glimmer rostet nicht. Er widersteht anstandslos Säuren und Lösungsmitteln. Bei einer gleichzeitigen Zugfestigkeit ist er hochelastisch. Temperaturen bis zu 800 Grad Celsius wie auch plötzliche Temperaturschwankungen machen ihm nichts aus. Und weil er durchsichtig ist, macht ihn das geradezu ideal zur Verwendung als Fenster für Hochöfen.

Seine hervorragendste Eigenschaft aber ist die enorme Isolierfähigkeit gegenüber Elektrizität. Muskowit ist kriechstrom- und lichtbogenfest und widersteht plötzlichen Entladungen, deshalb wird er nach wie vor zur Isolation von hoch beanspruchten elektrischen Geräten benutzt. Auch in der modernen Computertechnik findet er Verwendung, und gemahlen zu Pulver als Beimischung zu verschiedenen Spezialglasarten.[98] Wie man sieht, ein geradezu grenzenlos einsetzbares Material.

Zurück nach Teotihuacan, das ich bislang drei Mal besuchte. Bei meiner ersten Reise nach Mexiko 1991 hatte ich bereits vor den Eisenverschlägen ausgeharrt, musste jedoch unverrichteter Dinge wieder gehen. Im August 1993 war ich gemeinsam mit Erich von Däniken dort. Der setzte alle Hebel in Bewegung, um einen der vielen Wächter zur Öffnung eines Vorschlages zu überreden. Die besagten Stahlplatten sind übrigens nicht zu verfehlen. An der Seite einer Pyramide steht ein Hinweisschild mit dem Wort „mica" (Spanisch für „Glimmer") und weist den rechten Weg. Den örtlichen Archäologen ist die ganze Sache offenbar recht peinlich; am liebsten würden sie den Fund wohl verschweigen. Erich von Däniken schaffte es schließlich, einen Wärter mit dem passenden Schlüssel zu finden, der den Verschlag öffnete. Als die schwere Stahlplatte nach oben schwenkte, mussten wir uns fast abwenden, so grell leuchteten die Glimmerschichten in der Mittagssonne. Auch bei einem weiteren Besuch im Oktober 2005 war mir der Blick auf eine der Glimmerkammern zugedacht.

Wer immer diese Abschirmungen vor langer Zeit angelegt hat, musste sich etwas dabei gedacht haben. Und sich gut auf diesem unseren Planeten ausgekannt. Denn in Mexiko sucht man das Wundermineral vergebens. Man findet Muskowit überwiegend gemeinsam mit Granit, den er in ausgeprägten Adern durchzieht. Die bedeutendsten Vorkommen entdeckte man in Madagaskar, Südafrika und Indien sowie in Brasilien und den USA. Von dort aus musste es irgendjemand nach Teotihuacan gebracht haben, was allein schon der These der voneinander isolierten frühen Kulturen widerspricht. Der bereits mehrfach zitierte Thor Heyerdahl hätte ganz sicher schärfsten Widerspruch eingelegt.[5]

Die dicken Schichten aus Glimmer müssen eindeutig zu Schutzzwecken eingezogen worden sein. Was aber wollte man dort schützen? Ein Fund, den man im Untergrund des größten Bauwerkes gemacht hat, könnte uns Aufschluss geben.

Unter den Glimmerschichten führen zwei Röhren zu einer Kammer, die genau unter der Sonnenpyramide liegt. Wurde an diesem „Ort, an dem man zum Gott wird", mit High-Tech gearbeitet, von der wir nur träumen können? Die fähig war, unglaublich hohe Temperaturen zu erzeugen, vor denen die unmittelbare Umgebung effektiv geschützt werden musste? Dann stellen die Schichten tatsächlich so etwas wie einen Hitzeschild dar. Zum Schutz für Mensch und Material, denn was einst unter der Sonnenpyramide gelagert wurde, war brandgefährlich. Und ist es womöglich auch noch heute.

Dies alles passt natürlich nicht im Geringsten zu der vorherrschenden Lehrmeinung, primitive Steinzeitmenschen wären die Erbauer Teotihuacans gewesen.[98] Das dürfte auch für die Pyramiden gelten, um die es im nachfolgenden Kapitel geht.

8. Amerika II: Regenwald und Mondlandschaft

Auf Pyramidenspuren von Mexiko bis Peru

Was haben eigentlich Oldtimer-Motorräder von Honda mit hochgiftigen Klapperschlangen gemeinsam? Wer sich jetzt verwundert die Augen reibt über diesen auf den ersten Blick abgefahrenen Vergleich: Es gibt da tatsächlich Gemeinsamkeiten. Beide funktionieren nicht so optimal, wenn ihre notwendige Betriebstemperatur noch nicht erreicht ist. Was mich im Fall meiner alten Honda CB 450 seligen Angedenkens vor vielen Jahren eine auslaßseitige Nockenwelle kostete, rettete mir an anderer Stelle sicher das Leben. Ich war nämlich im morgenfeuchten Gras über eine dort liegende Klapperschlange gestolpert. Wäre die in der Kühle des Morgens nicht in ihrer Bewegungsfähigkeit eingeschränkt gewesen, hätte sie ohne zu zögern sofort zugebissen.

Die zum Glück glimpflich ausgegangene Begegnung mit dem gefürchteten Reptil widerfuhr mir in Chichen Itza. Dies ist eine der bedeutendsten Ruinenstätten im Regenwald des mexikanischen Teiles der Halbinsel Yucatan. Sie liegt ungefähr 120 Kilometer östlich von Merida. Regelmäßig von Mexico City aus angeflogen, ist die Stadt ein beliebter Ausgangspunkt für den Besuch wichtiger Pyramidenstätten auf der Halbinsel. Die Klapperschlange hatte sich, in Erwartung auf die wärmenden Strahlen der Morgensonne, auf dem Grasboden des Ballspielplatzes niedergelassen. Dort hatten junge Maya-Krieger einst das mörderische Ballspiel „Tlachtli" aufgeführt.[99]

Die weitläufige Anlage hat natürlich noch weit mehr spektakuläre Bereiche zu bieten. Ein Tag vor Ort reicht kaum aus, um sich ein umfassendes Bild zu machen. Da wäre, als einer der in der Architektur der Mayas sehr seltenen Rundbauten, „El Caracol" zu nennen, mit einem wie eine Wendeltreppe ausgeführten Aufgang im Inneren. Dieser hochmodern anmutende Rundbau mit seiner Kuppel entpuppte sich denn auch als echtes astronomisches Observatorium. Die Nischen und Fensteröffnungen sind außerdem exakt nach den Sternen hin ausgerichtet.[100]

17 Sekunden, die unser Weltbild verändern sollten

Zur Zeit der Eroberung durch die Spanier war diese großartige Anlage bereits eine Ruinenstätte. Trotzdem wissen wir heute einiges über die Menschen, die dort lebten und wirkten. Sie waren zum Beispiel begnadete Astronomen, die ihren heutigen Kollegen mindestens ebenbürtig waren.

Ohne Zweifel kannten sie alle neun Planeten unseres Sonnensystems. Der aus der Schweiz stammende Maya-Forscher Rafael Girard – er lebte viele Jahre mitten unter den Indios – stellte in dessen Buch zutreffend fest: „Auf dem Gebiet der Mathematik, der Chronologie und der Astronomie waren die Mayas nicht nur allen amerikanischen Völkern, sondern auch sämtlichen Zivilisationen der 'Alten Welt' überlegen."[101]

Jede Nacht beobachteten die „Priester-Astronomen" den Sternenhimmel, von dem ihre „Götter" zur Erde hernieder kamen. Sie erstellten mit einer verblüffenden Genauigkeit, dies auch noch für Jahrhunderte im Voraus, Berechnungen für Sonnen- und Mondfinsternisse. Die Umlaufzeit der Venus um unser Zentralgestirn bestimmten sie mit 583,92 Tagen, was durch heutige Computerberechnungen auch bestätigt wurde.[63]

Größte Bewunderung sollte uns abringen, dass sie das Erdenjahr bereits bis auf zwei Zehntausendstel eines Tages bestimmt haben. Der Wert, auf den sie kamen, ergab eine Jahreslänge von 365,2420 Tagen. Unsere heutigen Astronomen vermochten es nicht viel besser – sie kamen auf eine Länge von 365,2422 Tagen. Bei dieser geradezu sensationellen Genauigkeit konnte ich nicht an mich halten, und habe das Ganze in absolute Zahlen umgerechnet. Ein Tag, in der kleinsten Zeiteinheit ausgedrückt, umfasst genau 86.400

Sekunden. Zwei Zehntausendstel hiervon sind gerade einmal 17,28 Sekunden, die dazu angetan sind, unser tradiertes Weltbild auf den Kopf zu stellen. Denn auf das ganze Jahr umgerechnet, sind diese 17 Sekunden buchstäblich nichts!

Ein Gott steigt vom Himmel

Das Zentrum der weitläufigen Anlage und unbestritten die herausragendste Baulichkeit ist die dem Gott Kukulkan geweihte Stufenpyramide. Sie ist 30 Meter hoch, und auf einer exakt quadratischen Grundfläche von 55,50 Metern Seitenlänge erbaut. Neun gleich hohe Plattformen erheben sich übereinander, auf deren oberster ein Tempel steht, dessen Eingang von zwei Säulen flankiert wird. Auf diesen dargestellt sind gefiederte Schlangen, das Sinnbild des Gottes, den die Mayas Kukulkan und die Tolteken Quetzalcoatl nannten.

Jede der vier leicht von den Haupthimmelsrichtungen abweichenden – warum dies so ist, erkläre ich gleich – Pyramidenseiten wird in der Mitte durch eine breite Treppe unterbrochen. Das untere Ende einer jeden Treppe schließen links und rechts je zwei steinerne Schlangenköpfe ab. An dem Punkt beginnen schon wieder die astronomischen und mathematischen Botschaften, welche die unbekannten Erbauer in dem Bauwerk verewigt haben.

Jede der vier Treppen verfügt über 91 Stufen. Zusammen mit dem Tempel auf der obersten Plattform ergibt dies 365, die (auf eine volle Zahl gerundete) Anzahl der Tage des Erdenjahres. Die Pyramide ist so angelegt, dass sich zum Frühjahrsbeginn am 21. März und zum Herbstanfang am 21. September ein beispielloses Schauspiel bietet. Unzählige Schaulustige, Indios wie auch Touristen, bevölkern an diesen Tagen jeden freien Fleck. Durch das raffinierte Zusammenwirken von Licht und Schatten wird ein Szenario erzeugt, bei dem die „gefiederte Schlange“ zuerst an der Pyramide herabkriecht und ein halbes Jahr später zurück in den Himmel entschwindet. Diese „himmlische Vorstellung“ läuft jedes Mal nach demselben Muster ab:

Ungefähr eineinhalb Stunden vor dem Sonnenuntergang am 21. März strahlt die Sonne auf die dem Westen zugeneigte Pyramidenseite. Sonnenstrahlen und Schatten greifen schlangenhaft zur nördlichen Pyramidenfläche hinüber. Je tiefer die Sonne sinkt, umso faszinierender wird das Schauspiel. Mit der sinkenden Sonne entstehen nämlich durch die Stufen der neun Plattformen am Rand der Treppe zunächst gleichschenklige Dreiecke aus Schatten. Es heißt, dass sie die neun Körperteile des Kukulkan symbolisieren. Daraufhin gehen die Dreiecke in ein Wellenband über, das so langsam, wie die Sonne sinkt, am Rande der Treppe hinunterkriecht, um dann eins mit einem der steinernen Schlangenköpfe zu werden.

Das Spektakel ist am 21. September bei Sonnenaufgang erneut zu beobachten. Diesmal in umgekehrter Abfolge und an der entgegengesetzten Pyramidenseite. Zuerst scheint der Kopf der gefiederten Schlange aus Licht und Schatten lebendig zu werden. Darauf kriechen dunkle, vom Licht der Sonne begrenzte Schattenlinien über den Schlangenkörper hinauf bis zur obersten Plattform. Oben am Kukulkan-Tempel hält das bewegte Spiel ganz kurz inne, um sich schließlich in Wohlgefallen aufzulösen.

Im gleißenden Hell der morgendlichen Sonne entschwindet die gefiederte Schlange wieder im Weltall. Der Gott, der hernieder gestiegen war, um sich eine Weile unter den Menschen zu zeigen, ist wieder in seine „himmlischen Gefilde“ zurückgekehrt.

Allen mythologischen Ausschmückungen zum Trotz: Das ganze Schauspiel ist eine Demonstration profunder Kenntnisse von Mathematik und Astronomie – im Dienste der „Götter“.[98] Der gebetsmühlenartig zitierte Zufall kann dabei seine Finger nicht im Spiel gehabt haben. Nur die geringste Verschiebung in den Maßen der Pyramide, und das Spektakel würde nie stattfinden. Die hierzu ausgetüftelten Pläne müssen schon vorgelegen haben, lang bevor noch der erste Stein des Bauwerkes gesetzt wurde. Doch wer waren die unbekannten Planer?

Zweimal gebaut, fünfmal gebaut

Mit großer Wahrscheinlichkeit konnte das beschriebene Szenario bereits bei der Vorläuferin der heutigen Kukulkan-Pyramide bewundert werden. Denn sie wurde am selben Ort zweimal gebaut: Über eine ältere, ursprünglich existierende Pyramide wurde ganz einfach die heutzutage sichtbare, „modernere“ gestülpt. Ein anschauliches Modell dieses gelungenen „Pyramiden-Recyclings“ kann man im Anthropologischen Museum der Hauptstadt bewundern. Doch muss es nicht bei der Theorie bleiben; mit etwas Glück kann man sogar beide Pyramiden auf einen Streich besichtigen.

An einer Seite der heutigen Pyramide, unscheinbar im Schatten der zentral angelegten Treppe, befindet sich eine kleine Stahltür, die üblicherweise verschlossen ist. Ich hatte das Glück, an einen Wächter zu geraten, der mir die Tür aufsperrte.

Im Schein seiner Taschenlampe stiegen wir in gebückter Haltung, den Kopf tief eingezogen, bei einer gefühlten Luftfeuchtigkeit von 200 Prozent auf der ursprünglichen Pyramide empor, bis wir genau unter dem heutigen Tempel standen. Trotz der Enge war es ein einzigartiges Abenteuer – für Menschen mit Platzangst aber ist es auf keinen Fall zu empfehlen.

Wurde die Pyramide in Chichen Itza zweimal gebaut, so waren es im etwa einhundert Kilometer Luftlinie entfernten Uxmal sogar fünf Bauphasen. Nur eine knappe Autostunde von Merida gelegen, ist das herausragendste Bauwerk in dieser Anlage die auf einer ovalen Grundfläche erbaute „Pyramide des Zauberers“. Insgesamt 38 Meter hoch und mit einer beängstigend steilen Treppe versehen, wurden hier über eine unbekannte Zeitspanne fünf Pyramiden ineinander verschachtelt.[2]

Auch die unmittelbare Umgebung dieses aus dem grünen Blätterdach des Waldes ragenden Bauwerks ist alles andere als uninteressant. Hinter der besagten „Pyramide des Zauberers" befindet sich ein großes rechteckiges Terrain, das auf einer Seite vom sogenannten „Haus der Nonnen" begrenzt wird. Wie bei vielen archäologischen Stätten ist auch diese Benennung vollkommen willkürlich. Denn über den tatsächlichen Zweck dieses Bauwerkes sagt der Name nicht das Geringste aus. In der Nähe steht noch ein weiteres Gebäude mit absolut sinnfreier Bezeichnung: Es ist der „Gouverneurspalast", der sich in neuerer Zeit als echtes astronomisches Observatorium entpuppte.[6]

Im Norden der Halbinsel von Yucatan, im mexikanischen Bundesstaat Quintana Roo, befindet sich die alte Mayastadt Coba. Biegt man auf der großen Überlandstraße, die von Merida in östlicher Richtung zur karibischen Küste führt, im Städtchen Chemax zur berühmten Küstenfestung Tulum ab, dann stößt man auf halbem Wege auf die Pyramidenstätte von Coba.

Ich hatte, im Zusammenhang mit runden Pyramiden im Aridane-Tal auf der Insel La Palma, schon kurz darauf hingewiesen: In der archäologischen Zone von Coba findet man eine Pyramide mit einem kreisrundem Grundriss. Mit Ausnahme der ovalen „Pyramide des Zauberers" in Uxmal ist sie vermutlich die einzige ihrer Art im immergrünen Dschungel Mittelamerikas. Ich besuchte Coba bereits im Oktober 2005, lange bevor ich mich mit den Pyramiden auf der Insel La Palma auseinandersetzte. Ihre Spitze mitgerechnet, besteht die Rundpyramide von Coba aus insgesamt vier Stufen – dies reicht für eine bescheidene Höhe von etwa zehn Metern.

Auffällig an jenem aus unregelmäßig großen Steinbrocken errichteten Rundteil ist auch eine Art Eingangsportal, mit einer spitz zulaufenden „Überdachung" (s. Bildteil). Nicht unerwähnt bleiben sollte an dieser Stelle, dass viele Maya-Städte untereinander durch ein ausgedehntes Wegenetz verbunden waren. So begannen beziehungsweise endeten in der Stadt Coba 16 solcher Straßen, die, sehr großzügig ausgebaut, zum Teil über viele Kilometer schnurgerade durch den Urwald verlaufen.[98]

Unter der „Pyramide der Inschriften"

Über den unglaublichen Fund, den man tief unter einer Pyramide im selben geographischen Raum machte, ergossen sich ebenfalls schon veritable Ozeane an Druckerschwärze. Die Rede ist hier – natürlich – von der weltbekannten Grabplatte von Palenque. Die wohl berühmteste Stätte der Mayas liegt an die 130 Kilometer östlich von Villahermosa, im mexikanischen Bundesstaat Chiapas. Mir ist durchaus bewusst, dass ich diesen „Zankapfel" der Archäologie schon aus Gründen der Vollständigkeit auf keinen Fall außen vor lassen kann. Nicht in diesem Buch, in dem es ja um die Pyramiden der Welt geht.

Eines der herausragendsten Gebäude dieser mitten im Urwald liegenden Anlage ist der „Tempel der Inschriften", besser gesagt: die „Pyramide der Inschriften". Denn es handelt sich um eine echte Stufenpyramide mit neun Stufen sowie einem Tempel, der auf der Oberseite die gesamte Breite einnimmt. Es war im Jahre 1947, da erhielt der mexikanische Archäologe Dr. Alberto Ruz Lhuillier vom Nationalen Institut für Anthropologie und Geschichte den Auftrag, in Palenque Ausgrabungen durchzuführen. Sehr schnell rückte die genannte Pyramide in den Mittelpunkt des Interesses. Das hatte folgenden Grund: In dem Tempel oben auf der Pyramide stieß der Archäologe auf eine Steinplatte am Boden, unter der sich etwas zu befinden schien. Langer Rede kurzer Sinn: Als er die Platte anhob, stieß er auf das obere Ende eines vollkommen mit Schutt, Sand und Steinen verfüllten Ganges, der abwärts in die „Unterwelt" der Pyramide führte.

Als er begann, den Schutt beiseite zu räumen, ahnte er ganz bestimmt nicht, wieviel Mühen ihm da noch bevorstehen sollten.

Nach vier Jahren – es war im Sommer 1952 – war es endlich soweit. Jener rätselhafte Gang, der bis unterhalb des Bodenlevels führt, war nun frei. Was Dr. Ruz da unten, in einer mit unzähligen Stalaktiten gefüllten Krypta vorfand, erhitzt nun schon seit einigen Jahrzehnten die Gemüter von Fachleuten wie Laien.

In seinem Erstlingswerk[38] hatte Erich von Däniken über diesen Fund geschrieben und seiner Überzeugung Ausdruck verliehen, auf einer am Boden dieser Krypta liegenden Grabplatte wäre möglicherweise ein Raumfahrer in einem kleinen Zubringerschiff dargestellt. Ein wahrer Sturm der Entrüstung erhob sich in der archäologischen Gemeinschaft. Alles Mögliche dürfte auf dieser Platte eingraviert sein, aber keinesfalls ein astronautisches Szenario. Für die gelehrten Herren war dies alles nur Spinnerei.

Ich selbst hatte glücklicherweise schon wiederholte Male die Gelegenheit, die originale Grabplatte tief unter der Pyramide wie auch eine wirklich gelungene Kopie im Anthropologischen Museum in Mexico City persönlich zu betrachten. Nach meinem Dafürhalten besitzt eine technisch begründete Hypothese nach wie vor den höchsten Grad an Wahrscheinlichkeit. Da müssen keine verqueren „Kulte" aus dem Ärmel gezaubert werden, Allegorien oder religiöse Symbolik bemüht werden. Es wurde vielmehr ein Szenario dargestellt, wie sie entweder der Künstler selbst zu Gesicht bekam, oder wie sie ihm aus erster Hand vermittelt wurde. Deshalb habe ich meine Schwierigkeiten damit, in der dargestellten Person, welche deutlich erkennbar an Bedienungshebeln hantiert, beispielsweise den Maisgott Yum Kox zu sehen[102], oder einen todgeweihten Maya-Jüngling, der in den Rachen eines „mythologischen Monsters" fällt.[103] Außerdem vermag ich viel eher hochmoderne technische Gerätschaften zu erkennen, als die „stilisierten Barthaare des Wettergottes".[104]

Eines möchte ich hier jedoch in aller Deutlichkeit anmerken: Unter den Archäologen herrscht keinesfalls die vielgepriesene Einmütigkeit darüber, was auf dem Corpus Delicti zu sehen sein soll. Untereinander sind diese Herrschaften heillos zerstritten. Aber plötzlich üben sie ungewohnte Einigkeit, wenn es darum geht, phantastisch anmutende Interpretationen von Außenseitern, die sich ohne Scheuklappen zu Wort melden, von vornherein in Bausch und Bogen zu verdammen.[6]

Anzahl unbekannt

Um ein Vielfaches größer, weiträumiger und auch beeindruckender als Palenque präsentiert sich die Mayastadt Tikal mit unzähligen Pyramiden, die man dort als „Templo" bezeichnet. Die Stadt liegt im Petén – dies ist die ganz dünn besiedelte Nordprovinz Guatemalas, sozusagen die „Grüne Hölle" des östlich gelegenen Nachbarstaates. Tikal gilt als die älteste Maya-Stadt, denn es wurden Hinweise gefunden, die bis zum 8. Jahrhundert vor unserer Zeitrechnung zurückreichen.

Die Ausdehnung dieser Anlage, die man seit wenigen Jahrzehnten bequem über den mitten im Urwald erbauten Flughafen Tikal Flores erreichen kann, ist gewaltig. Das von der Regierung des armen mittelamerikanischen Landes zum „Archäologischen Nationalpark Tikal" erklärte Areal umfasst 576 Quadratkilometer.[98] Zum Vergleich: Die Fläche der Stadt New York ist mit 776 gerade 200 Quadratkilometer größer.[1] Wie viele Bauwerke sich insgesamt in dem Nationalpark Tikal befinden mögen, ist bis auf den heutigen Tag nicht bekannt. Etwas genauer weiß man jedoch über den zentralen Bereich Bescheid. In der „City" lokalisierte man auf 16 Quadratkilometern etwa 3.000 Bauwerke, die nur teilweise ausgegraben wurden: Wohnhäuser und Paläste, Plattformen und Terrassen, Pyramiden in allen Formen, die dort wie erwähnt als „Templo" bezeichnet werden.

Da Tikal mitten im Dschungel und weit entfernt vom nächsten See oder Fluss liegt, besaß es ein perfekt ausgeklügeltes Bewässerungssystem. Es wurde entdeckt, als man Radarmessungen aus Flugzeugen heraus durchführte. Riesige Wasserspeicher, von denen sieben in der zentralen Zone und drei weitere im äußeren Bereich lokalisiert werden konnten, stellten mithilfe unterirdischer Leitungen die Wasserversorgung der Bevölkerung sicher. Die wurde übrigens für die Zeit um Christi Geburt auf 50.000 bis 90.000 Individuen geschätzt und kann es somit leicht mit dem antiken Rom ader Athen aufnehmen. Diese Zahl muss wohl nach oben korrigiert werden, denn durch eine erst im Jahr 2018 gemachte Entdeckung wurde klar, dass einst in der Region viel mehr Menschen lebten, als bislang vermutet.

Es gibt eine Reihe von „Templos" in der einstigen Großstadt mit einem wahnwitzig steilen Böschungswinkel. Und obgleich an jeder von ihnen Treppen zu waghalsigen Kletterpartien einladen würden, ist das Besteigen der Pyramiden längst untersagt. Deren höchste ist „Templo IV"; er ragt 70 Meter in die Höhe und übertrifft damit alle anderen deutlich.

Die Pyramiden von Tikal zeichnen sich, außer ihrem ungewöhnlich steilen Böschungswinkel, noch durch eine geometrische Besonderheit aus. Keine von ihnen ist nämlich exakt in einer der vier Himmelsrichtungen ausgerichtet. Sie weichen alle um genau 17 Grad von der Nord-Süd-Achse ab. Und um das Ganze noch etwas rätselhafter zu machen: Auf diese unerklärliche Abweichung stößt man in allen mesoamerikanischen Stätten. Nicht allein in den großen Zentren der Mayas wie Chichen Itza, Mayapan und anderen. Selbst Orte wie Tula oder Teotihuacan, die im zentralen Hochland nicht weit der Hauptstadt liegen, weisen diese Besonderheit auf. In all diesen Stätten weicht die Nord-Süd-Achse der Gebäude um exakt 17 Grad ab, als hätte es zeit- und kulturübergreifend eine geheime Übereinkunft gegeben, einen „Masterplan", an den man sich akkurat zu halten hatte.[98]

„Neue“ Ruinen unter dem Regenwald

So gewaltig die Anlage von Tikal bei ihrer Ausdehnung von 576 Quadratkilometern ohne Zweifel auch ist – sie wird von einer Entdeckung in derselben Region in den Schatten gestellt, die nicht nur die Fachwelt Anfang des Jahres 2018 in Aufregung versetzte. Den Jahrhundertfund machte erst der Einsatz völlig neu entwickelter Technologien möglich.

Ebenfalls im Norden Guatemalas, in dem vom Regenwald beherrschten Petén, entdeckten Forscher grob geschätzt 60.000 Ruinen in einem Areal, welches mit über 2.000 Quadratkilometern Fläche annähernd das Vierfache derer von Tikal beträgt. Diese neuen Funde legen den Schluss nahe, dass zur Blütezeit der Mayas bis zu vier Mal mehr Menschen in dem Gebiet lebten, als man bis dahin angenommen hatte. Die ausgeklügelte Infrastruktur, auf die man hier traf, zeigte, dass dieses mittelamerikanische Volk ähnlich innovativ auftrat wie die vielgepriesenen Hochkulturen in der „Alten Welt“.[105]

Anders als das zum Teil freigelegte Tikal, Palenque und andere Stätten Mesoamerikas, liegen diese 2018 entdeckten Ruinen nach wie vor unter der dichten Vegetation des Regenwaldes verborgen. Sogar eine siebenstöckige Pyramide, ähnlich steil wie die „Templos“ in Tikal, versteckt sich, für das bloße Auge nicht erkennbar, unter dem immergrünen Blätterdach.

Doch „nichts ist zu fein gesponnen, es kommt doch ans Licht der Sonnen“: Jener geflügelte Spruch des großen Dichterfürsten Friedrich von Schiller (1759–1805) sollte sich auch bei diesem Fund bewahrheiten. Dass wir von der Existenz der so lange verborgenen Maya-Stadt erfuhren, machte eine neue Technologie mit der Bezeichnung „LIDAR“ möglich. Hinter dieser Abkürzung steht „Light Detecting and Ranging“, eine Lasertechnologie, die etwa von einem Hubschrauber aus mit unvergleichlicher Präzision den Boden abtastet. Aus den so gewonnenen, Millionen Laserimpulsen lässt sich dann ein detailliertes, dreidimensionales Bild der untersuchten Fläche erstellen.

Die beschriebene Lasertechnologie kam zuvor bereits bei Untersuchungen rund um die Tempelanlage von Angkor Wat in Kambodscha zum Einsatz.[105] Manche Forscher sehen in dem „eigenständigen Stil der buddhistischen Stupas“, wie sie dort vorkommen, gleichfalls eine ganz spezielle Form des Pyramidenbaues[2], doch dies hier nur am Rande.

Verseucht!

Sehr erfolgreich verlief auch eine Expedition in die abgelegene Region La Mosquita im Nachbarland Honduras. Bei dieser Aktion lieferte LIDAR Anhaltspunkte für eine bisher unbekannte Zivilisation, die offensichtlich enge Kontakte zu den Mayas unterhielt. Ihr Zentrum sei die „Stadt des Affengottes“ gewesen, was immer zu der Bezeichnung geführt haben mag. Sie existierte sogar noch, als die Kultur der Mayas bereits im Niedergang begriffen war. Auf jeden Fall dürften dort künftig noch weitere, spektakuläre Funde zu erwarten sein, wohl auch was Pyramiden betrifft. Denn in der Region La Mosquita gibt es große abgeschiedene Täler, die noch völlig unerforscht sind.[105]

Ende des Jahres 2022 fanden australische Forscher im Zuge einer Studie heraus, dass viele der Pyramidenstätten in Mittelamerika eine im wahrsten Sinn „belastende Gemeinsamkeit“ besitzen. Die Böden unter vielen antiken Maya-Städten sind zum Teil ganz extrem durch Quecksilber verseucht. Auf die stärkste Konzentration stieß das Forschungsteam demnach in der Metropole Tikal, die bekanntlich auch als die älteste Siedlungsstätte dieser Hochkultur gilt. Dort maßen die Spezialisten einen Wert von mehr als 17 ppm – „parts per million“, die Maßeinheit gibt die genaue Anzahl der Teilchen einer zu messenden Substanz auf eine Million Teilchen an. Der als giftig definierte Schwellenwert wurde international auf ein

Teilchen Quecksilber pro Million festgelegt. Somit liegt der Wert im Boden unter Tikal bei der 17-fachen Menge des Erlaubten.

Die Maya-Metropole in der „Grünen Hölle" von Guatemala scheint aber nicht allein in dieser Untersuchung auf. Denn das gesundheitsgefährdende Element tauchte in zehn von elf untersuchten Stätten aus der „klassischen Phase" der Maya-Zivilisation auf. Diese wird von den Archäologen in eine Zeitspanne zwischen 250 und 900 n.Chr. verortet. In sieben dieser Stätten hielten sich die Konzentrationen an mindestens einer Stelle im kritischen, als verseucht geltenden Bereich.[106] Der Kontakt zu dem Schwermetall kann unter anderem die Nieren, die Leber und das gesamte Nervensystem auf Dauer schädigen.[1]

Die Wissenschaftler um Duncan Cook, Geograph an der Australian Catholic University in Brisbane (Queensland) spekulierten lange, woher die hohen Quecksilberwerte ihren Ursprung haben könnten. Im Fachmagazin „Frontiers in Environmental Science" erklärten sie, welche Lösung für das Rätsel sie gefunden zu haben glaubten. Demnach hätten die Mayas das giftige Metall über Jahrhunderte hinweg für dekorative Zwecke verwendet. Sie benutzten zum Bemalen unter anderem quecksilberhaltige Farben und Pulver. Vor allem aus dem Mineral Zinnober mit dessen bei den Mayas so beliebter, leuchtend roter Farbe.[106]

Unbekannte Technologien?

Das Mineral Zinnober, auch Cinnobarit (Chemische Formel HgS) genannt, ist eine Schwefel-Quecksilber-Verbindung. Deren Farbe reicht von rot bis schwarz, manchmal auch bläulich-metallisch. Mit einem Quecksilberanteil von bis zu 86 Prozent ist es wichtig zur Gewinnung des bereits seit dem Altertum bekannten, bei normalen Temperaturen flüssigen Schwermetalles.[1]

Den australischen Wissenschaftlern zufolge gelangte die zunächst auf Keramikartikel oder Wände aufgetragene Farbe im

Laufe der Zeit durch Wasser in die Böden. Dadurch könnte das Quecksilber auch in die Wasserreservoirs gelangt sein, und schließlich die Gesundheit der Menschen beeinträchtigt haben. Dies wäre aller Wahrscheinlichkeit nach in den ausgeprägten Trockenperioden geschehen, als die Wasserspeicher nur noch einen geringen Stand aufgewiesen hätten.

Die Wissenschaftler verwiesen in dem Zusammenhang auf einen der Herrscher von Tikal, Chitam II, der fettleibig dargestellt wurde. Möglicherweise habe er an einem „Metabolischen Syndrom", also einer krankhaften Störung des Stoffwechsels, gelitten, welches durch eine Quecksilbervergiftung ausgelöst wurde. Selbst heute noch soll die teilweise recht starke Belastung der Böden große gesundheitliche Gefahren für Archäologen bergen, die nicht die notwendige Vorsicht walten lassen.[106]

Über eine auffallend hohe Quecksilberkonzentration, rings um die Begräbnispyramide des chinesischen Kaisers Qin Shi Huangdi östlich von Xian, habe ich bereits in einem der vorhergehenden Kapitel berichtet. Dort waren die Archäologen nicht unachtsam. Im Gegenteil: Sie scheuen sich geradezu vor Ausgrabungen in dem Gebiet.[8] Wäre auch eine andere Erklärung für die Verseuchungen in den Stätten der Mayas denkbar? Bei dem Stichwort „Quecksilber" kommt mir nämlich eine spannende Sache in den Sinn. Ich muss hierfür einen kurzen Abstecher in eine ganz andere Region dieser Welt machen.

In den uralten indischen Götterepen taucht immer wieder ein Begriff auf, der erst in jüngerer Zeit mit real existierenden, hochtechnischen Fluggeräten in Verbindung gebracht wird. Dabei geht es um die sogenannten Vimaanas, mit denen die Götter und andere Protagonisten der alten Mythen am Himmel und im Weltall unterwegs waren. Wurden Textpassagen, in denen die Flugeigenschaften und ihre beeindruckende Wirkung auf Beobachter geschildert wurden, in den Anfangsjahren der Indologie noch als „Ausgeburt der

Phantasie“ oder auch „sinnloses Geschwätz“ abgetan[107,108], so hat sich inzwischen die akademische Meinung gründlich geändert Speziell der indische Sanskritforscher Dr. Dileep Kumar Kanjilal konnte durch eine blitzsauber recherchierte Arbeit belegen, dass hinter den seltsamen Fluggeräten technisch verifizierbare Details stecken.[109] Was das alles mit dem giftigen Quecksilber zu tun hat, liest sich beispielsweise im Nationalepos Samarangana Sudradhara wie folgt:

„Stark und haltbar muss der Körper geformt werden (...) aus leichtem Material. (...) Durch die im Quecksilber ruhende Kraft die der treibende Wirbelwind in Bewegung setzt kann ein Mensch auf wunderbare Weise eine große Entfernung am Firmament zurücklegen. Gleichfalls kann man ein Vimaana so groß bauen wie den Tempel für den 'Gott in Bewegung'. Vier starke Quecksilberbehälter müssen darin eingebaut werden. Wenn sie dann durch geregeltes Feuer aus den Eisenbehältern erhitzt werden, so entwickelt das Vimaana durch das Quecksilber die Kraft des Donners, und bald erscheint es wie eine Perle am Himmel.“[109]

Hat es womöglich mit der hohen Quecksilberkonzentration bei den alten Maya-Stätten eine ganz andere Bewandtnis, als es die australischen Forscher herausgefunden zu haben glaubten? Haben die dort gemessenen Schadstoffe eher etwas mit uns unbekannten Technologien zu tun, die dort in grauer Vorzeit eingesetzt wurden? Zumindest als Denkanstoß sollte man mögliche Parallelen mit den altindischen Texten nicht vorschnell von der Hand weisen.

Pyramiden am Rio Upano

Nun wird es Zeit, Zentralamerika zu verlassen, und sich noch etwas auf dem südamerikanischen Kontinent umzusehen. Denn auch in den Ländern der südlichen Hemisphäre stehen zahlreiche Pyramiden als stumme Erben einer fernen und geheimnisvollen Vergangenheit.

Die Kordilleren sind ein „Kettengebirge", welches sich über eine Länge von etwa 15.000 Kilometern im Westen des Doppelkontinentes von der Beringstraße bis Feuerland zieht.[1] Eine große Anzahl Vulkanberge, teilweise zwischen 5000 und mehr als 6000 Meter hoch, sind charakteristisch für die längste Gebirgskette auf dieser Welt. Einer von ihnen ist der Sangay. Er misst 5.230 Meter und liegt am Ostrand der „Cordillera Real", dort, wo das Hochland ins riesige Amazonasbecken mit seinen trotz Abholzung noch immer unermesslichen Regenwäldern übergeht. Ungefähr fünf Kilometer vom Vulkan Sangay machte man, in östlicher Richtung, bereits 1974 vom Flugzeug aus eine unglaubliche Entdeckung. Es waren dies mindestens 180 vom Dschungel komplett überwucherte, zum Teil monumentale Pyramiden und Plattformen, die der Archäologe Pater Pedro Porras Gaces von der Universidad Catolica in der Hauptstadt Quito ausmachen konnte. Sie stehen an den Ufern des Rio Upano; dieser mündet in den Rio Maranon, welcher wiederum den mächtigen Amazonas speist.

Eine zentrale Gruppe von Plattformen, die sich über eine Fläche von zwei Kilometern Länge und 400 Metern in der Breite erstreckt, ergibt ein Bodenbild aus Menschen- und Tierfiguren. Und natürlich sind diese nur aus der Luft zu erkennen. Die eine Figur scheint einen stilisierten Jaguar, die andere hingegen einen Menschen darzustellen. Der Jaguar ist mit 400 Metern in der Länge die größere der beiden Figuren.[110]

Am 14. Mai 1990 berichtete der Fernsehsender SWR3 über eine „Zeitreise durch Ecuador". Die deutsche Reiseautorin Annelies Soehring hatte sich auf die Spuren des erwähnten Paters Pedro Porras Gaces gesetzt, und die Pyramidenfelder am Rio Upano gewissermaßen neu entdeckt. Denn in der kurzen Zeitspanne, seit die Archäologen aus Quito wegen Geldmangels ihre Ausgrabungen einstellen mussten, hatte der Dschungel die seit dem Jahr 1974 freigelegten Bauten wieder zugedeckt.[111] Und dies, obwohl der Ort bis

1984 Ziel von insgesamt 14 Expeditionen war, die dort die Pyramiden freigelegt hatten.

Der Aufenthalt der Filmemacherin im Regenwald am Sangay war nicht von langer Dauer, trotzdem kamen zahlreiche Details über die geheimnisvolle Pyramidenstätte ans Licht. Die mehr als 180 Pyramidenkegel verrieten, wie die Filmemacherin festhielt, ein großes Maß an „staatlicher Führungsorganisation". Mithilfe der Radiokarbon-Methode (C-14) wurden Datierungen von zahlreichen Proben aus Grabungsschnitten durchgeführt. Altersmäßig reichen diese von 1870 bis 4700 v.Chr., wobei die älteren höher lagen, als die jüngeren. Man erklärte sich dies dadurch, dass das zum Bau der Pyramiden benutzte Material aus noch älteren Siedlungsresten „recycelt" wurde.[111]

Die „Mondlandschaft" von Tucumé

Dass der große Pyramidenkomplex in seiner Gesamtansicht Figuren und Bodenzeichnungen erkennen lässt, dies aber nur aus großer Höhe, sollte uns zu denken geben. Interessante Parallelen tun sich da beispielsweise zu den „Pisten" der Region von Nazca auf, die zu überfliegen ich schon vier Mal das Vergnügen hatte. Zeichen für unbekannte Wesen, die des Fliegens mächtig waren?

In dem von SWR3 ausgestrahlten Beitrag überreichte ein Indio der Journalistin ein Artefakt, das dort in ungefähr drei Metern Tiefe gefunden worden war: Die Figur eines Menschen mit einem Helm, aus dessen Gesicht eine Art von „Rüssel" wächst, der schlauchartig um dessen Oberkörper herumführt und in einen „Rucksack" mündet.[112] Derartige „Rüsselwesen" kennen wir aus vielen Teilen der Welt. Eine technische Interpretation ist bei solchen Funden durchaus legitim. Denn diese gleichen in ihrer Machart viel mehr Darstellungen von Tauchern oder Piloten hoch fliegender Jets mitsamt ihrer Sauerstoffversorgung, als dass man sie in die Schublade „ominöse Kulte" stecken könnte.[9]

Begeben wir uns noch ein Stück weiter südlich, in den Nordwesten Perus. Am Rand der Wüste „Desierto de Sechura" zwischen dem westlichen Abhang der Kordilleren und dem Pazifik befindet sich das wohl größte Pyramidenfeld der Erde.

Die Ausgrabungsstätte „El Valle de las Piramides" („das Tal der Pyramiden") liegt etwa 30 Kilometer von der Stadt Chiclayo entfernt am Berg „La Raya" unweit dem kleinen Ort Tucumé. Dort begann man um 2000 v. Chr., riesige Pyramiden aus ungebrannten Lehmziegeln zu bauen. Es war das Volk der Mochica (auch Moche), das der Kultur ihren Namen gab. Lange vor den Inkas gründeten die Moche ein Imperium auf dem Gebiet des nordwestlichen Peru, und sie hinterließen der staunenden Nachwelt mehr als 20 dicht beieinander stehende Pyramiden.

Im Mittelpunkt des weitläufigen Pyramidenfeldes, das heute einer öden und lebensfeindlichen Mondlandschaft gleicht, stehen zwei monumentale Bauten. Der größere der beiden wird „Huaca del Sol" genannt, das heißt so viel wie die „heilige Stätte der Sonne". Während der spanischen Kolonialzeit leiteten Goldgierige Schatzsucher den Moche-Fluss um, der in der Folge beinahe zwei Drittel dieses Monuments mit sich riss. Trotzdem gelang es, die einstige Größe der Pyramide zu ermitteln. Sie maß etwa 240 mal 160 Meter, und war mehr als 30 Meter hoch. Für ihren Bau wurden schätzungsweise an die 140 Millionen Lehmziegel benötigt.[2]

Gegenüber dieser „Huaca del Sol" steht ein deutlich kleineres Monument, die „Huaca de la Luna" (die „heilige Stätte des Mondes"). Letztere besteht aus drei breiten Plattformen, auf denen sich ein weitläufiger Platz erstreckte. Ähnlich der „Pyramide des Zauberers" im mexikanischen Uxmal, die im Verlauf der Geschichte fünf Mal übereinander „gestülpt" worden war, durchlief „Huaca de la Luna" sogar insgesamt sechs Umbauphasen über einen Zeitraum von 600 Jahren.[2]

Wie bei so vielen prähistorischen Stätten erfolgte auch die Namensgebung der beiden herausragenden Bauwerke von Tucumé in moderner Zeit. Durch die Archäologen – stets voller Eifer am Werk, aber bar jeden Wissens über die wahren Namen und Bedeutungen!

Tucumé und sein Tal der Pyramiden hatten übrigens vor wenigen Jahrzehnten prominenten Besuch. In dem kleinen, staubigen Kaff hielt sich nämlich Thor Heyerdahl, der berühmte norwegische Forscher auf. Der war stets und zuverlässig zur Stelle, wenn es um bis dahin unbekannte Pyramiden und andere Relikte aus grauer Vorzeit ging – in diesem Fall suchte er Antworten auf ungeklärte Fragen zum Beginn der Zivilisation in Südamerika.[3]

Das Pyramidenfeld von Tucumé wird in der Archäologie als eine der großen Entdeckungen des 20. Jahrhunderts gefeiert. Denn lange Zeit hatte die Natur die Stätte vor der Neugier der Altertumsforscher trefflich geschützt. Die ständige starke Erosion verlieh der einstmals prächtigen Pyramidenstadt das trostlose Aussehen eines rötlich-gelben Sandsteingebirges. Vergleichbar mit den außergewöhnlich verwitterten Formationen im „Mondtal", ein kleines Stück außerhalb der bolivianischen Hauptstadt La Paz.

Grabräuber aus modernen Tagen brachten erst die wahre Bedeutung des Geländes ans Licht. Zwar plünderten sie das eine oder andere Artefakt. Doch machten sie die Forscher damit wohl eher unfreiwillig aufmerksam auf diese vom Menschen geschaffene und durch die Natur auf das Bizarrste verfremdete „Mondlandschaft" auf Erden.[3]

9. Die Spitzen von Atlantis?

Unglaubliche Ansammlung auf engstem Raum

Bevor ich mich mit einer kaum vorstellbaren Anhäufung von pyramidenförmigen Bauten auf engstem Raum beschäftige, muss ich kurz noch einmal auf die Relikte der Mochica im Nordwesten von Peru zurückkommen. Die geradezu unirdisch wirkenden und bizarr verwitterten Lehmpyramiden in der trockenen Einöde von Tucumé gaben im Verlauf mehrerer Ausgrabungen auch etliches von ihren „inneren Werten" preis.

Auf der höchsten dieser mehr als 20 Pyramiden legte man im Bereich der Spitze eine Tempelstätte frei. Dies war tatsächlich das erste Mal, dass auf einer Pyramide auf dem südamerikanischen Kontinent etwas in dieser Art entdeckt wurde. Die Forscher nehmen an, dass es eine religiöse Stätte zur Sonnenverehrung war.[3]

Möglicherweise zählten hierzu – wie dies bei mehreren mesoamerikanischen Kulturen, wie zum Beispiel bei den Azteken, der Fall war – auch Menschenopfer. Darstellungen von solchen grausamen Praktiken fanden sich auf Wänden und Keramiken. Anscheinend hatten aber Menschenopfer bei den Mochica bei Weitem keine so große Verbreitung wie bei den erwähnten Azteken, die zu ihrer Blütezeit wahre Blutorgien veranstalteten, nur um die Sonne zu besänftigen.

Da man bei den Mochica menschliche Opfer zumeist unter dicken Sedimentschichten fand, glauben Archäologen, dass die rituellen Tötungen einzig bei starken Überschwemmungen vollzogen wurden. Beispielsweise, wenn „El Niño" wieder mal mit seinen gefürchteten Wetterkapriolen zugeschlagen hatte.[2]

El Niño – das spanische Wort für „Kind" männlichen Geschlechts – ist eine Warmwasserströmung, die in Abständen von durchschnittlich vier Jahren vor den Küsten Perus und Ecuadors registriert wird. Diese Klimaanomalie, die im tropischen Pazifik entsteht, zeigt dabei weltweite Auswirkungen. Im östlichen Teil des tropischen Pazifiks kommt es zur plötzlichen Erhöhung der Wassertemperaturen um bis zu zwölf Grad Celsius. Dann ist sintflutähnlicher Regen sozusagen vorprogrammiert.[1] Die dabei entstandenen Überschwemmungen, die mit dazu führten, dass die einstmals so prächtigen Mochica-Pyramiden sich in bizarre Hügel verwandelten, sollten nach Ansicht der Archäologen durch rituelle Menschenopfer zum Stillstand gebracht werden.[2]

Wo unser Wetter herkommt

Zurück zu den Ausgrabungen, bei denen auf der höchsten der Pyramiden von Tucumé die erstaunlichsten Dinge ans Tageslicht befördert wurden. Man fand Begräbniskammern und auch Skelette von Kindern. Große Rätsel gab eine völlig leergeräumte Grabkammer auf, die sich tief im Inneren des Bauwerkes befindet. Bis heute jedoch sind die meisten Pyramiden im Nordwesten Perus noch immer nicht erforscht. Und bis es soweit ist, werden bestimmt noch Jahrzehnte ins Land gehen.

Was den von den Archäologen angenommenen Sonnenkult angeht, der dort die religiösen Vorstellungen der Mochica beeinflusst haben soll, glauben die Forscher, inzwischen eindeutige Hinweise gefunden zu haben. Und zwar in Form abgeschlagener Köpfe und Hände, die in kleinen Nischen eingemauert sind und auf rituelle Menschen- und Tieropfer hindeuten sollen. Doch mit diesen grausigen Relikten erschöpft sich auch schon wieder das Wissen, über das man zu verfügen glaubt. Denn aus welcher Zeit die Opfer stammen, und wie diese vom Leben zum Tode befördert worden waren, ist ebenfalls ungewiss.[3]

Es ist nun an der Zeit, den an Pyramiden so reichen amerikanischen Doppelkontinent zu verlassen. Mein nächstes Ziel liegt mitten im Atlantik.

Die Azoren sind eine Inselgruppe im Atlantischen Ozean, die politisch zu Portugal gehören, und bis 2.000 Kilometer westlich des Mutterlandes liegen. Die neun größeren Inseln sind bewohnt. Neben der Hauptinsel Sao Miguel sind dies Santa Maria, Terceira, Pico, Graciosa, Sao Jorge, Faial, Flores und Corvo, ganz im Westen gelegen. Die Jahre der Abgeschiedenheit sind vorbei. Denn mittlerweile verbindet eine eigene Fluggesellschaft die Inselgruppe untereinander und auch mit internationalen Zielen.

Das Klima dieser ganz besonderen Inselwelt auf halbem Wege nach Amerika ist ozeanisch mild und feucht bis subtropisch, und nicht selten blasen dort stürmische Winde.[1] In unseren Breiten werden die Azoren meistens nur dann wahrgenommen, wenn ein „Azorenhoch" oder ein „Azorentief" unser Wetter bestimmt. Diese Region, von der häufig unser Wetter herkommt, weiß mit uralten Mythen ebenso wie mit spektakulären archäologischen Funden aufzuwarten.

In einigen Überlieferungen werden die „Habichtsinseln", wie ihr portugiesischer Name übersetzt lautet, als die Bergspitzen und somit als letzte Überreste des sagenhaften und von den Fluten des Meeres verschlungenen Atlantis angesehen. Im Kratersee „Sete Cidades" auf Sao Miguel sollen, schenkt man einer Sage Glauben, sieben Städte des legendären Inselkontinents ihre letzte Bleibe gefunden haben. Geologen sind sich jedoch sicher, dass die Azoren keineswegs den Rest des Kontinents darstellen. Sie wären vielmehr entstanden, als glutflüssige Lava aus der Tiefe des Mittelatlantiks an die Oberfläche drang.[113]

Als ich im März 2018 auf die Azoren flog, geschah dies weniger wegen möglicher Verbindungen mit Atlantis, das in nur einer einzigen Nacht im Verlauf einer beispiellosen Katastrophe vernichtet worden sei. Wie dies einst vor sich gegangen sein soll, können wir in den Dialogen „Kritias" und „Timaion" des alten griechischen Philosophen Platon (427–347 v.Chr.) nachlesen.[114]

Was mich stattdessen auf den Archipel in den endlosen Weiten des Atlantischen Ozeans lockte, war die Aussicht, dort auf eine große Anzahl uralter Pyramiden zu stoßen. Wir durften, im Verlauf dieser „Reise auf Pyramidenspuren“ um die Welt, bereits allerhand Erstaunliches kennenlernen. Und trotzdem wartet eine der Azoreninseln mit schier Unglaublichem auf. Auf dem kleinen Vulkaneiland Pico befinden sich die teilweise recht gut erhaltenen Reste von sage und schreibe 140 Pyramiden. Und dies auch noch auf denkbar kleinstem Raum! Ginge es nach unserem traditionellen Geschichtsbild, dürften sie eigentlich gar nicht existieren. Was ist der Grund für eine derartige Ignoranz?

Schwerer Treffer

Bis vor wenigen Jahren galt in Portugal noch die unbezweifelte Auffassung, dass es vor der Entdeckung und Inbesitznahme durch portugiesische Seefahrer auf den Atlantikinseln Madeira, wie auch auf den Azoren, keine Urbevölkerung gegeben habe. Und obwohl bereits von den Karthagern aufgesucht und den Normannen und Arabern wohlbekannt, seien die zwischen 1400 und 2000 Kilometer vom Festland entfernten Eilande – die Inseln liegen im Höchstfall 600 Kilometer auseinander – erst im Jahr 1427 wiederentdeckt und ab 1439 besiedelt worden.[1]

Diese in den Geschichtsbüchern festgeschriebene Lehrmeinung war wohl eine Art „Balsam“ für das nationale Selbstverständnis der Portugiesen. Das bekam jedoch vor gut zehn Jahren einen schweren Treffer zugefügt. Es war 2012/2013, als Archäologen der Portugiesischen Vereinigung für Archäologische Forschungen (APIA) mit einer unerhörten Meldung an die Öffentlichkeit gingen. Sie konnten auf der kleinen Azoreninsel Pico, die fast ausschließlich aus dem steil aufragenden Vulkankegel Ponta da Pico sowie etwas Land ringsum besteht, die Existenz der oben erwähnten 140 Stufenpyramiden beziehungsweise deren meist noch deutlich erkennbaren Überreste dokumentieren.

Diese spektakuläre Entdeckung hätte eigentlich ein Erdbeben in der Altertumsforschung auslösen müssen. Rührt sie doch wieder einmal an der Frage, wann der Atlantische Ozean zum ersten Mal überquert wurde. Nun gut: An die noch lange Zeit in den Geschichtsbüchern verfochtene Entdeckung Amerikas durch Christoph Columbus (1451–1506) im Jahre des Herrn 1492 glauben ohnehin nicht einmal mehr Schulkinder. Aber die noch immer wie ein Mantra wiederholte Mär von der Isolation der verschiedenen Kulturen gerät einmal mehr ins Wanken. Die Entdeckung einer so großen Anzahl Pyramiden unterstützt beispielsweise die Theorie frühgeschichtlicher Seefahrer, die schon lange vor den Phöniziern den Atlantik befuhren und die Azoren kolonisierten.[115]

In den vorangegangenen Kapiteln habe ich bereits über die Pyramiden auf der Mittelmeerinsel Sizilien wie auch auf La Palma und Teneriffa (Kanaren) berichtet, die ich vor Ort eingehend unter die Lupe nehmen konnte. In der Gesamtschau kann ich sagen, dass diese eine frappante Ähnlichkeit aufweisen mit den Pyramidenkomplexen auf der Azoreninsel Pico. Ihre Bilder lassen gleiche Ursprünge und ähnliche Baumuster vermuten. Ihre Höhen wie auch deren Abmessungen sind miteinander vergleichbar, ebenso der Grad der Verwitterung. Was die Schlussfolgerung nahelegt, dass all diese Bauwerke der gleichen frühgeschichtlichen Epoche zugeordnet werden können, in der eine große Bautätigkeit geherrscht haben muss.

Und eine weitere Gemeinsamkeit konnte ich beobachten: Bei allen diesen mysteriösen Bauten handelt es sich um Stufenpyramiden. Besonders auf den erwähnten Kanareninseln ist dies sehr gut ersichtlich: Hier sind es in den meisten Fällen genau sieben Stufen, aus denen solch eine Pyramide besteht. Im Ethnografischen Park von Güimar auf Teneriffa, der einer Initiative von Thor Heyerdahl zu verdanken ist, sollen die dortigen Pyramiden sogar nach den vier Haupthimmelsrichtungen orientiert sein. Man stößt auf astronomische Kenntnisse, wohin man blickt.

Ehrlich gesagt, hätte es mich schon sehr verwundert, sollte es auf den Azoren anders sein. Denn wie die Altertumsforscher der erwähnten Gesellschaft APIA in der Zwischenzeit herausfinden konnten, sind auch die Pyramiden auf der Insel Pico exakt nach astronomischen Gesichtspunkten ausgerichtet. Ganz konkret ausgedrückt: Die Forscher vermuten, dass die Bauten nach einem vorgegebenen Bauplan errichtet wurden, der sich an der Sommer-Sonnenwende orientiert haben dürfte.

„Jardim de Maroicos"

Einer der Forscher besagter APIA, der portugiesische Archäologe Nuno Ribeiro, befand sich vor einigen Jahren auf einer Ferienreise, die ihn auch auf die Insel Pico führte. Bei dieser Gelegenheit erfuhr er zufällig durch Einheimische von etlichen steinernen Hinterlassenschaften, die aus lange vergangenen Epochen stammen sollen. Von Berufs wegen an allem Vorzeitlichen interessiert, begab er sich unverzüglich an die ihm genannten Örtlichkeiten. Im weiteren Verlauf entschloss er sich, auch Kollegen in seine Forschungen einzubinden. Letztlich informierte man 2012 und 2013 die breite Öffentlichkeit von der Existenz der Pyramiden.

Eigentlich stellte dies nur eine Wiederentdeckung der Pyramiden dar. Denn die Verantwortlichen des kleinen Hafenstädtchens Madalena – dies ist der größte Ort der Insel, in dessen Hinterland sich auch die 140 Pyramiden konzentrieren – hatten dort bereits ein paar Jahre zuvor ein Ausstellungsfreigelände eröffnet. Diesem als „Jardim de Maroicos" genannten Areal stattete ich dann, im März 2018, einen Besuch ab.

Der portugiesische Ausdruck „maroicos" bedeutet in der Tat nichts anderes als „Steinhaufen". Da wurde eines jener Bauten, von denen sich noch einige weitere, zum Teil stark verwitterte auf dem Ortsgebiet befinden, sorgfältig restauriert und von einem Park umgeben. Das Ganze wurde dann im Juli 2006 heimlich, still und leise eröffnet. Außer den Bewohnern des Ortes nahm kein Mensch Kenntnis davon. Nicht auf dem portugiesischen Festland, und schon gar nicht auf internationalem Parkett.

Möglicherweise lag dies auch daran, dass die Pyramiden von Pico den Einheimischen schon seit Menschengedenken bekannt und vertraut sind, und man sich der Tragweite und Bedeutung dieser Bauten einfach nicht bewusst war.

Die Pyramiden auf der kleinen Vulkaninsel sind, genauso wie die meisten auf dieser Welt, in Trockenstein-Bauweise, sprich: ohne jede Verwendung von Mörtel errichtet worden. Zusammen mit seiner Kollegin Anabela Joaquinto konnte der erwähnte Archäologe Nuno Ribeiro etwa 140 Stufenpyramiden identifizieren.[116] Wie ich anlässlich meines Besuches auf Pico im März 2018 mit eigenen Augen sehen konnte, stehen diese 140 Pyramiden – in manchen Fällen leider nur noch Reste, an welchen deutlich sichtbar der „Zahn der Zeit“ genagt hat – auf einer Fläche von gerade einmal sieben (!) Quadratkilometern. Sie befinden sich ausnahmslos hinter dem Städtchen Madalena, auf einem zum Vulkan Ponta da Pico hin sanft ansteigenden Gelände.

Es erscheint geradezu unfassbar: Im Durchschnitt drängen sich auf jedem einzelnen Quadratkilometer dieses auch noch landwirtschaftlich genutzten Gebiets 20 dieser Stufenpyramiden unbekannten Alters und ungeklärter Herkunft![117]

Die Höhe ihrer Stufen kann durchaus variieren, und zuweilen macht der obere Teil der Bauwerke den Eindruck einer lockeren Aufschüttung. Das erinnerte mich ein wenig an die „Spitze“ des Berges Nemrud Dag in der Ost-Türkei, die sich als lose Häufung nicht allzu großer Steinbrocken präsentiert. Ebenso gut könnte dies aber auch einer völlig normalen Erosion geschuldet sein. Schließlich weiß man nach wie vor nicht annähernd die Zahl der Jahrhunderte oder gar Jahrtausende, die über die Pyramiden von Pico hinweggegangen sein mögen.

Auf Schleichfahrt

Immerhin datieren die Archäologen diese Bauwerke mittlerweile in prähistorische Zeiten, und werfen damit ganz bewusst die vormals so energisch vertretene Annahme vom Fehlen einer Urbevölkerung auf den Azoren über den Haufen.[115,116]

Die Situation vor Ort im März 2018, als ich die Inseln mit einer Gruppe meiner Leser besuchte, präsentierte sich mitunter etwas seltsam. Wie schon kurz angedeutet, sind die sieben Quadratkilometer, auf denen sich die 140 Pyramiden konzentrieren, in erster Linie Bauernland. Das Gelände wird neben „normalem" Anbau auch für den Weinbau genutzt, denn die Reben gedeihen auf dem vulkanischen Boden ausgesprochen gut. Unsere „Pyramidenexpedition" war denn auch eher eine Schleichfahrt mit einem schmalen Bus über die engen, von Trockenmauern eingegrenzten Sträßchen, die fast im Schachbrettmuster bergan führen. Wieder und wieder unterbrochen von spontanen Stopps und Ausschwärmen über die in Privatbesitz befindlichen Wiesen. Zum Glück nahm kein Mensch Anstoß an dem geschäftigen Treiben der Besucher aus fernen Gefilden – und so war es uns auch ungehindert möglich, eine ganze Reihe der Pyramiden in Augenschein zu nehmen.

Bereits die erste Pyramide, die nur ein kleines Stück außerhalb von Madalena ein wenig zurückversetzt von der Straße hinter einer Wiese lag, bestach durch ihren noch immer eindrucksvollen Erhaltungszustand (s. Bildteil). Sieben annähernd gleich große Stufen erheben sich auf 15 bis 16 Meter Höhe; einen „würdigen" Abschluss bildet ein kleiner Baum ganz oben. Die Stufen besitzen eine geringe Neigung, die sie von links nach rechts leicht ansteigen lässt. Und die einzelnen Steine, aus denen die Pyramide zusammengesetzt ist, sind nicht so lose, wie man auf den ersten Blick vielleicht vermuten würde.

Als ich mit meinen Gästen die Rückseite der Pyramide erkundete, erwartete uns eine echte Überraschung. Ein überdachter

Gang führt zum nächsten Bauwerk; hier sind ganz offensichtlich zwei von diesen Pyramiden miteinander verbunden. Ein an dessen Oberseite spitz zulaufender Eingang bietet die Möglichkeit zum Betreten des zum Teil von der Vegetation überwucherten Verbindungsbaues. Das dürfte jedoch nicht ganz ungefährlich sein. An der Stelle hatten die Archäologen um Nuno Ribeiro ihre Ausgrabungen durchgeführt. Zwei mit einfachen Holzdeckeln gesicherte und mit losem Schotter abgedeckte, senkrechte Schächte lassen vermuten, dass die mysteriösen Verbindungsgänge zwischen jenen Pyramiden sogar mehrstöckig angelegt waren.[117] Ein jäher Sturz in ungewisse Tiefen hätte dann fatale Folgen. Wie ich 2018 vor Ort erfuhr, gibt es solche Verbindungen nicht nur bei dem eben beschriebenen, siebenstöckigen Bauwerk und dessen „Nachbarn". Sie sind dort eher die Regel und schaffen so aus Einzelpyramiden ein regelrechtes Netzwerk.

Ich ertappte mich bei dieser Gelegenheit bei der Frage, welche Notwendigkeiten in grauer Vorzeit wohl gegeben waren, sich geschützt von einer Pyramide zur nächsten zu begeben, ohne ins Freie treten zu müssen. Dieselbe Frage stelle ich mir auch regelmäßig, wenn es um unterirdische Städte oder Anlagen aus den Tiefen der Vorzeit geht, die viel eher den Eindruck mächtiger Bunkeranlagen vermitteln als den von Bauten für „Kultzwecke" – was immer man unter dem viel strapazierten Stichwort verstehen mag. Überall auf unserer Welt existieren unterirdische Anlagen, die vor vielen Jahrtausenden Platz und Infrastruktur für enorme Menschenmassen boten. Allein die bis zum heutigen Tage bekannten 83 unterirdischen Städte in Kappadokien (Türkei) boten Platz für schätzungsweise ein bis zwei Millionen Menschen, die dort Zuflucht finden konnten. Und dies alles zu einer Zeit, als die Bevölkerung dieses Planeten sich bestenfalls im zweistelligen Millionenbereich bewegte. Gab es irgendwelche tödliche Gefahren „von oben", vor denen man sich in Sicherheit bringen musste?

Pyramidenbau und Katastrophen

Prasselten vor Jahrtausenden Kometen, Meteoritenschauer oder glühende Plasmabomben der Sonne aus einem „erzürnten Himmel“? Genau dies fürchtete Professor Robert M. Schoch von der Boston University, und hält auch einen kausalen Zusammenhang zwischen dem Pyramidenbau und solchen apokalyptischen Heimsuchungen für möglich, die die frühe Menschheit plagten.[2]

Oder tobten, wie in vielen Überlieferungen weltweit nachzulesen ist, einst verheerende „Götterkriege“ mit schreckerregenden Vernichtungswaffen, was die Flucht in den rettenden Untergrund zwingend notwendig machte?[118] In den bereits erwähnten uralten indischen Götterepen werden genau solche Kampfhandlungen detailreich beschrieben, die an den Einsatz nuklearer Massenvernichtungsmittel denken lassen.[119] Kehren wir hier jedoch zurück zu den Pyramiden auf der Azoreninsel Pico.

Im Gegensatz zu den Guanchenpyramiden auf den Kanaren, die massiv gebaut sind und über keine Hohlräume verfügen, befinden sich in jenen auf der Azoreninsel zahlreiche noch unerforschte Kammern. Man fand auch Artefakte in und um die Stufenbauten, die den archäologischen Komplex weit vor die portugiesische Besiedelung datieren.[116]

Es wird höchste Zeit, dass sich unsere klassische Altertumsforschung von der liebgewonnenen Vorstellung verabschiedet, dass alle Kultur von der „alten Welt“ ausgegangen ist. Denn es hat sich eine äußerst einseitige und europazentrische Betrachtungsweise verfestigt, wann immer wir uns mit der Geschichte zum Beispiel von Entdeckungen befassen. Es grenzt beinahe an Chauvinismus, dass es keine historisch-kritischen Werke gibt, in denen es um die Leistungen anderer Kulturkreise geht.[1] Auf den Fall der Pyramiden auf den Azoren bezogen, waren es eben keine Europäer, die sich für den Bau der rätselumwobenen Gebilde große Meriten verdient hatten.

Noch nie hatte ich eine derartige Konzentration von Pyramiden auf einer so kleinen Fläche erlebt. Selbst wenn in Tikal, im Regenwald Guatemalas, etwa 3.000 Bauwerke auf 16 Quadratkilometern stehen: Auf Pico braucht man wirklich nur ein paar Meter gehen, schon steht man vor der nächsten Pyramide. Diese sind oftmals direkt aneinander gebaut, gehen teilweise ineinander über oder sind durch die oben erwähnten Gänge miteinander verbunden.

400 Meter unter dem Meer

Bei einigen der Pyramiden auf der kleinen Azoreninsel wähnte ich mich in das Land der Mayas versetzt, auf die mittelamerikanische Halbinsel Yucatan. Hier wie dort gibt es weitläufige Plätze, die sich vor den Bauwerken ausdehnen – die sogenannten „Plazas". Wie etwa in Chichen Itza, dessen zwei Mal im Verlauf eines Jahres stattfindendes Lichtspektakel ich bereits erwähnt habe, sind sie offensichtlich ebenfalls ein fester Teil des architektonischen Gesamtkonzepts.

Wurden auch auf Pico im Schatten dieser Bauten Feste zu Ehren der „Götter" abgehalten – oder war das Konglomerat von 140 Pyramiden als großangelegter Schutz gegen latente Gefahren von „oben" errichtet worden? Stellte man solche Bauten weltweit in die Landschaft, weil man sich den Kulturbringern, die offenbar nicht von dieser Welt stammten, so nah wie irgend möglich fühlen wollte?[117]

Das sind Fragen über Fragen. Sie werden mit jeder neuen Entdeckung eher noch mehr, als auch nur ein Stück weit einer befriedigenden Antwort näher zu kommen. Vergleichen wir die Pyramiden auf den Inseln im Mittelmeer und im Atlantischen Ozean, so sind Parallelen in ihrer Bauweise nicht zu verleugnen. Die Verwandtschaft unter ihnen ist so offensichtlich, dass sie vermutlich auf ein gemeinsames kulturelles und religiöses Konzept zurückgehen. Manche Forscher vermuten, dass diese Architekturform über den

Seeweg vom Mittelmeerraum bis weit in den Atlantik hinein spätestens zu Beginn des dritten vorchristlichen Jahrtausends verbreitet wurde.[116]

Gut möglich. Aber auch diese Seefahrer mussten einmal durch einen Auslöser mit dem „Pyramidenvirus" infiziert worden sein. So etwas wie das Internet gab es damals bekanntlich noch nicht. Geschah dies durch fremde Wesen, auf deren Auftauchen hin der Pyramidenbau weltweit seinen Anfang nahm?

Auch in den tiefen Wassern vor den Azoren tauchte vor genau einem Jahrzehnt ein Objekt auf, das für kurze Zeit einen wahren Hype auslöste. Vor allem unter denjenigen, die darin Überreste des versunkenen Kontinents Atlantis zu erkennen glaubten, war der Jubel groß.

Am 19. September 2013 wurde der portugiesische Seemann Diocleciano Silva plötzlich auf eine ungewöhnliche Unterwasserstruktur aufmerksam, die sich deutlich erkennbar auf dem Bildschirm seines Sonargerätes manifestierte. In einer Tiefe von etwa 400 Metern unter der Meeresoberfläche machte er, zwischen den Inseln Sao Miguel und Terceira, eine rechteckige, pyramidenförmige Anordnung aus. Silva musste zwei Mal hinschauen: An der Basis 90 Meter lang, betrug dessen Höhe 60 Meter. Doch mehr als die bloßen Ausmaße waren es die Form und die Ausrichtung des ominösen Objektes, welche den Portugiesen beeindruckten. Die Unterwasserstruktur habe einer perfekten Pyramide geglichen, deren genaue Nord-Süd-Achse ihn spontan an die Pyramiden auf dem Gizeh-Plateau erinnerte. Aufgrund der exakten Lage dieses Artefakts war der Seemann sicher, dass es nicht natürlichen Ursprunges sein könnte. Daher hielt er es für die Überreste einer alten, lange untergegangenen Zivilisation, was er auch bei einem Interview bei dem nationalen Fernsehsender „Radio e Televisão de Portugal" (RTP) explizit herausstrich.

Es wäre zu schön gewesen!

Die Entdeckung wurde bereitwillig in den Medien vieler Länder publiziert, und die Begeisterung war gewaltig. Ganz besonders unter jenen, die das legendenumwobene Atlantis wieder aus den Tiefen der Versenkung aufsteigen sahen.

Doch die Ernüchterung folgte schneller, als es den Fans des mythischen Kontinents lieb war.

Nachdem vor allem in der stets präsenten Internet-Community die Forderungen immer lauter wurden, dass die portugiesische Marine nun schleunigst etwas unternehmen sollte, gab das Hydrographische Institut des Landes am 5. Oktober 2013 eine Stellungnahme heraus. Das Ergebnis gefiel sicher nicht jedem: Man hatte festgestellt, dass das Sonargerät auf Silvas Schiff über eine extrem niedrige Auflösung verfügte. Die hierbei erhaltenen Daten bildeten gerade Linien ab, wo gar keine waren – und täuschten so ein regelmäßiges Aussehen der Struktur vor. Die Technik auf seinem Boot war schlicht zu ungenau!

Und inzwischen hatte auch die portugiesische Marine vor Ort mit einem Sonar Messungen durchgeführt, welches über eine ungleich höhere Auflösung verfügte. Das Ergebnis war ernüchternd: Dort unten existiert keine künstliche, pyramidenartige Struktur! Es wäre auch zu schön gewesen. Ähnlich wie bei dem Unterwasserobjekt, das sich zwischen Florida und Kuba in 330 Metern Wassertiefe befinden soll (s. Kapitel 7), sind dies Dimensionen, die man nicht mit dem Abschmelzen der Gletscher nach der (vorerst) letzten Eiszeit erklären kann.

Alles, was sich im betreffenden Seegebiet zwischen Terceira und Sao Miguel finden lässt, ist ein natürlicher Hügel am Meeresgrund. Und dieser ist, wie auch die ganze Inselkette, mit großer Sicherheit vulkanischen Ursprungs.[120] Im Gegensatz zur mittels zahlloser Tauchgänge und Unterwasseraufnahmen bestens dokumentierten

Struktur vor der Insel Yonaguni gilt hier (leider) der für solche Fälle passende „Satz mit X – war wohl nix".

Lohnender Zwischenhalt auf Terceira

Die Reise nach den Azoren, gemeinsam mit einer Gruppe meiner Leser, hatte ich vor allem unternommen, um die 140 Pyramiden in Augenschein zu nehmen, die sich hinter der Hafenstadt Madalena und an den Hängen vom Vulkan Ponta da Pico in drangvoller Enge gruppieren. Ganz unerwartet aber gab es noch eine hochinteressante Dreingabe: Cart Ruts – jene geheimnisvollen Doppelspuren im Stein, wie man sie ursprünglich von der kleinen Mittelmeerinsel Malta her kennt.

Sie sind jedoch verbreiteter, als man glaubt. Ich sah sie unerwartet in den steinigen Feldern Kappadokiens und folgte ihrem Verlauf auf der Baleareninsel Menorca. Ein lieber Freund, der Asienspezialist Franz Bätz, konnte sie gar sie im fernen Indien fotografieren. Über die von steinzeitlichen Wohnhöhlen durchschnittenen Doppelspuren auf Sardinien, gerade einmal einen Steinwurf von der Stufenpyramide Monte d'Accoddi gelegen, habe ich bereits an früherer Stelle berichtet. Es sollte deshalb auch nicht verwundern, dass man ihnen auf den Azoren begegnet. Dort aber wird das ganze Mysterium noch undurchsichtiger. Doch alles der Reihe nach.

Das Flugzeug, das uns von Sao Miguel im Osten auf die an Pyramiden so reiche Insel Pico brachte, machte einen Zwischenhalt auf Terceira. Auf den Azoren werden halt die Flugpläne oft den Erfordernissen angepasst und geändert. Es waren fast drei Stunden, die wir entweder auf dem kleinen Inselflughafen sinnlos herumsitzen konnten – oder aber eine Besichtigung einbauen. Ein guter Freund und Azorenkenner, Hans-Dieter aus Hamburg, der auch mit von der Partie war, hatte mir über eine lohnenswerte Cart-Ruts-Spur auf Terceira berichtet. Und unser lokaler Guide schaltete schnell und reservierte uns noch am Vorabend einen Bus. Der wartete bereits mit laufendem Motor, als wir aus dem kleinen Terminalbau kamen. Es konnte sofort losgehen.

Die von unserem Freund angekündigten Spuren lagen nur knappe drei Kilometer vom Airport entfernt. Von der Teerstraße zweigte ein Feldweg ab und führte direkt in einen dichten Regenwald hinein. Dort begann auch die prächtige Doppelspur, welcher wir mehr als einen Kilometer weit folgten. Auf dunklem Boden läuft diese mal geradeaus, dann wieder in kühnem Bogen immer dem Weg entlang. Links und rechts des Weges sprießt üppiges Grün, denn das Klima auf Terceira ist beinahe tropisch. Eine dicke Nebelsuppe machte sich stellenweise breit, dann begann es zu regnen. Dies hielt uns aber nicht im Geringsten davon ab, der geradezu „maltesisch" wirkenden Spur immer tiefer in den Regenwald zu folgen. „Maltesisch"? Wäre sie nicht auf dem schwarzen Lavaboden verlaufen, hätte sie sehr gut auf die kleine Mittelmeerinsel gepasst.

Zu den Pyramiden führen sie nicht

Und genau dieser Umstand brachte mich ins Grübeln. Denn der macht das Rätsel der Cart Ruts auf den Azoren nur noch größer. Ganz allgemein vermuten die Archäologen, dass es Karren waren, die jene Spuren in dem – oft noch weichen – Gestein verursacht haben. Dass diese Hypothese spätestens bei der ersten Kurve im Verlauf kläglich zum Scheitern verurteilt ist, hatte ich schon erläutert. An den meisten Orten findet man die Rillen im Kalkgestein. Nicht so auf den Azoren.

Hier ist es Lavaboden, in dem die Cart Ruts verlaufen. Ganz richtig: Diese sind in ein Gestein eingepresst, das in weichem Zustand zähflüssig war. Vor allem aber glühend heiß!

Wer will da noch ernsthaft behaupten, die unbekannten, vorzeitlichen „Schöpfer" dieser Cart Ruts wären fröhlich mit Karren durch die noch rotglühende Lava gefahren? Waren deren – hypothetische – Räder aus hochlegiertem Edelstahl, der erst bei Temperaturen von mehr als 1.000 Grad Celsius schmilzt? Holzräder wären ja schon nach wenigen Metern in Flammen aufgegangen, und auch die Tiere oder Menschen, die die Karren ziehen sollten, hätten sich ganz böse dabei die Füße verbrannt.

Aber Spaß beiseite. Zwischen den ominösen Doppelrillen gibt es nämlich nichts, was auf irgendwelche Trittspuren hindeutet. Ab und zu hört man auch die „Erklärung", die Cart Ruts wären dazu dagewesen, Weinfässer ans Meer zu bringen. Abgesehen davon, dass Wein erst angebaut wird, seit die Portugiesen die Inseln besiedelten: Keine dieser Spuren führen ans Meer – jene Rillen verlaufen vielmehr parallel zum meist steilen Ufer, oder gar im Inneren der Inseln.[121]

Cart Ruts, die sich entlang einer kleinen Ortschaft in Sichtweite des Vulkans Ponta da Pico ziehen, konnte ich über eine Länge von 1500 Metern verfolgen. Dies war die längste Spur dieser Art, die ich je zu Gesicht bekam. Ganz nebenbei bemerkt: Cart Ruts existieren auf allen Inseln der Azoren. Vor einigen Jahren brachte der lokale TV-Sender einen Bericht über den Bürgermeister der kleinen Insel Flores. Den wurmte es wohl gewaltig, dass bis dahin noch keine dieser Spuren auf der am westlichsten gelegenen Insel des Archipels aufgefunden wurden. Kurzerhand nahm er sich einen Spaten und begann an verschiedenen Stellen die Grasnarben wegzukratzen. Und tatsächlich legte er eine Cart-Rut-Spur frei![121]

Es gibt einen bestimmten Grund, warum ich den Cart Ruts auf den Azoren mehr Bedeutung als nur einer Randnotiz beigemessen habe. Auf Malta vertrat man vor nicht allzu langer Zeit noch die Meinung, dass die dortigen Bodenrillen wahrscheinlich dem Materialtransport für den Bau der mehr als 20 Tempel gedient hätten, die sich auf der kleinen Insel befinden. Wie man heute weiß, war dies definitiv nicht der Fall. Denn keine der Doppelrillen führt zu irgendeiner Anlage. Ganz im Gegenteil: Sie scheinen geradezu einen Bogen um die Tempel zu machen. Dieselbe Fragestellung kann man auch im Fall der Azoren getrost abhaken. Denn auch dort haben die vermeintlichen „Karrenspuren“ nicht das Geringste mit dem Bau der Pyramiden zu tun.

Wir haben nun eine weite Reise hinter uns gebracht, gewissermaßen „auf Pyramidenspuren“ einmal unseren gesamten Planeten umrundet. Im abschließenden Kapitel möchte ich diesem ohne Zweifel globalen Mysterium auch noch eine Art „kosmischer Dimension“ hinzufügen.

10. Über den Himmel hinaus

Unterwegs in kosmischen Dimensionen

Dass unsere Vorfahren Pyramiden in wahnwitziger Zahl in die Landschaft gepflanzt haben, kann auf die unterschiedlichsten Beweggründe zurückgehen. Sei es auf jene „Lehrmeister" aus den Tiefen des Weltalls, denen man näher sein mochte. Sei es auf einen Kulturtransfer über weite Distanzen hinweg, den die klassische Altertumsforschung noch immer leugnet. Oder vielleicht sogar auf beides.

Eines kann ich als Ursache aber gewiss ausschließen: Den viel zu häufig strapazierten Zufall. Dieser hatte seine Finger sicher nicht im Spiel. Es ist möglich, dass Pyramiden, in welcher architektonischen Ausprägung auch immer, so etwas wie eine universelle Bauform darstellen.[3] Möglicherweise findet man Pyramiden sogar auf anderen Himmelskörpern – auf diesen zugegeben phantastisch klingenden Gedanken werde ich noch explizit zurückkommen. Denn für diese Möglichkeit existieren ernst zu nehmende Beobachtungen, die man nicht so einfach von der Hand weisen kann.

Ebenso wenig ist zu leugnen, dass diesen Bauwerken besondere Kräfte innewohnen. Auch wenn das bis vor kurzer Zeit strikt ins Reich der Fabel verwiesen wurde. So stand noch im 1988 erschienenen „Lexikon Grenzwissenschaften", das sich ansonsten einer durchaus vorurteilsfreien Beschäftigung mit rätselhaften Fakten und Phänomenen rühmen durfte, die folgende Einschätzung zum Thema „Pyramidenenergie":

„Angeblich hat die geometrische Gestalt eines hohlen, pyramidenförmigen Körpers Einfluss auf darin befindliche Objekte. Es wird unter anderem behauptet, man könne auf diese Weise gar gebrauchte Rasierklingen wieder schärfen. Dieser Effekt dürfte – abgesehen von möglichen PK-Komponenten – im Wesentlichen auf Einbildung zurückgehen."[122]

Was die genannten „PK-Komponenten“ betrifft, sind damit sogenannte psychokinetische Einflüsse gemeint. Den Begriff werde ich im Anhang genauer erklären. In einem weiteren Kommentar am Ende des „Lexikon Grenzwissenschaften“ fügte der Verfasser die folgenden Details hinzu:

„Die Ursache dieser Vorstellung ist angeblich ein scherzhafter Leserbrief an die Times, den 1939 der Physiker Reginald V. Jones unter dem Pseudonym 'Colonel Musselwhite' schrieb. Der behauptete darin, der Erdmagnetismus könne stumpfe Rasierklingen wieder schärfen, wenn man sie in der richtigen Weise hinlegt. Das wurde von etlichen naiven Lesern geglaubt.“[122]

In diesem Punkt irrte das „Lexikon Grenzwissenschaften“ gewaltig. Und die eigentliche Entdeckung dieses Phänomens reicht deutlich weiter zurück als in das Jahr 1939.

Katz' oder Maus

Es muss um das Jahr 1920 herum gewesen sein, als ein Monsieur Antoine Bovis, der im südfranzösischen Nizza einen Eisenwarenhandel betrieb, eine Ägyptenreise unternahm. Diese führte ihn natürlich auch auf das Gizeh-Plateau, wo er eine Führung durch die Große Pyramide mitmachte. Dabei konnte er eine Beobachtung machen: Auf dem Boden der Königskammer lag – im wahrsten Sinne mausetot – eine kleine Wüstenmaus.[28]

In anderen Berichten ist von mehreren toten Katzen wie auch von anderen Kleintieren die Rede, die in besagter Kammer lagen und einzig die Aufmerksamkeit von Monsieur Bovis erregten.[63] Was dort auch immer an Tierleichen herumliegen mochte – wichtig für das weitere Verständnis ist eigentlich nur, in welchem Zustand sie sich befanden.

Gedankenverloren stieß der Franzose mit der Fußspitze an den Mäusekadaver, drehte dabei das Tier immer wieder herum und bückte sich schließlich, um die Maus mit spitzen Fingern aufzuheben. Das kleine Nagetier war, trotz der hohen Feuchtigkeit in dem Raum, eingeschrumpft und federleicht. Die Maus war also perfekt mumifiziert!

Kaum von seiner Reise zurückgekehrt, konstruierte Bovis aus ein paar Eisenstäben und Holz ein maßstabsgetreues Miniaturmodell der Cheops-Pyramide. Wie es auch beim großen Vorbild der Fall ist, richtete er sein Modell in genauer Nord-Süd-Richtung aus. Dann stellte er noch einen kleinen Holzsockel hinein, der nur ein Drittel der Höhe seiner Miniaturpyramide einnahm. Der besagte Sockel sollte die Position der Königskammer markieren, die auch in natura ein Drittel der Höhe über dem Fundament plaziert ist. Und auf diesen Sockel legte Bovis ein kleines Stück rohes Kalbfleisch.

Erwartungsgemäß hätte das Fleisch in den folgenden Tagen zu faulen und stinken beginnen müssen – doch aus unerfindlichen Gründen setzte die Verwesung nicht ein. Es wurde im Gegenteil immer ausgedörrter und trockener, als würde irgendetwas dem Fleisch sämtliche Flüssigkeit entziehen. Monsieur Bovis war einigermaßen irritiert; so etwas hätte er wirklich nicht erwartet. Daraufhin setzte er seine Experimente fort. Um sich seiner Sache ganz sicher zu sein, startete er zwei parallel verlaufende Versuchsreihen. Für die eine benutzte Bovis die Modellpyramide, bei der anderen ließ er sie weg.

Dabei stellte sich heraus, dass alle organischen Proben innerhalb der Pyramide dehydriert waren. Jene außerhalb der Versuchsanordnung aber waren, anstatt mumifiziert zu werden, ganz normal in Fäulnis übergegangen.[28]

Die Versuche des schrulligen Eisenwarenhändlers von der Côte d'Azur gerieten bald in Vergessenheit. Das sollte sich aber nach dem Zweiten Weltkrieg grundlegend ändern.

Zur „Aufrechterhaltung der Schärfe“

Da erlangten nämlich die Versuche des tschechischen Ingenieurs Karel Drbal, die dieser im ausgehenden Winter 1949 begann, einen gewissen Grad an Berühmtheit. Herr Drbal musste wohl irgendwo über die Erkenntnisse des erwähnten Monsieur Bovis gelesen haben. Als er dann mit verschiedenen Lebensmitteln zu experimentieren begann, erzielte er vergleichbare Resultate. Und nun rätselte er, welche Auswirkungen sich wohl bei anorganischen Stoffen ergeben würden, wenn er diese in seine winzige Versuchspyramide aus Karton legen würde. Die war mit zwölfeinhalb Zentimetern Kantenlänge sowie einer Höhe von acht Zentimetern wirklich sehr bescheiden ausgefallen. Eingedenk solcher Maße fiel denn seine Wahl auf eine gebrauchte Rasierklinge, welche durch mehrfachen Gebrauch stumpf geworden war. Als er diese an der „richtigen“ Stelle der Versuchspyramide plazierte, glaubte er ganz und gar nicht an einen Erfolg. Doch am Tag darauf wurde er eines Besseren belehrt.

Als Karel Drbal 24 Stunden später die Schnittflächen seiner Klinge unter der Lupe betrachtete, wollte er seinen Augen kaum trauen. Es sah aus, als wäre die Rasierklinge frisch geschliffen. Kurzerhand legte er sie in seinen Nassrasierer ein und rasierte sich damit. Nach getaner Arbeit legte er die Klinge erneut in die kleine Pyramide. Am folgenden Tag geschah wieder dasselbe: Eine tadellose Rasur mit der alten Klinge. Was hatte diese Veränderung bewirkt? Eigentlich hätte er sich mit dieser alten Rasierklinge böse Schnitte und Kratzer beibringen müssen, doch auf der blitzsauber rasierten Haut war nicht die kleinste Irritation festzustellen. Immer wieder kam die Klinge in die Pyramide – und sorgte 50 Tage lang für saubere Rasuren.

In den folgenden fünf Jahren, bis zum Sommer 1954, tüftelte der tschechische Ingenieur unentwegt weiter. Dabei erzielte er eine durchschnittliche Verwendungsdauer von 105 täglichen Einsätzen je Klingenblatt. Die längste Gebrauchsdauer lag gar bei phänomenalen 200 Rasuren.[123] Und dies bei einem Gegenstand, der eigentlich zum einmaligen Gebrauch gedacht ist.

Als praktisch denkendem Techniker kam Karel Drbal bald der Gedanke, sich die Sache patentieren zu lassen. Obwohl er beim besten Willen keine Erklärung dafür finden konnte, welche rätselhaften Vorgänge in der Versuchspyramide zum Nachschärfen der stumpfen Klingen führen mochten. Trotzdem setzte er eine Patentschrift auf. Gleichzeitig unternahm er den geradezu genialen Schachzug, einem Metallurgen in der Patentkommission eine Modellpyramide, und zusätzlich eine stumpfe Rasierklinge zu schenken. Der Metallurg machte unvoreingenommen die Probe aufs Exempel. Dessen „Demonstration am lebenden Objekt" muss so überzeugend ausgefallen sein, dass Karel Drbal im Sommer 1959 das CSSR-Patent Nr. 91.304 erteilt bekam. Die Begründung liest sich sehr interessant: Er bekam es für eine „Vorrichtung zur Aufrechterhaltung der Schärfe von Rasierklingen und Rasiermessern".[123]

Seither ist das Rasierklingen-Experiment, das es nicht nur in esoterischen Kreisen zu einer größeren Berühmtheit gebracht hat, unzählige Male wiederholt worden. Und stets mit dem gleichen positiven Ergebnis – vorausgesetzt, Pyramide und Schnittfläche der Klinge wurden in exakter, nord-südlicher Richtung positioniert. In einer Folge der bekannten ZDF-Serie „TERRA-X" überraschte Dr. Gottfried Kirchner die Zuschauer mit einen streng wissenschaftlichen Versuch, der von Dr. J. Eichmeier, Professor an der Technischen Universität München, durchgeführt wurde.

Für dieses Experiment wurde eine Rasierklinge in zwei Hälften geteilt. Die erste Hälfte wurde acht Tage lang in eine aus Plexiglas bestehende Pyramide gelegt, während die andere Hälfte in einer Schublade eingeschlossen wurde. Beide Klingenteile wurden anschließend unter dem Elektronenrastermikroskop untersucht. Die abschließende Einschätzung durch Dr. Kirchner lässt indes keinen Interpretationsspielraum offen:

„Die Unterschiede in der Breite der Schnittflächen und auch in der Oberflächenstruktur der beiden Klingenhälften waren gravierend.“[124]

Molekulare Veränderungen

Sein nüchternes Statement ist im Grunde dazu angetan, unser tradiertes Weltbild in dessen Grundfesten zu erschüttern. Denn irgendeine unbekannte Kraft, die sich innerhalb einer Pyramide manifestiert, welche sich nach den Maßen der Großen Pyramide von Gizeh orientiert, ist demzufolge in der Lage, die molekulare Struktur einer Rasierklinge erkennbar und nachhaltig zu verändern. Das Experiment funktioniert offenbar auch nur in besagter geometrischer Form – es hat jedenfalls bislang noch keine entsprechenden Versuche mit dreieckigen, zylindrischen oder würfelförmigen Anordnungen gegeben. Was hat die Pyramidenform so Außergewöhnliches an sich? Warum wirkt die rätselhafte Kraft nur dann, wenn eine Pyramidenseite kompassgenau nach Norden weist?

Durch Abertausende von Versuchen wissen wir, dass die molekularen Veränderungen sich nicht auf Stahl oder ganz allgemein auf Metalle beschränken. Auch andere Werkstoffe sind betroffen und wie am Eingangsbeispiel erläutert, sogar mausetote Wüstenmäuse. Oder Fleisch, das sich standhaft weigert, wie dies eigentlich zu erwarten wäre, in Fäulnis überzugehen.

Nur wie das Ganze funktioniert, das wissen wir noch immer nicht. Der erwähnte Dr. Kirchner berichtete über einige amerikanische Wissenschaftler, die die Meinung vertraten, die Strahlungsenergie der in den Versuchen verwendeten Objekte würde im Inneren der Modellpyramide festgehalten. Folglich könnte die Energie nicht durch die Seitenflächen austreten, sondern würde wieder in das Innere zurückgeworfen. Durch diese Reflektion würde die Struktur der Versuchsobjekte verändert.[124]

Für den tschechischen Ingenieur Karel Drbal indes, der wohl die meisten Versuche mit Rasierklingen in seinen Pyramidenmodellen durchführte, waren ganz andere Gründe Auslöser des rätselhaften „Pyramideneffektes". In den winzigen Zwischenräumen der Kristallstruktur der Klinge wären auch sogenannte „Dipol-Wassermoleküle" vorhanden. Diese würden durch die Resonanz der Strahlungsenergie aus dem Gitter der Moleküle „herausgetrieben". Man könne, laut Drbal, von einer „Entwässerung der Rasierklingenschneide" sprechen.[28]

Mit anderen Worten: Nichts Genaues weiß man nicht. Und das, obwohl seit der Patenterteilung in der damaligen CSSR mehr als 60 Jahre ins Land gegangen sind. Nach wie vor stehen alle möglichen (und unmöglichen) Spekulationen im Raum. Was man jedoch guten Gewissens ausschließen kann, ist die Behauptung, es läge hier nur Einbildung vor. Wie es das „Lexikon Grenzwissenschaften" einst seinen Lesern weiszumachen versuchte.[122] Dafür sind inzwischen zu viele erfolgreiche Versuche dokumentiert, welche die Realität des Phänomens empirisch belegen. Es ist real, und einzig die schlüssige Erklärung fehlt.

Kompendium uralten Wissens?

Am Ende dieser Erdumrundung „auf Pyramidenspuren" will ich, bevor ich mich „über den Himmel hinaus" begebe, noch den Versuch wagen, einen Überblick über den Sinn und Zweck dieser Bauwerke zu gewinnen. Dabei erhebe ich natürlich keinerlei Anspruch auf Vollständigkeit.

Da wäre zum einen die Verwendung als Grabmäler von prominenten Persönlichkeiten, Herrschern und Heroen. Wie bei vielen der aus der Han-Dynastie stammenden Pyramiden auf der Ebene unweit der alten chinesischen Kaiserstadt Xian. Jene Bauten aber, die uns die Ägyptologen so gerne als Grabstätten der Pharaonen verkaufen wollen, zählen nicht in diese Kategorie.

Viel plausibler erscheint, wenigstens was die Pyramiden des alten Reiches am Nil betrifft, dass sie ein Kompendium uralten Wissens darstellen. Natürlich repräsentieren auch Pyramiden in anderen Regionen dieser Welt ein geradezu unfassbares Knowhow auf den Gebieten der Astronomie und der Physik, der Mathematik und der Geometrie, um nur ein paar zu nennen. Ich denke da ganz spontan an die Bauwerke nicht nur der Mayas in Zentralamerika. Was die Monumente auf dem Gizeh-Plateau angeht, versichern Chronisten, diese seien noch vor der Sintflut errichtet worden, „um in ihnen die Bücher der Wissenschaft und der Erkenntnis, und andere wertvolle Gegenstände" sicher aufzubewahren.[125]

Einmal abgesehen von jenen mathematisch-astronomischen Botschaften, die manche Forscher in den Maßen der Cheops-Pyramide gefunden haben wollen. Da soll die Grundfläche der Großen Pyramide, geteilt durch ihre doppelte Höhe, die Kreiszahl „Pi" (3,14159...) ergeben. Wie auch der gesamte Flächeninhalt ihrer vier Seiten dem Wert des Quadrates der Pyramidenhöhe entsprechen soll.

Ihr Abstand vom Mittelpunkt der Erde sei ebenso groß wie der Abstand zum Nordpol und entspreche somit auch dem Abstand des Nordpols zum Erdmittelpunkt.[126] Und dergleichen mehr. Die Anzahl der mathematischen und astronomischen Botschaften, die in der Cheops-Pyramide enthalten sein sollen, sind Legion – man könnte damit ganze Buchregale füllen. Doch sind diese Angaben sehr umstritten[127], daher vertiefe ich das Thema hier nicht weiter.

Was ich gleichfalls an dieser Stelle nicht vertiefen möchte ist der unselige „Kult mit dem Kult". Viel zu häufig sieht man Pyramiden nur als Kultorte, an denen religiöse Zeremonien der zentrale Anlass waren. In der Altertumsforschung erfreuen sich Kulte einer ungeheuren Beliebtheit. Passt etwas nicht in das althergebrachte Geschichtsbild, wird flugs ein neuer Kult aus dem Hut gezaubert, wie das berühmt-berüchtigte Kaninchen beim Bühnenzauberer. Der oft konkrete Hintergrund oder Auslöser dieser „kultischen“ Handlungen bleibt jedoch außen vor.

Kraftwerke?

Nicht wenige Forscher sehen in Pyramiden auch so etwas wie „Energiezentralen“, die entweder zur Erzeugung von Energie dienen, oder dieselbe direkt aus der Erde oder aus dem Kosmos abzapfen. Was das Abzapfen aus dem Erdboden betrifft, sozusagen eine „Akupunktur“ unseres heimatlichen Planeten. Ein durchaus verführerischer Gedanke in Zeiten wie dieser, wo allenthalben das Schreckgespenst einer Energiekrise und damit verbundener Blackouts bei unserer Stromversorgung umgeht.

Sind Pyramiden von einem magnetischen Feld umgeben, welches sie in die Lage versetzt, kosmische Energie mit dem Erdmagnetismus zu verbinden? Angeblich fangen sie Licht- und Raumenergie ein, sammeln diese und strahlen die Kraft, gleich einem elektrischen Akkumulator, in die Umgebung ab.[128]

Das mag auf den ersten Blick phantastisch klingen. Denkt man jedoch an das nachgerade unerschöpfliche, naturwissenschaftliche Knowhow, das diese Bauten in sich bergen, ist eine solche Überlegung schwer von der Hand zu weisen. Zudem lehrt uns die chinesische Geomantie – „Feng Shui“ genannt – bereits seit Urzeiten, dass kein Bauwerk rein zufällig an jener Stelle erbaut wurde, an der es steht.

Vor ungefähr 30 Jahren bekam ich von einem Leser aus Kanada Unmengen an Material, Texte wie Zeichnungen, mit dem dieser zu belegen versuchte, dass es sich bei den ägyptischen Pyramiden um sogenannte Maser handle. Der Name, der uns spontan an einen Laser denken lässt, ist vom englischen „Microwave Amplification by Stimulated Emission of Radiation“ abgeleitet, und bezeichnet eine

Art von quantenmechanischen Verstärker für Mikrowellen.[1] Sein Prinzip erläutere ich im nachfolgenden Anhang. Das Material, das ich damals erhielt, würde problemlos ein weiteres Buch füllen.

Es ist nicht von der Hand zu weisen, dass viele der Pyramiden tatsächlich im Zusammenhang mit der Erzeugung und Nutzung von Energien stehen. Pyramiden als Kraftwerke? Auch darüber ließe sich ganz herrlich weiterspekulieren. Und ich gebe zu, dass ich die vorzeitlichen Erbauer durchaus als clever genug einschätze, etwas in dieser Art zu realisieren. Mit einem Wissen, das seinen Ursprung womöglich nicht von dieser Welt hat.

Das gibt mir jetzt das Stichwort, endlich der höchst spannenden Frage nachzugehen, ob Pyramiden nicht nur auf unserem Heimatplaneten zu finden sind. Es ist eigentlich ganz logisch: Gibt es im Weltall Zivilisationen, die womöglich viel weiter entwickelt sind als die unsere, dürften die im Laufe ihrer Geschichte auch vergleichbare Bauwerke errichtet haben.

The Dark Side of the Moon

Ich glaube kaum, dass sie sich im wissenschaftlichen „Mainstream" einer sonderlichen Beliebtheit erfreuen, auch wenn sie alles andere als selten beobachtet werden. Die Rede ist von „ungeklärten tektonischen Anomalien", die sich auf dem Mond zeigen, und die es eigentlich überhaupt nicht geben dürfte.

Besonders in den Jahren zwischen 1930 und 1960 sahen Beobachter mehr als 200 runde und gleichmäßig geformte, kuppelförmige Bauten verschiedener Größe.[129] Besonders spektakulär war eine riesige Brückenkonstruktion von schätzungsweise 20 Kilometern Länge, deren – zeitweilige – Existenz sogar vom britischen Astronomen Dr. H. Percy Wilkins (1896–1960) bestätigt wurde.[130] Und was sich auf der für unsere Blicke stets abgewandten, dunklen Rückseite des Mondes befinden mag, befeuert schon seit vielen Jahren die Phantasien von Laien wie Fachleuten.

Unter diesen ein wenig verschämt als „tektonische Anomalien" bezeichneten, höchst ungewöhnlichen Gebilden auf unserem Erdtrabanten sollen sich tatsächlich auch Pyramiden befinden. Dem Vernehmen nach registrierten die Astronauten einer der APOLLO-Mondmissionen eine ganze Reihe kleinerer Pyramiden im Sektor des Kraters Fra Mauro. Sie sollen in geometrischer Form angeordnet sein – also eine Art gleichmäßiges Muster bilden. Im Verlauf einer Live-Übertragung des Deutschen Fernsehens konnten aufmerksame Zuseher, die außerdem der englischen Sprache mächtig waren, aus dem Funkverkehr zwischen den Astronauten und der Bodenstation Beschreibungen von diesen offenbar künstlichen Objekten mithören.[130]

Auf Nachfragen hin wurde die ominöse Angelegenheit von der US-Weltraumbehörde NASA dementiert. Zudem wurde kein Kommentar dazu abgegeben, wie natürlich nicht anders zu erwarten war.

Einem Informanten zufolge handelte es sich bei dieser Live-Übertragung – übrigens wurde auch damals schon aus angeblichen „Sicherheitsgründen" mit einer zeitlichen Verzögerung von bis zu zwei Minuten gesendet – um eine Sendung der ARD oder des ZDF. Was indes logisch ist: Damals waren nämlich außer jenen beiden öffentlich-rechtlichen Sendern in Deutschland keine weiteren zugelassen. Privatsender wie RTL, SAT 1 oder PRO 7, um nur ein paar wenige zu nennen, gingen erst zwei Jahrzehnte später an den Start.

Stattgefunden haben soll diese Sichtung im Lauf der zweiten Mondlandeoperation, APOLLO 12 (Landung am 19. November 1969 im Mare Procellarium). Allerdings müsste die Beobachtung aus der Mondumlaufbahn heraus, also von oben, gemacht worden sein. Und zwar von den Astronauten Charles Conrad und Alan Bean wie auch dem dritten Mann, Robert Gordon. Der umkreiste, wie bei diesen Mondmissionen üblich, unseren Erdtrabanten, während die beiden anderen mit dem „Lunar Excursion Module“ (LEM) zur Mondoberfläche abstiegen und dort landeten.[131]

„Pyramide auf dem Mars entdeckt“

Interessant zu erwähnen wäre auf jeden Fall noch, dass für die nächste geglückte Mondlandung von APOLLO 14 – die im April 1970 gestartete Mission APOLLO 13 musste ja bekanntlich wegen der Explosion eines Sauerstofftanks abgebrochen werden – am 5. Februar 1971, tatsächlich das Gebiet um den Krater Fra Mauro als Landegebiet gewählt wurde. Ob dies eine eher zufällige Wahl war, oder man der mysteriösen Angelegenheit auf den Grund gehen wollte, ist leider nicht bekannt geworden.

Was immer sich dort auch befinden mag: Die NASA deckte einen regelrechten Mantel des Schweigens darüber. Es steht zu hoffen, dass wir in ein paar Jahren mehr wissen, wenn nach über 50 Jahren Pause wieder Astronauten von der Erde auf unserem Trabanten landen werden. Die Planungen hierfür sind in vollem Gange.

Eine noch längere Zeit werden wir uns wohl gedulden müssen, bis wir den Schleier des Rätselhaften um einige Objekte lüften können, die sich anscheinend auf unserem Nachbarplaneten Mars befinden. Im Juni 2015 stieß der Mars-Roboter „Curiosity“, der seit 2012 auf dem „Roten Planeten“ seine Kreise zieht, auf ein geheimnisvolles Objekt, das man nicht anders beschreiben kann, als eine Pyramide. Sogar in jener nach oben spitzen Form, wie sie uns aus dem Land der Pharaonen bekannt ist.

Unter der Überschrift „Pyramide auf dem Mars entdeckt“ schrieb Deutschlands größte Tageszeitung in ihrer Ausgabe vom 24. Juni 2015 über diesen Fund mit absolutem Ausnahmecharakter: „Zwischen Felsen, Geröll und Staub hat der Mars-Rover Curiosity etwas in der Form einer Pyramide entdeckt! Verschwörungstheoretiker sind sicher: Das ist der Beweis, dass es Leben auf dem Mars gibt. Andere hingegen spekulieren, dass Winde dieses seltsame Objekt geformt haben."[132]

Die ebenfalls in der Zeitung abgebildete Fotografie, veröffentlicht von der NASA, lässt tatsächlich eine eindeutig pyramidenartige Erhebung erkennen. Und zwar von der Art, wie wir sie im Idealfall kennen. Sie verfügt über vier gleichmäßig auf eine Spitze zulaufende, gleichseitige Dreiecke als Seiten. Leider kann man die Höhe des vom Erkundungsfahrzeug fotografierten Artefaktes nicht genau ermitteln. Es fehlen nämlich Bezugspunkte auf dem Bild. Aber ein paar Meter dürften es durchaus sein. Das Objekt macht auch keinesfalls den Eindruck, als sei es von Wetter und Wind geformt worden; zu gleichmäßig sind hierfür die einzelnen Seiten. Einen Interpretationsspielraum sehe ich, ehrlich gesagt, nicht. Das mysteriöse Objekt erinnert ganz frappierend an die vielen kleineren Pyramiden, die uns das alte Land am Nil hinterlassen hat.[131]

Pyramiden auf anderen Planeten – bis vor einigen Jahren war dies noch eindeutig dem Genre der Science Fiction zuzurechnen. Eine sehr erfolgreiche Comic-Serie der 1950er und 1960er Jahre widmete sich in einer Fortsetzungsreihe gleichfalls jener reizvollen Idee. Bei ihrer Reise in das „atomare Universum" – in dieser Story wurde das Raumschiff so weit verkleinert, dass es in eine Welt geriet, in der Atome und Elektronen Sonnen und Planeten wie in unserer „richtigen Welt" sind – landen die Helden auf dem äußersten Planeten eines Systems. Sie machen dort eine unerwartete Entdeckung: Eine Pyramide. Die war zweifellos von denkenden Wesen errichtet worden.

Voller Neugier betreten sie das Bauwerk, worauf sich plötzlich der Eingang schließt. Die Pyramide war von einer hochentwickelten, aber kriegerischen Zivilisation jenes Sonnensystems erdacht und errichtet worden. Und zwar als Falle für Eindringlinge aus fremden Welten, deren Neugier dieses Bauwerk erregen würde. Es kommt, wie es kommen musste: Die Falle schnappt zu ...

Doch kehren wir aus den Niederungen phantastischer Comicserien zurück zu einer nicht weniger phantastischen Entdeckung – gemacht auf unserem Nachbarplaneten.

„Optisch unvollkommen Wahrgenommenes"

Das letzte Viertel des 20. Jahrhunderts bescherte uns einen der spektakulärsten Funde auf unserem „roten Nachbarn". Am 25. Juli 1976 näherte sich die ein knappes Jahr vorher gestartete amerikanische Sonde Viking 1 bis auf 1.873 Kilometer der Marsoberfläche. Über der Region Cydonia machte sie eine große Zahl an Aufnahmen, auf denen teilweise recht seltsame Strukturen zu erkennen waren. Allen voran ein Bergmassiv, das die Form eines riesigen, zum Himmel blickenden, menschlichen Antlitzes besaß. Über dieses, als „Marsgesicht" in die Geschichte eingegangene, Artefakt wurden schon viele Bücher und Artikel geschrieben und zahllose Spekulationen zum Besten gegeben. Ich selbst hatte es in meinem Buch Mars-Mysterien[131] erschöpfend behandelt, es hier zu wiederholen kann ich mir folglich sparen.

Am Anfang überschlugen sich Medien, Laien und sogar etliche renommierte Forscher schier vor Begeisterung. Aufgrund neueren Bildmaterials hat sich der Hype etwas gelegt. Man spricht heute meist davon, dass das Phänomen einzig durch ein besonderes Zusammenspiel von Licht und Schatten zustande gekommen sei.[133] Oder erklärt es mit Pareidolie. Das ist eine Form der Illusion, bei der bekannte und im Alltag vertraute Formen und Gestalten in etwas „optisch unvollkommen Wahrgenommenes" hineingedeutet wird.[1] Allen voran die NASA, die sich von Anfang an auf optische Täuschung als Erklärung festgelegt hatte. Ich bleibe lieber etwas vorsichtiger: Denn endgültige Klarheit wird wohl erst die bemannte Raumfahrt zu unserem Nachbarn im All erbringen.

In dieser Region Cydonia, deren Lage auf dem Mars mit 40 Grad und 80 Minuten nördlicher Breite sowie neun Grad 48 Minuten westlicher Länge definiert ist, finden sich noch etliche weitere, ungewöhnliche Strukturen. In einer Entfernung von zehn Kilometern von besagtem Marsgesicht stieß man auf eine Ansammlung gleichmäßig erscheinender Formationen. Eine vierseitige Anlage vermittelte den Eindruck eines in Ruinen liegenden Festungsbauwerkes. Manche Forscher pflegen in diesem Zusammenhang von einer Stadt zu sprechen.[78]

Viel Aufregung unter Experten wie Laien verursachte auch die sogenannte „D&M-Pyramide“. D&M ist weder eine Drogeriekette noch ein Supermarkt. Dieses Objekt wurde vielmehr nach Vincent diPietro und Gregory Molenaar benannt. Die beiden amerikanischen Computerexperten hatten sich intensiv mit den rätselhaften Strukturen in der Marsregion Cydonia beschäftigt. Die Ergebnisse ihrer Forschungen präsentierten sie im Juli 1981 auf einer Konferenz an der Universität Boulder in Colorado, sowie in einem gemeinsamen Buch.[134]

Die „D&M-Pyramide“ sticht durch eine Besonderheit aus der Masse vergleichbarer Monumente – immer vorausgesetzt, dass sie sich im Laufe weiterer Forschungen auch tatsächlich als künstlich erstelltes Konstrukt erweist. Denn sie besitzt fünf Seiten anstatt der üblichen vier. Was mich wiederum frappierend an jene Pyramide im Gemeindebereich von Icod de los Vinos, auf der Nordseite der Kanareninsel Teneriffa, erinnert, die ich im ersten Kapitel dieses Buches vorgestellt habe.

Wenn es sich bei dem Marsgesicht und den weiteren, ausgesprochen künstlich wirkenden Strukturen der Cydonia-Region – im besten Fall – tatsächlich nur um optische Täuschungen handeln sollte, sind dann die zwischen ihnen existierenden, geometrischen Beziehungen auch nichts als Zufall? Die erwähnte vierseitige Anlage, häufig als „Stadt“ bezeichnet, besitzt in ihrem Zentrum ein aus exakt kugelförmigen Objekten gebildetes Quadrat und liegt in genauer Verlängerung des Marsgesichtes.

Führt man die Gerade zwischen Gesicht und „Stadt“ ein Stück in östlicher Richtung weiter, gelangt man zu einem als „Cliff“ bezeichneten Gebilde. Dies ist ein schmaler, drei Kilometer langer Tafelberg, an dessen Oberseite sich ein scharf umrissener und völlig linearer Grat über die gesamte Länge dahinzieht. Hinter diesem ungewöhnlich geformten „Cliff“ befindet sich ein kraterähnlicher Ring mit zwei weiteren wie Pyramiden aussehenden Objekten auf dessen Rand.[135]

Das Geheimnis des größten Planetoiden

Der US-amerikanische Wissenschaftsjournalist und Raumfahrtexperte Richard C. Hoagland will ausgerechnet haben, dass eine nach der oben erwähnten Ausrichtung gezogene Achse einstmals, vor etwa 500.000 Jahren, exakt auf den Sonnenaufgang zur Zeit der Sommersonnenwende des Mars gezielt hätte. Und er fand noch weitere geometrische Besonderheiten, die zwischen den Objekten der Cydonia-Region existieren sollen.

Folglich stünden die Abstände zwischen dem westlichen Rande der „Stadt“, dem aus Kugeln gebildeten Quadrat im Zentrum derselben, dem Mars-Gesicht sowie dem erwähnten „Cliff“ genau im Verhältnis 1:2:4:8. Dies bedeutet, dass sich die Zahlenwerte der Distanzen jeweils verdoppeln. Zudem weist die Spitze der fünfseitigen „D&M-Pyramide“ genau auf das Mars-Gesicht.[135] Sind das alles nur optische Täuschungen, haarsträubende Zufälle oder schlicht und einfach Schwindelmanöver, wie das so mancher Skeptiker nur zu gerne unterstellt? Die zukünftigen Entwicklungen in der bemannten Raumfahrt werden hoffentlich in wenigen Jahren die Möglichkeit schaffen, Klarheit in diese erregenden Rätsel zu bringen.

Verlassen wir aber nun unseren roten Nachbarplaneten, und wenden uns dessen nicht weniger rätselhaften Nachbarschaft zu.

Zwischen Mars und dem riesigen Gasplaneten Jupiter, dem größten Planeten in unserem Sonnensystem, klafft eine gewaltige

Lücke, die eigentlich keine ist. Dort befindet sich nämlich der sogenannte Asteroidengürtel. In diesem Bereich kreisen etwas mehr als eine Dreiviertelmillion „sternenartiger Körper", wie die Übersetzung ihrer Bezeichnung lautet.

Synonym wird auch der Begriff „Planetoiden" verwendet – und nicht wenige vermuten, dass es sich bei diesen Objekten um die letzten Reste eines vor unbekannter Zeit zerborstenen Planeten handeln könnte. Diese Meinung vertreten jedoch nicht nur Laien. Prominenter Verfechter dieser Hypothese war Professor Dr. Harry O. Ruppe (1929–2016). Dieser bekleidete lange Jahre einen ordentlichen Lehrstuhl für Raumfahrttechnik an der Technischen Hochschule München. Vorher zählte er zu den engsten Mitarbeitern von Wernher v. Braun bei der NASA. Professor Ruppe war davon überzeugt, „dieser Planet könnte sogar ziemlich groß gewesen sein, falls bei dessen Zerstörung der Hauptteil von seiner Materie aus dem Sonnensystem herausgeschleudert wurde."[136]

Die meisten dieser Planetoiden besitzen die Größe eines Fußballes bis hin zu großen Felsbrocken. Doch einige sind viel größer, bis hin zu den Dimensionen eines kleinen Planeten. Die vier größten davon – sie sind allesamt nach römischen Gottheiten benannt – sind Juno mit etwa 240, Vesta mit 540 und Pallas mit ungefähr 600 Kilometern im Durchmesser. Sie alle werden jedoch noch deutlich in den Schatten gestellt von Ceres, der in der Nacht des 1. Januar 1801 entdeckt wurde. Dessen Durchmesser beträgt 1000 Kilometer. Auf diesem größten Asteroiden zwischen Mars und Jupiter machte man vor wenigen Jahren eine erstaunliche Entdeckung.

Im Sommer des Jahres 2015 flog die Raumsonde „Dawn" knappe 1500 Kilometer an Ceres vorbei. Eine Aufnahme, welche diese am 19. August 2015 von dessen Oberfläche machte, lässt eine pyramidenähnliche Erhebung auf der südlichen Hemisphäre des Zwergplaneten erkennen. Dieses Objekt ist ungefähr sechs Kilometer hoch und befindet sich zwischen drei Kratern mit Namen Yalode,

Kiwis und Yong. Auffällig an der „Pyramide", deren Durchmesser mit zirka zehn bis zwölf Kilometern beziffert wird, sind helle Streifen an deren ungewöhnlich steilen Hängen.[137] Auch wenn es sich mit großer Sicherheit um eine natürliche Struktur handeln dürfte, hat man bei der „Ceres-Pyramide" doch den Eindruck eines offensichtlichen Fremdkörpers auf diesem ansonsten „normal" wirkenden Planetoiden.

Es sind zweifellos sehr seltsame Objekte, welche von unbemannten Sonden auf den Himmelskörpern in unserer kosmischen Nachbarschaft ausgekundschaftet wurden. Um was es sich dabei letztlich handelt, das werden erst bemannte Weltraumflüge herausfinden können. Bis zu dem Zeitpunkt gibt es noch jede Menge auf unserem heimatlichen Planeten zu entdecken. Auch Pyramiden.

Anhang

Begriffserklärungen

Nachfolgend werden wichtige Begriffe näher erklärt, die im Kontext dieses Buches vorkommen, und im laufenden Text entweder aus Platzgründen oder im Interesse der Kontinuität nicht hinreichend erklärt werden konnten.

Aborigines (auch Aboriginals). Die dunkelhäutigen, ursprünglichen Bewohner des australischen Kontinents. Sie leben heute größtenteils in Reservationen in abgelegenen Gebieten Nord- und Westaustraliens. Die Überlieferungen der Aborigines erzählen von einer zeitlich lange vergangenen „Traumzeit“, in der ihre Götter als „Kulturbringer“ zur Erde herniederkamen. Jüngste Forschungen ergaben, dass sich die australischen Ureinwohner seit mindestens 50.000 Jahren nicht mit anderen Völkern vermischt haben.

Autonome Regionen. Die Volksrepublik China umfasst neben ihren 22 regulären Provinzen (Taiwan eingeschlossen) fünf sogenannte „Autonome Regionen“. Diese sind vorwiegend von nationalen Minderheiten bewohnte Gebiete mit provinzähnlichem Status. Neben dem im Jahre 1959 an die VR China angeschlossenem Tibet (Autonome Region Xizang) gibt es noch die A.R. Xinjiang, Ningxia, Guangxi sowie die Innere Mongolei.

Cheops (auch Khufu). Ägyptischer Pharao aus der 4. Dynastie. Er regierte von 2551-2528 v.Chr., und in aller Regel wird ihm der Bau der Cheops-Pyramide zugeschrieben. Diese Annahme aber dürfte zumindest als strittig betrachtet werden, weil zahlreiche Hinweise auf ein deutlich höheres Alter des Bauwerks schließen lassen.

Dynastien. Dies sind Herrschergeschlechter, die ihre Legitimation häufig auf eine direkte Abkunft von den Göttern zurückführen, und diese von einer Generation zur nächsten vererben. Wir begegnen solchen oftmals über Tausende von Jahren zurückzuverfolgenden Geschlechtern in der Geschichte Ägyptens, der sich auf König Salomo berufenden Monarchie Äthiopiens, wie auch in der des alten „Reiches der Mitte", also China.

Elektronen-(Raster)Mikroskop. Da das Auflösungsvermögen normaler Mikroskope eng durch die Wellenlänge der abbildenden Strahlen begrenzt ist, können bei einem Lichtmikroskop Objektpunkte mit einem geringeren Abstand als $0{,}4 \times 10^{-6}$ Meter nicht mehr getrennt voneinander wahrgenommen werden. Das auf der Materiestrahlung basierende Elektronenmikroskop ermöglicht gegenüber dem Lichtmikroskop ein bis zu 2000 Mal größeres Auflösungsvermögen. Bei einem Elektronen-(Raster)Mikroskop wird ein gebündelter Elektronenstrahl zeilenweise über eine zu untersuchende Fläche geführt. Die austretenden Elektronen werden in einem „Kollektor" gesammelt, durch das ein synchron laufender Elektronenstrahl gesteuert wird. Hierdurch wird eine Auflösung von bis zu 3×10^{-10} Meter erreicht.

Feng Shui. In China seit Jahrtausenden weit verbreitete Art der → Geomantie, und laut „ Enzyclopaedia Sinica" die göttliche Kunst, „die Behausungen der Lebenden und Verstorbenen so zu arrangieren, dass sie mit den lokalen Strömungen des kosmischen Atems harmonieren".[138] Weil in diesem Denksystem alle Gesetze der Natur und alle Lebensformen mit exakt definierten mathematischen Prinzipien in Einklang zu bringen sind, ist die peinlich genaue Beachtung dieser Regeln Grundvoraussetzung für eine anzustrebende Harmonie zwischen Himmel und Erde.[9]

Geomantie. In den gängigen Lexika wird Geomantie zumeist als „Punktierkunst" bezeichnet, eine Orakelpraktik, aus rein zufällig im Boden markierten oder auf Papier nach einem bestimmten System verteilten Punkten die Zukunft zu deuten. Dies ist jedoch viel zu kurz gegriffen. Der Terminus ist nämlich primär anwendbar auf sogenannte „heiligen Linien" in der Landschaft, auf denen über weite

Strecken hinweg zahlreiche archäologische Stätten, einer Perlenschnur gleich, aufgereiht liegen.[62] Die Anzahl dieser Linien allein in Europa ist unübersehbar und wirft die Frage auf, mit welchen technischen Mitteln bereits in prähistorischen Zeiten eine derart exakte Vermessung möglich war.

Hieroglyphen (aus dem Griechischen: „heilige Einmeißelungen"). Dies sind Schriftzeichen mit erkennbar bildhaftem Charakter - besonders bei den altägyptischen Hieroglyphen, deren Bildzeichen außer für die durch sie dargestellten Dinge auch für gleich lautende Wörter Verwendung fanden.

Khufu (ägyptischer Pharao) → Cheops

Kukulkan („Federschlange"). Bei den → Mayas in Zentralamerika gebräuchlicher Name für den Gott → Quetzalcoatl.

Maser (von „Microwave Amplification by stimulated Emission of Radiation) sind Geräte, in denen Atome oder Moleküle von Gasen oder Festkörpern auf ein hohes Energieniveau angehoben werden, in dem sie instabil sind. Die Energie über dem Grundniveau wird auf ein Signal hin mit einer bestimmten Wellenlänge emittiert. Dabei übersteigt die abgegebene Energie bei weitem das Eingangsniveau, woraus sich die besondere Eignung des Masers als Verstärker für Mikrowellen ergibt.[139] Durch den Maser wurde auch die Entwicklung des auf dem gleichen Prinzip beruhenden Lasers angeregt.[1]

Mayas. Altes indianisches Volk in Zentralamerika, heute verteilt auf die Staaten Mexiko, Guatemala, Honduras, Belize und El Salvador. Zwar wurden die Mayas seit dem 16. Jahrhundert durch die spanischen Eroberer stark dezimiert, haben sich aber bis zum heutigen Tag als ethnische Gruppe behaupten können. Die mehr als zwei Millionen Angehörigen sind in mehrere Untergruppen aufgesplittert. Sie hinterließen großartige Stätten wie Palenque, Chichen Itza oder Tikal, in denen Pyramiden die dominante Bauform sind.

Mesopotamien (grch. „Zwischenstromland“). Der Begriff bezeichnet das Land zwischen den Strömen Euphrat und Tigris, das vom armenischen Hochland über Nordost-Syrien und den Irak bis zum Persischen Golf reicht. Mesopotamien gilt als die Wiege alter Hochkulturen: Im Altertum entstanden plötzlich und beinahe wie aus dem Nichts Stadtstaaten der Sumerer sowie die babylonische und die assyrische Kultur. Die dortigen Pyramidenbauten werden Zikkurat genannt, und zeichnen sich durch große Grundflächen aus.

Mumifizierungen. Die physische Erhaltung von Leichen entweder durch eine natürliche Austrocknung oder durch entsprechende Behandlungen mit verschiedenen chemischen Substanzen zur Verhinderung ihrer Verwesung. Die Mumifizierung war bei vielen Völkern auf dieser Welt verbreitet - speziell bei den Ägyptern, aber auch bei den Inkas in Südamerika, den alten Chinesen, selbst bei den australischen → Aborigines. Als besterhaltene Mumie gilt die 1972 in Changsha gefundene Prinzessin Xin Zhui aus der Han-Dynastie, deren Gewebe einen noch beinahe lebensechten Eindruck vermittelt.

Nahuatl ist eine vom Aztekischen abstammende Sprache in Zentralamerika. Sie wird heute noch von schätzungsweise 1,5 Millionen Menschen gesprochen. Man kennt etwa 1500 Wörter im Spanischen, die aus dem Nahuatl stammen. Dies bezeichnet man, wie in allen Sprachen, als sogenannte „Lehnwörter“. Sogar in der deutschen Sprache haben die Azteken Spuren hinterlassen, wie in dem Wort Schokolade, das von dem Begriff „chokolatl“ herrührt.

Outback. In Australien die allgemein verbreitete Bezeichnung für Buschland, Urwald- und Steppenregionen. Die australische Wildnis ist bekannt für ihre Vielfalt an gefährlichen Tieren, allen voran Schlangen, Spinnen und Skorpione. Im Norden des Kontinents kommen auch riesige Salzwasserkrokodile vor. Mehrere der giftigsten Schlangen und Spinnen der Welt sind auf dem „Fünften Kontinent" verbreitet. Mit den Beuteltieren aber auch äußerst urtümliche Lebensformen, die sich seit dem Ende des Erdmittelalters vor über 60 Millionen Jahren nicht mehr weiterentwickelt haben.

Psychokinese. Darunter versteht man die Fähigkeit einer Person, auf rein psychischem Weg materielle Gegenstände sichtbar zu beeinflussen, also auch Bewegungsvorgänge auszulösen. Die PK, so die gängige Abkürzung für das Phänomen, kann physikalisch derzeit noch nicht hinreichend erklärt werden. Und obgleich deren Existenz durch zahllose Fallbeispiele wie auch Laborversuche schlüssig nachgewiesen werden konnte, wird sie von den traditionellen Naturwissenschaften nach wie vor bestritten.[122]

Quecksilber (chemisches Zeichen Hg von Hydrargyrum). Silberweißes, bei normalen Temperaturen flüssiges Metall mit der Ordnungszahl 80. Reines Quecksilber ist sehr beständig. An der Luft oxydiert es erst oberhalb von 300 Grad Celsius und verliert dabei seinen Glanz. Besonders die Dämpfe sind äußerst giftig, und es gab in der Geschichte immer wieder Katastrophen, in deren Verlauf zahlreiche Vergiftungsopfer zu beklagen waren. Der Tod tritt dabei erst nach einiger Zeit ein.

Quetzalcoatl (Aus dem → Nahuatl: „Grünfederschlange"). Hoher Gott und Kulturbringer der Azteken wie auch der → Tolteken. Dem mexikanischen Codex Chimalpopoca - „Das Buch der Uberlieferungen"[140] - zufolge, soll der Gott Quetzalcoatl 52 Jahre lang unter den Indianern gelebt und gewirkt haben. Während dieser Zeit galt er als Priesterfürst und auch als Erschaffer von Menschen. Ebenso erwarb er sich einen Namen als Lehrmeister, Kulturbringer und Götterbote. Nach Ablauf der besagten 52 Jahre verschwand er ganz plötzlich. Für dieses unvermittelte Verschwinden gibt es zwei Versionen: Zum einen soll er sich selbst verbrannt haben und zum Morgenstern (Venus) geworden sein. Nach anderer Lesart soll er im Osten gen Himmel entrückt sein, nachdem er – wie von zahlreichen

Religionen in aller Welt bekannt - angekündigt hatte, in ferner Zukunft zurückzukehren.[98]

Radiokarbon-Methode (auch: C-14- oder Kohlenstoff-14-Methode). Sie dient zur Altersbestimmung organischer Rückstände. Das mengenmäßige Verhältnis von stabilem Kohlenstoff ^{12}C und dem aus Stickstoff durch Höhenstrahlung erzeugten, radioaktivem ^{14}C ist in lebenden Organismen konstant. Nach dem Tod eines Organismus wird kein Kohlenstoff mehr aufgenommen. Das ursprüngliche Mengenverhältnis verschiebt sich durch das mit einer Halbwertszeit von 5589 Jahren zerfallende Isotop ^{14}C zugunsten ^{12}C. Dieses Verhältnis kann bestimmt werden, woraus sich dann das Alter der Probe errechnen lässt.[139]

Sanskrit (von ind. samskrta = zurechtgemacht). Uralte, sich im Nebel der Vergangenheit verlierende Sprache und Schrift in der klassischen Literatur des alten Indien. In Sanskrit wurden die altindischen Überlieferungen wie die Nationalepen Mahabharata und Samarangana Sudradhara niedergeschrieben. Grammatikalische Regeln wurden erstmals im 5. Jahrhundert v.Chr. durch einen Gelehrten mit Namen Panini aufgestellt. Heutzutage wird Sanskrit wie Griechisch oder Latein nur noch von einigen wenigen Fachgelehrten an speziellen Universitäten Indiens beherrscht.

Skarabäus (Mehrzahl: Skarabäen). Das ist eine Käferart, dessen Weibchen die Eier in von ihr aus Dung gedrehten Kugeln einlegt. Aus dem Grund wird der Skarabäus auch „Pillendreher" genannt. Sein angebliches Entstehen aus der Dungkugel brachte ihm im alten Ägypten das Ansehen und die Verehrung eines göttlichen, heiligen Wesens ein. In ihm wurde auch eine der verschiedenen Gestalten des Sonnengottes Ra gesehen. Seit dem Mittleren Reich gab man Siegeln die Form eines Skarabäus. Ursprünglich als schützendes Amulett gedacht, wandelten sich diese Skarabäus-Darstellungen immer mehr in Schmuckstücke, die auch heute noch in Ägypten hergestellt und an Touristen verkauft werden.

Stalaktit. Der in einer Höhle von der Decke abwärts wachsende Tropfstein - im Gegensatz zu dem vom Boden gegen die Decke hin wachsenden Stalagmit. Allgemein sind Tropfsteine Kalkabsätze, die sich meist in Höhlen durch herabtropfendes, kalkreiches Wasser bilden.[139]

Tolteken (aus dem → Nahuatl: „Das Volk von Tollan"). Altes Kulturvolk im Hochland von Mexiko und Bewohner der Stadt Tollan, welche heute als Ruinenstätte von Tula bekannt auch für deren überdimensionalen Statuen ist. Für die Azteken, welche von den Tolteken stark beeinflusst wurden, galt die toltekische Epoche als ein „goldenes Zeitalter". Um das Jahr 1000 n.Chr. zogen die Tolteken an die Golfküste der Halbinsel Yucatan ins Gebiet der → Mayas, die unter dem toltekischen Einfluss eine letzte Blütezeit erlebten. Noch heute zeugen die Ruinen beeindruckender Bauten von dieser Hochkultur des alten Mexiko. Dieses Volk verehrte auch den Gott und Kulturbringer → Quetzalcoatl.

Viking. Amerikanisches Raumfahrtprogramm der 1970er Jahre mit zwei unbemannten Raumsonden - Viking 1 und Viking 2 - zur Erforschung des Mars. Viking 1 wurde am 20. August, Viking 2 am 9. September 1975 zu unserem Nachbarn im Sonnensystem gestartet. Beide Sonden erreichten im Sommer 1976 elliptische Umlaufbahnen um den Mars. Am 20. Juli und am 4. September 1976 trennten sich Landegeräte von den im Orbit verbleibenden Sonden, und setzten weich auf der Planetenoberfläche auf. Sie absolvierten umfangreiche Messungen und fanden in zwei von drei Fällen sogar deutliche Hinweise auf Leben, die allerdings von den Wissenschaftlern noch heute kontrovers diskutiert werden. Viking 2 beendete seine Datenübermittlung am 11. April 1980, Viking 1 am 13. November des Jahres 1982.

Danksagung

Nach mittlerweile 35 Büchern, die da in 30 Jahren zusammengekommen sind, ist es schon eine liebgewonnene Tradition, sich bei all jenen Menschen ganz herzlich zu bedanken, ohne deren Hilfe, Anregungen und Unterstützung dies Werk bestimmt nicht zustande gekommen wäre.

Dass zwei jener Freunde und Wegbegleiter, die sich mit mir auf Pyramidensuche begeben haben, nicht mehr unter uns weilen, stimmt mich sehr traurig. Zum einen ist da Julie Byron, welche mit mir die Rätsel und Geheimnisse Australiens erforschte. Wie auch Peter Krassa: Wir waren anno 1994 die allerersten unserer Forschungsrichtung, denen es vergönnt war, die vielen Pyramiden im Reich der Mitte aus den Niederungen des Obskuren zu befreien und nach Jahren der Spekulationen deren Existenz zweifelsfrei zu beweisen.

Ein ganz besonderer Dank geht an meinen „steinalten" Freund und lebenslangem Vorbild, Erich von Däniken, ohne dessen „Initialzündung" es keinen Autor Hartwig Hausdorf gäbe. Und, naturellement, an meinen Freund Rainer Holbe: „Santé, mon Admiral!" Ein herzlicher Dank geht an meine australischen Freunde Rex Gilroy, Paul White und David Summers, ohne deren Hilfe und Ratschläge ich an einigen „extraordinary landmarks" mit schlafwandlerischer Sicherheit vorbeigelaufen wäre.

Dank auch an Uta von Borries, Johannes von Buttlar wie auch Walter-Jörg Langbein. An Andrea Lichtenwimmer, die eine wahre Engelsgeduld bewies auf der Suche nach den Pyramiden auf Teneriffa, als noch kaum ein Mensch von deren Existenz wusste. Und an meinen Freund Hans-Dieter Gau, der mich auf die „Azorenspur" brachte. Tatkräftig umgesetzt von Diogo de Santos, der uns jede noch so versteckte Besonderheit auf den Azoren finden ließ.

Noch einmal zurück in den Fernen Osten. Besonderer Dank gebührt hier Mr. Donald E. Sheahan, von dem ich bisher unbekannte Details über die Sichtung einer riesigen Pyramide im „Reich der Mitte“ erfuhr, die dessen Vater 1947 machte. Professor Wang Shiping in Xian setzte Peter Krassa und mich damals auf die richtige Spur. Und Professor Robert M. Schoch - ihm verdanke ich eine Reihe spektakulärer Aufnahmen, die dieser bei Tauchgängen vor Yonaguni Island machte.

Als ein Mensch, dem die per Flugzeug erreichbaren Ziele auf der anderen Seite dieser Welt vertrauter sind als die Feinheiten des digitalen Lebens, bin ich sehr dankbar für die Hilfestellungen und unermüdliche PC-Arbeit durch Andrea Benschig und Renate Dorfner. Im selben Atemzug möchte ich Herrn Martin Schädler für seine „Rekonstruktion“ der Pyramide von Ellenikon auf dem Computer danken.

Danken möchte ich einmal mehr meinem sehr rührigen und äußerst engagierten Freund und Verleger Werner Betz: Möge er auch in diesen schwierigen Zeiten weiterhin viel Freude an und mit meinen Büchern haben!

Last but not least: Als Buchautor stände ich auf reichlich verlorenen Posten, wäre da nicht meine stetig anwachsende Leserschar in aller Herren Länder, die mir seit nun fast drei Jahrzehnten die Treue hält. An sie ergeht gleichfalls ein herzliches Dankeschön für ihr Interesse an den spannendsten Themen unserer Zeit.

Hartwig Hausdorf

Quellenverzeichnis

1 dtv-Lexikon in 20 Bänden." Mannheim und München 1997

2 Schoch, Robert M. und McNally, Robert A.: „Die Weltreisen der Pyramidenbauer." Frankfurt/Main 2002

3 Kirchner, Gottfried: „TERRA-X. Von Babylon zum Bernsteinwald." München 1999

4 Heyerdahl, Thor: „Aku-Aku." Berlin 1957

5 Heyerdahl, Thor: „Wege übers Meer. Völkerwanderungen in der Frühzeit." München 1978

6 Hausdorf, Hartwig: „Nicht von dieser Welt. Dinge, die es nicht geben dürfte." München 2008

7 Hausdorf, Hartwig: „X-Reisen. Lokaltermine an den geheimnisvollsten Stätten unserer Welt." München 1998

8 Hausdorf, Hartwig und Krassa, Peter: „Satelliten der Götter. In Chinas verbotenen Zonen." München 1995

9 Hausdorf, Hartwig: „Das Chinesische Roswell. Neue außerirdische Spuren in Ostasien." München 2013

10 Persönliches Gespräch des Autors mit dem Fachpersonal des „Parque Etnografico de Güimar", 13. September 2014

11 Hausdorf, Hartwig: „Die Botschaft der Megalithen. Wer erbaute die steinernen Wunder?" München 2015

12 Hausdorf, Hartwig: „Steinzeitmedizin. Unmögliche Operationen in der Vorzeit." Gross-Gerau 2018

13 „Terapeutica aborigen." Begleittext „cauterisación" im „Museum für Natur und Mensch", Santa Cruz auf der Insel Teneriffa

14 Hau, Friedrun R.: „Kauterisation", in: Gerabek, Werner E. et al (Hrsg.): „Enzyklopädie Medizingeschichte." Berlin und New York 2005

15 o.V.: „Laserchirurgie - eine spannende Operationsmethode" auf: www.fid-gesundheitswissen.de/Chirurgie/laserchirurgie

16 Hausdorf, Hartwig: „Steinzeitmedizin. Urzeitliche Operationen an Schädel und Gehirn", in: „Sagenhafte Zeiten", Nr. 1/2016

17 Persönliche Korrespondenz des Autors mit Rainer Schuhmann (Dresden) von 2011 bis 2014

18 Biedermann, Hans: „Lexikon der Felsbildkunst." Graz 1976

19 Charroux, Robert: „Die Meister der Welt." München 1974

20 Broch, Henri: „La mysterieuse Pyramide de Falicon." Paris 1976

21 Däniken, Erich von: „Prophet der Vergangenheit. Riskante Gedanken um die Allgegenwart der Außerirdischen." Düsseldorf 1979

22 Trump, D.: „Malta. An Archeological Guide." London 1972

23 Wyss, Albert: „Ferien in der Steinzeit", in: „Sagenhafte Zeiten", Nr. 2/2012

24 Däniken, Erich von: „Im Namen von Zeus. Griechen – Rätsel - Argonauten." München 1998

25 Hitzig, H. und Blumner, H.: „Pausanias. Dreibändige Ausgabe." Berlin und Leipzig 1911

26 Aus: „New Scientist", Nr. 2101/1977, zitiert in: Däniken, Erich von: „Im Namen von Zeus. Griechen – Rätsel – Argonauten." München 1998

27 Gööck, Roland: „Die großen Rätsel unserer Welt. An den Grenzen des menschlichen Wissens." Gütersloh 1969

28 Däniken, Erich von: „Die Augen der Sphinx. Neue Fragen an das alte Land am Nil." München 1989

29 Davidovits, Joseph: „Pyramid Man-made Stone. Myth or Facts." Barry University, Florida 1987

30 Klemm, D. und Wagner, R.: „First Results of the Scientific Origin Determination of Ancient Egyptian Stone Material". 2nd International Congress of Egyptologists, Grenoble 1979

31 Davidovits, Joseph: „Le calcaire des pierres des Grandes Pyramides d'Egypte serait un beton geopolymere vieux de 4.600 ans", in: „Revue des Questions Scientifiques", 1986

32 Borchardt, Ludwig: „Die Entstehung der Pyramiden." Berlin 1928

33 Borchardt, Ludwig: „Einiges zur dritten Bauperiode der großen Pyramide bei Gise." Berlin 1932

34 Goyon, Georges: „Die Cheops-Pyramide." Bergisch-Gladbach 1979

35 Herodot: „Historien. 2. Buch." München 1963

36 Yoshimura, Sakuji: „Non-destructive Pyramid Investigation by Electromagnetic Wave Method." Waseda University, Tokyo 1987

37 Marchant, Jo: „Cosmic-Ray Particles reveal secret Chamber in Egypt's Great Pyramid", in: „Nature", Ausgabe vom 6. November 2017

38 Däniken, Erich von: „Erinnerungen an die Zukunft. Ungelöste Rätsel der Vergangenheit." Düsseldorf 1968

39 Sitchin, Zecharia: „Stufen zum Kosmos." Unterägeri 1982

40 Graefe, Erich (Übersetzer): „Das Pyramidenkapitel in Al Makrizis 'Hitat'." Leipzig 1911

41 o.V.: „Nubische Pyramiden", auf: https://de.wikipedia.org/wiki/Nubische_Pyramiden

42 o.V.: „Pyramiden von Meroe", auf: https://de.wikipedia.org/wiki/Pyramiden_von_Meroe

43 Hausdorf, Hartwig: „Wenn Götter Gott spielen. Unsere Evolution kam aus dem All." München 1997

44 „Die Bibel", in der vom Rat der Evangelischen Kirche in Deutschland (EKD) genehmigten Fassung von 1964. Württembergische Bibelanstalt, Stuttgart o.J.

45 o.V.: „Zikkurat", auf: https://de.wikipedia.org/wiki/Zikkurat

46 o.V.: „Stufentempel", auf: https://de.wikipedia.org/wiki/Stufentempel

47 Bellinger, Gerhard J.: „Lexikon der Mythologie." Augsburg 1987

48 Woolley, Leonard: „Ur in Chaldäa. Zwölf Jahre Ausgrabungen in Abrahams Heimat." Wiesbaden 1956

49 Cathie, Bruce: „No more Denials. Pyramids in China revealed", in: „Exposure Magazine", Vol.2, Nr.4, Oktober/November 1995

50 Hain, Walter: „Pyramiden in China", in: „Ancient Skies", Nr. 6/1991

51 o.V.: „U.S. Flyer reports huge Chinese Pyramid in isolated Mountains Southwest of Sian", in: „The New York Times" vom 28. März 1947

52 o.V.: „Sight big Pyramid in China, so Californian Flyer reports seeing it in remote Area“, in: „The Los Angeles Herald Express“ vom 28. März 1947

53 o.V.: „World Who's Who in Commerce and Industry Yearbook. 1964/65 Issue.“ Chicago 1964

54 Persönliches Schreiben von Donald E. Sheahan an den Autor vom 28. Januar 1997

55 Hausdorf, Hartwig: „Die weisse Pyramide. Außerirdische Spuren in Ostasien.“ München 1994

56 Persönliches Gespräch mit Professor Wang Shiping, Leiter der Forschungsabteilung im Provinzmuseum in Xian, im März 1994

57 Ferguson, J.C.: „Chinese Mythology.“ New York 1964

58 Stevens, K.G.: „Chinese Mythological Gods.“ Oxford 2001

59 Landwehr, Andreas: „China auf dem Weg zur All-Macht“, in: „Passauer Neue Presse“ vom 24. Juli 2020

60 o.V.: „Freilegung einer fünftausend Jahre alten 'Pyramide' in der Inneren Mongolei“, auf: http://german.china.org.cn/news/txt/2001-08/09/content_ 2014743.html

61 o.V.: „Megalithe in Japan“, in: „Sagenhafte Zeiten“, Nr. 2/2009

62 Däniken, Erich von: „Die Steinzeit war ganz anders.“ München 1991

63 Fiebag, Peter, Gruber, Elmar und Holbe, Rainer: „Mystica. Die großen Rätsel der Menschheit.“ Augsburg 2007

64 Schmidt, Klaus: „Sie bauten die ersten Tempel. Das rätselhafte Heiligtum der Steinzeitjäger.“ München 2006

65 o.V.: „Unterwassermauern vor Taiwan“, auf: http://www.chinapost.com vom 2. Dezember 2002

66 o.V.: „Mysteriöser Steinkegel am Grund des Sees Genezareth“, in: „Thüringer Allgemeine“ vom 13. April 2013

67 o.V.: „Palauinseln“, auf: https://de.wikipedia.org/wiki/Palauinseln

68 o.V.: „Die grünen Pyramiden von Palau“, auf: https://www.archaeologie-online.de/nachrichten

69 o.V.: „Babeldaob“, auf: https://de.wikipedia.org/wiki/Babeldaob

70 Charroux, Robert: „Vergessene Welten. Auf den Spuren des Geheimnisvollen.“ Düsseldorf 1974

71 Berlitz, Charles: „Das Drachen-Dreieck.“ München 1990

72 Byron, Julie: Persönliches Schreiben an den Autor, aus einer Serie fortgesetzter Korrespondenzen. Etwa zwischen 2000 und 2005

73 Byron, Julie: „Amazing Psychic Experiences of the Famous.“ Lutterworth/England 1993

74 Schlegel, Rüdiger O.: „Die 'Kulturbringer der Traumzeit'“ in: „esotera“, September 1995

75 Gilroy, Rex: „Pyramids in the Pacific. The unwritten History of Australia.“ Mapleton/Queensland 1999

76 Gilroy, Rex: „Mysterious Australia.“ Mapleton/Qld. 1995

77 o.V.: „Gympie Secrets lure Researcher“, in: „Sunshine Coast News“ vom 16. Juni 1996

78 Buttlar, Johannes von: „Leben auf dem Mars. Die neuesten Entdeckungen der NASA.“ München 1997

79 Gilroy, Rex: „Ancient Egyptian Colonists of Australia“, in: „Exposure Magazine“, Vol. 7/Nr. 4, September/Oktober 2000

80 White, Paul: „Egyptian Enigma - Our History rewritten“, in: „Exposure Magazine“, Vol. 2/Nr. 6 Februar/März 1996

81 Summers, David M.: „Ancient Secrets Revealed.“ A Film by CNI/Exposure TV. Noosa Heads/Queensland 1996

82 o.V.: „Braunschlange, östliche“, auf: http://goruma.de

83 White, Paul: „The strange Case of the missing Mummy.“ Forschungs-Update aus dem Jahre 1998

84 Bürgin, Luc: „Mysteriöser Geheimtunnel. Verschüttetes Pharaonen-Grab in Australien?“, in: „mysteries“, Nr. 3/2015

85 Coltheart, David: „The Gosford Glyphs“, auf: http://donsmaps.com

86 Keating, Adrian: „Egyptian Relics in Australia?“, auf: http://members.ozemail.com.au

87 Buttlar, Johannes von: „Drachenwege. Strategien der Schöpfung.“ München 1990

88 Langbein, Walter Jörg: „Das Rätsel von Rock Lake“, in: Däniken, Erich von (Hrsg.): „Neue kosmische Spuren.“ München 1992

89 o.V.: „Divers find Rock Lake's lost Pyramids“, in: „Jonesville Gazette“ vom 7. Juni 1989

90 Whitcomb, B.: „The lost Pyramids of Rock Lake“, in: „Skin Diver“, Nr. 1/1970

91 o.V.: „Steinkreis und Pyramiden in den USA?“, in: „Sagenhafte Zeiten“, Nr. 2/2009

92 Berlitz, Charles: „Die Welt des Unbegreiflichen. Erlebnisse mit einer anderen Dimension.“ München 1990

93 Séjourné, Laurette: „Pensiamento y Religion en el Mexico Antiguo.“ Mexico D.F. 1957

94 Schäfer, Chantal: „Das Tor zur Unterwelt. Archäologen entdecken geheimen Tunnel unter der Sonnenpyramide", in: „BILD" vom 31. Oktober 2014

95 Däniken, Erich von: „Neue Erkenntnisse. Beweise für einen Besuch von Außerirdischen in vorgeschichtlichen Zeiten." Rottenburg 2018

96 Harleston, Hugh: „A Mathematical Analysis of Teotihuacan" in: „XLI. International Congress of Americanists". Mexico D.F. 1974

97 Hausdorf, Hartwig: „Begegnungen mit dem Unfassbaren. Reiseführer zu phantastischen Phänomenen." München 2008

98 Däniken, Erich von: „Der Tag an dem die Götter kamen." München 1984

99 Grünfeld, Frederic V.: „Spiele der Welt - Tlachtli." Herausgegeben vom Schweizer Komitee für UNICEF. Zürich, o.J.

100 Dopatka, Ulrich: „Lexikon der ausserirdischen Phänomene. Das Standardwerk der Präastronautik." Bindlach 1992

101 Girard, Rafael: „Die ewigen Mayas - Geschichte und Zivilisation." Zürich 1969

102 Wilhelmy, Herbert: „Welt und Umwelt der Maya." München 1981

103 Stingl, Miloslav: „Den Maya auf der Spur." Leipzig 1971

104 Rivet, Paul: „Les Origines de l'Homme Américain." Paris 1943 und 1957

105 Heinz, Joachim: „Guatemala: Ruinen unterm Regenwald. Spektakulärer Fund wirft neues Licht auf die innovative Kultur der Maya", in: „Passauer Neue Presse" vom 5. Februar 2018

106 Bucher, Mia: „Maya-Stätten teils stark mit Quecksilber verseucht“, in: „Passauer Neue Presse“ vom 1. Dezember 2022

107 Ludwig, A.: „Abhandlung über das Râmâyana und die Beziehungen desselben zum Mahabharata.“ Prag 1894

108 Jacobi, Hermann: „Das Râmâyana.“ Bonn 1893

109 Kanjilal, Dileep Kumar: „Vimana in Ancient India.“ Calcutta 1991

110 Porras Garces, Pedro I.: „Investigaciones arquéologicas de las faldas de Sangay.“ Quito (Ecuador) 1987

111 Soehring, Annelies: „Zeitreise durch Ecuador.“ Ein Film des Südwestfunk Baden-Baden vom 14. Mai 1990

112 Dopatka, Ulrich: „Die Pyramidenfelder am Sangay“, in: Däniken, Erich von (Hrsg.): „Neue kosmische Spuren.“ München 1992

113 Versch. Autoren: „Faszination des Unfassbaren. Geheimnisse und Rätsel des Übernatürlichen und Außerirdischen.“ Stuttgart 1983

114 Apelt, Otto: „Platon - sämtliche Dialoge. Kritias und Timaios.“ Hamburg 1988

115 Görlitz, Dominique: „Die vergessenen Pyramiden der Azoren (6)“, auf: https://atlantisforschung.de

116 Görlitz, Dominique: „Die vergessenen Pyramiden der Azoren (5)“, auf: https://atlantisforschung.de

117 Hausdorf, Hartwig: „Reise zu den Pyramiden der Azoren. Eine schier unglaubliche Ansammlung prähistorischer Bauten“, in: „UFO-Nachrichten“, Nr. 4/2018

118 Hausdorf, Hartwig: „Götterkriege. Dramatische Eingriffe einer überlegenen Intelligenz.“ Gross-Gerau 2017

119 Roy, Protap Chandra: „The Mahabharata.“ Calcutta 1896

120 Little, Greg: „The 'Underwater Pyramid' discovered off the Azores - The Update no one wants to read“, in: „AP Magazine“ vom 10. November 2013

121 Hausdorf, Hartwig: „Überraschende Funde auf den Azoren: 'Cart Ruts' gibt es nicht nur auf Malta“, in: „UFO-Nachrichten“, Nr. 5/2018

122 Gossler, Marcus: „Lexikon Grenzwissenschaften.“ Landsberg/Lech 1988

123 Toth, M. und Nielsen, G.: „Pyramid Power.“ Freiburg/Br. 1977

124 Kirchner, Gottfried: „TERRA-X. Rätsel alter Weltkulturen.“ Frankfurt/M. o.J.

125 Tompkins, Peter: „Cheops.“ Bern 1975

126 Tarhan, E.H.:“Nur 4000 Jahre Kultur?“ Ahlen 1986

127 Borchardt, Ludwig: „Gegen die Zahlenmystik an der großen Pyramide bei Gise.“ Berlin 1922

128 Habeck, Reinhard: „Das Unerklärliche. Mysterien, Mythen, Menschheitsrätsel.“ Wien 1997

129 Schneider, Adolf: „Besucher aus dem All. Das Geheimnis der unbekannten Flugobjekte.“ Freiburg/Br. 1974

130 Bürgin, Luc: „Mondblitze. Unterdrückte Entdeckungen in Raumfahrt und Wissenschaft.“ München 1994

131 Hausdorf, Hartwig: „Mars-Mysterien. Wettlauf zum Roten Planeten.“ Gross-Gerau 2020

132 o.V.: „Pyramide auf dem Mars entdeckt“, in: „BILD“ vom 24. Juni 2015

133 o.V.: „Der Mars verliert sein Gesicht“, in: „Sagenhafte Zeiten“, Nr. 4/2001

134 diPietro, Vincent und Molenaar, Gregory: „Unusual Martian Surface Features.“ Glenndale (USA) 1982

135 Hoagland, Richard C: „The Monuments of Mars.“ Berkeley (California) 1987

136 Ruppe, Harry O.: „Die grenzenlose Dimension Raumfahrt. Band 2.“ Düsseldorf 1982

137 Schoenebeck, Gudrun: „Rätselhafte Pyramide auf dem Zwergplaneten Ceres“, auf: https://www.ingenieur.de/ technik/fachbereiche/raumfahrt

138 Couling, Samuel: „The Encyclopaedia Sinica.“ Oxford 1917

139 o.V.: „Klub Universal-Lexikon. Nachschlagewerk in drei Bänden.“ Zürich 1969

140 Lehmann, Walter: „Die Geschichte der Königreiche von Colhuacân und Mexiko.“ Stuttgart und Berlin 1938

Bildquellen

Archiv Autor: 1, 2, 3, 4, 5, 6, 7, 8, 9, 11, 12, 13, 17, 19, 20, 21, 22, 23, 24, 25

Erich von Däniken: 18

Martin Schädler: 10

Robert M. Schoch: 14, 15

David Summers: 16

Literatur zu den Rätseln der Geschichte dieser Welt und weiteren faszinierenden Themen finden Sie im Verlagsprogramm des Ancient Mail Verlags:

Hartwig Hausdorf

Verschollen

ISBN 978-3-95652-326-7, Din A5,
Hardcover, 235 Seiten,
18 s/w-Abbildungen, **€ 21,90**

Jahr für Jahr verschwinden unzählige Menschen auf dieser Welt. Die meisten tauchen wieder auf, oder es finden sich „natürliche" Erklärungen. Doch es bleibt ein zutiefst beunruhigender Rest, der sich jeder rationalen Erklärung entzieht. Wie „ausradiert", trifft es Einzelpersonen und Gruppen zu Wasser, zu Land und in der Luft. Eines der spektakulärsten Rätsel betrifft das spurlose Verschwinden eines ganzen Dorfes mit über 1.000 Einwohnern im indischen Rajasthan vor 800 Jahren. Was geschieht mit all diesen Menschen, deren Wege buchstäblich ins Nichts führen? Hartwig Hausdorf geht – mit der gebotenen Skepsis – dieser Frage nach und kommt auch zu ungewöhnlichen Schlussfolgerungen.

Hartwig Hausdorf

Götterkriege

Dramatische Eingriffe einer überlegenen Intelligenz

ISBN 978-3-95652-230-7, Din A5,
Hardcover, 240 Seiten,
21 s/w-Abbildungen, **€ 19,80**

Vor langer Zeit bekriegten sich fremde, aus den Tiefen des Alls gekommene Intelligenzen auf unserem Planeten, beobachtet von unseren frühen Vorfahren, die sie für Götter hielten. Als dann die Zeiten furchbarer Götterschlachten vorüber waren, begannen die Menschen, sich gegenseitig zu bekämpfen. Kriege, an denen die Geschichte der Menschheit so reich ist, dauern bis in unsere Tage fort, ebenso die Eingriffe geheimnisvoller, unbekannter Fremder, die sich mehr oder weniger offen in das Kampfgeschehen einmischten und dies noch immer tun, mit zum Teil spektakulären Auswirkungen ...

Hartwig Hausdorf

Nahtod – Jenseits - Wiedergeburt

ISBN 978-3-95652-313-7, Din A5,
Hardcover, 252 Seiten,
20 s/w-Abbildungen, **€ 19,90**

Viel zu lange ignoriert, rücken seltsame Erlebnisse an der Schwelle zum Tod endlich in den Fokus der modernen Medizin. Doch wie geht es weiter, wenn der letzte, unvermeidliche Vorhang gefallen ist? Existiert ein Jenseits, aus dem womöglich ein Weg zurück führt? Der Autor beleuchtet Fragen wie diese aus Sicht der Psychologie und der Medizin, der Religionen und der exakten Naturwissenschaften. Aufschlussreiche Gespräche mit dem einst weltweit führenden Forscher auf diesem Gebiet brachten ihn zu Schlussfolgerungen, die aufwühlend und hoffnungsvoll zugleich sind!

Hartwig Hausdorf

Steinzeit-Medizin

Unglaubliche Operationen in der Vorzeit

ISBN 978-3-95652-258-1, Din A5, Hardcover, 216 Seiten,
32 s/w-Abbildungen, **€ 19,80**

Wir sind stolz auf unseren heutigen medizinischen Fortschritt. Doch es gibt unzählige Zeugnisse einer vorzeitlichen Heilkunst, die den Vergleich mit unserer Zeit nicht zu scheuen braucht. Da gab es „Rituale" im alten Ägypten, die sich als Anwendungen moderner Notfallmedizin erwiesen. Ähnliches beherrschten auch die Ureinwohner der Kanarischen Inseln. An steinzeitlichen Schädeln findet man Bohrungen, wie sie heute zum Einsetzen von Elektroden für Gehirnschrittmacher gebräuchlich sind, und bei einigen Exemplaren findet man sogar die Spuren perfekt eingeheilter Transplantate. Woher aber stammt dieses revolutionäre Wissen, das schon in grauer Vorzeit Anwendung fand?

Hartwig Hausdorf

Grenzerfahrungen

Abenteuer am Rande der Realität

ISBN 978-3-95652-274-1, Din A5,
Hardcover, 238 Seiten,
17 s/w-Abbildungen, **€ 19,80**

In einer furchtbar nüchternen Zeit wie der unseren sehnt sich der Mensch mehr denn je nach Abenteuern. Doch manchmal geschieht es, dass diese Abenteuer ihn unerwartet über Grenzen führen, die er nie zuvor erfahren und ausloten durfte. Plötzlich verschwimmen scheinbar fundamentale Gesetze von Raum und Zeit, und man wird konfrontiert mit Dingen, die bis dahin keinen Platz im festgefügten Weltbild hatten. In diesem Buch präsentiert Hartwig Hausdorf mehr als 40 mysteriöse Grenzerfahrungen, welche die Menschen, die sie erlebten, von Grund auf veränderten. Erstmals bricht der Autor auch sein langjähriges Schweigen über ein rätselhaftes Erlebnis, das ihm selbst im Alter von etwa fünf Jahren widerfuhr. Und er stellt uns eine unheimliche Kreatur vor, wie sie die Welt noch nicht gesehen hat ...

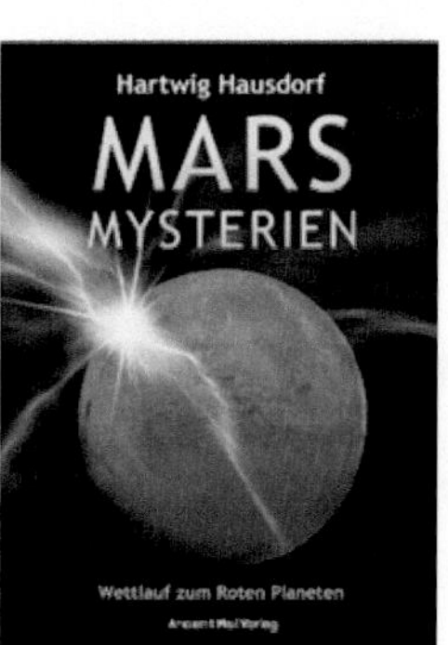

Hartwig Hausdorf

Mars Mysterien

Wettlauf zum Roten Planeten

ISBN 978-3-95652-292-5, Din A5,
Hardcover, 242 Seiten,
19 s/w-Abbildungen, **€ 19,90**

Gleich drei Sonden machten sich Ende Juli 2020 auf den weiten Weg zum Mars. Denn mit all seinen Rätseln und Mysterien steht unser Nachbar im All wie selten zuvor im Mittelpunkt des Interesses. Inzwischen steht fest, dass er zumindest in früheren Zeiten ein wahrer „Planet des Lebens" war, mit Meeren, Flüssen und Seen. Auf seiner Oberfläche scheinen sich rätselhafte, nicht von der Natur geschaffene Bauten zu befinden. Erkundungsrover, die den Mars erforschen, registrieren bis in jüngste Tage ungewöhnliche Leuchterscheinungen. Tilgte einstmals eine atomare Katastrophe ungeheuren Ausmaßes Leben und Zivilisation von dem „Roten Planeten" – oder befindet sich noch heute irgendjemand dort oben? Die Anzeichen mehren sich ...

Unsere Geschichte ist voller Rätsel –

Wir wollen helfen, sie zu lösen !

Bücher und Informationen zu den Themenkreisen Archäologische Rätsel dieser Welt, Paläo-SETI, Grenzwissenschaften, Sagen und Mythen.

Fordern Sie einfach *kostenlose* weitere Informationen an – per Post, Fax, Telefon oder eMail beim

Ancient Mail Verlag • Werner Betz
Europaring 57, D-64521 Groß-Gerau
Tel. 00 49 (0) 61 52/5 43 75, Fax 00 49 (0) 61 52/94 91 82
eMail: ancientmail@t-online.de
www.ancientmail.de